CHEAP & CHIC

LISBONNE

CATHERINE LEVEAU

AUTEUR

Journaliste indépendante, Catherine Leveaux vit depuis trois ans à Lisbonne, où elle a appris le portugais à la vitesse éclair pour mieux s'imprégner de la ville blanche. Lors de ses balades, seule ou en famille, elle est tombée sous le charme de cette capitale où la lumière et l'histoire jouent un rôle prépondérant. Un port d'attache prédestiné pour cette aventurière née à Brest, face à l'océan. Telle une exploratrice d'un nouveau genre, surfant sur la vague de la mondialisation, Catherine a vécu et travaillé plusieurs années dans des contrées parfois lointaines comme la Libye, le Venezuela et l'Afrique du Sud.

REMERCIEMENTS

Je remercie toute l'équipe de Cheap & Chic et en particulier Didier Férat, qui m'a accordé sa confiance et Émeline Gontier, qui a relu et parfait cet ouvrage. Merci à Claire Baudoin pour ses visites faites de lieux insolites et de détails historiques ou cocasses, à Jan de Kerne pour ses précieux conseils, à Carole et Fred, Sandra et Olivier, Montse et Thibaut, Karine et Xavier, Anne, Michèle, Françoise, Anne-Sophie et Nicolas, Vyolaine et Charles, Margarida, Carla, Edouard et Caroline, ainsi que Luciana pour leurs tuyaux et bonnes adresses.
Merci enfin à Cyrille mon mari, qui m'a soutenue depuis le début et à mes trois enfants. Je leur dédie ce guide.

CHEAP & CHIC

LISBONNE À PETITS PRIX

1re édition

place des éditeurs

Acropole
Belfond
Convergences
Hors Collection
Lonely Planet
Omnibus
Le Pré aux Clercs
Presses de la Cité
Solar

12 avenue d'Italie, 75627 Paris Cedex 13
☎ 01 44 16 05 00

Dépôt légal
Mars 2012
ISBN 978-2-35219-109-4

Direction Frédérique Sarfati-Romano
Direction éditoriale Didier Férat
Coordination éditoriale Émeline Gontier
Prépresse Jean-Noël Doan
Fabrication Céline Premel-Cabic
Conception graphique et maquette Nelly Riedel
Couverture Stéphane Rébillon
Cartographie AFDEC (Florence Bonijol, Bertrand de Brun, Martine Marmouget, Catherine Zacharopoulou)

Merci à Françoise Blondel pour son travail sur le texte et à Dominique Spaety.
Plan du métro de Lisbonne :
©Metropolitano de Lisboa, E.P ; janeiro 2012

Photographies : Catherine Leveaux, sauf photo "Ad Lib" p. 107 de João Bessone.
Toutes les photos sont sous le copyright des photographes, sauf indications contraires.

Imprimé par Loire Offset Titoulet

Humeur lisboète

"Pour le voyageur arrivant par la mer, la ville s' élève [...] comme une belle vision de rêve, se découpant nettement contre un ciel bleu vif que le soleil réchauffe de ses ors. Et les dômes, les monuments, les vieux châteaux surplombent la masse des maisons, tels les lointains hérauts de ce délicieux séjour, de cette région bénie des dieux." Fernando Pessoa.

La vision du voyageur, décrite par l'écrivain Fernando Pessoa au début du XXe siècle, ne s'est pas ternie. La ville, embellie par une lumière intense qui met en relief ses façades et ses monuments, se détache entre le bleu du ciel et celui de l'estuaire du Tage, tel un panneau d'azulejos bleu cobalt sur fond blanc. Lisbonne est une capitale attachante qui offre au visiteur un inoubliable voyage dans l'histoire. On fait des bonds dans le temps en passant d'un quartier à l'autre. Quartiers moyenâgeux faits de ruelles étroites et d'escaliers tortueux contrastant avec les rues tirées au cordeau du quartier de la Baixa, joyaux architecturaux du temps des épopées maritimes du XVIe siècle tranchant avec des monuments clinquants au design moderne ou palais aux façades majestueuses alternant avec des bicoques aux murs décrépis. Lisbonne a de l'or entre les mains pour devenir une destination touristique phare. Tant mieux si elle sait moins bien se vendre que ses concurrentes Rome ou Barcelone. Profitez de son authenticité et de la nonchalance qui la guide encore. Oubliez l'agitation, flânez, profitez des belvédères pour vous emplir de sa lumière et de sa beauté. Parcourez la ville à pied, laissez-vous guider par votre instinct de voyageur, vous découvrirez des recoins insolites ou des vieux métiers encore bien vivants, comme l'aiguiseur de couteaux ambulant ou le cireur de chaussures.

LE COMBLE DU CHIC

- Prendre l'apéritif sur le toit d'un grand hôtel. L'accès est gratuit, mais on paie 1 à 2 € de plus par boisson avec une vue époustouflante sur la ville !
- Remplir un panier gourmand au magasin Gourmet du Corte Inglés (voir p. 156) pour un pique-nique dans le jardin Amália Rodrigues, au-dessus du Parc Eduardo VII.
- Louer un vélo électrique pour gravir sans peine les 7 collines : 29 € la journée chez **Rent-a-fun** (Rua Cais de Santarém, 34 – Alfama/Graça/Santa Apolónia ; lun-ven 9h-20h, sam-dim 10h-20h ; www.rent-a-fun.com).
- Chiner des objets vintage au marché artisanal (Feira da Liberdade, p. 112) de l'avenue de la Liberdade, et faire son shopping dans les boutiques de luxe du quartier.
- Loger sur l'une des collines de Lisbonne, avec vue sur la ville. Votre fenêtre, balcon ou terrasse se transformera en un énième mirador d'observation.
- Rapporter de Lisbonne des accessoires de qualité faits main : une paire de gants de la Luvaria Ulisses (p. 71), un feutre de Chapelaria Azevedo (p. 69), du beau linge de maison de Socunha (p. 87) ou encore une belle housse de smartphone en liège de chez Cork & Co (p. 86).
- Sortir dans la boite très hype et sélect Silk, sur la terrasse au 7e étage d'un immeuble du Chiado.
- Prendre un chocolat chaud épais accompagné d'un fabuleux *pastel de nata* à l'Antiga Confeitaria de Belém.

LE COMBLE DU CHEAP

- Traverser le Tage en bateau pour 1,05 €, avec le Transtejo. Cette minicroisière mène de Cais do Sodré à Cacilhas, d'où l'on a une vue imprenable sur Lisbonne !
- Petit-déjeuner dans une superette Pingo Doce : un café + un *pastel de nata* à 0,75 €.
- Emprunter un vélo gratuitement à Cascais et parcourir la piste cyclable le long du Tage jusqu'à la plage de Guincho.
- Se laisser entraîner dans une visite guidée d'un quartier de la ville avec des jeunes bourlingueurs amoureux de Lisbonne, rémunérés au pourboire **Lisbon Free Tour,** 964 298 207, www.lisbonfreetour.blogspot.com, ou avec les guides des hostels.
- Fêter la Saint-Antoine (12 juin au soir) à la manière des Lisboètes, dans la rue. Au menu : vin rouge ou vin vert, sardines grillées, et musique dans une ambiance de bal populaire !
- Profiter des concerts gratuits dans les parcs et jardins de Lisbonne à la belle saison : Out Jazz, tous les dimanches de mai à septembre à partir de 17h (www.ncs.pt/outjazz.php).
- Visiter les musées le dimanche entre 10h et 14h, pour la majorité d'entre eux, l'accès est gratuit. Les autres jours, repérez les musées gratuits (NARC, MUDE, Théâtre romain, etc.).
- Déjeuner et dîner dans les petits restaurants de quartier sans chichis.
- Parcourir la ville d'ouest en est depuis le Cemitério dos Prazeres jusqu'à Graça en tramway 28 pour 1,05 €.

10 ASTUCES DE BASE
POUR VOYAGER MOINS CHER À LISBONNE

POUR SE DÉPLACER MOINS CHER : prendre une carte de transports rechargeable Viva Viagem et éviter d'acheter des billets à l'unité : 1,05 € le trajet au lieu de 1,75 € dans le bus, 2,85 € dans le tramway et 3,50 € dans les funiculaires ! Pour ceux qui comptent beaucoup utiliser les transports en commun, optez pour le forfait journée à 4,60 €.

POUR MANGER À PETIT PRIX : refuser avec le sourire les *petiscos* (olives, pain, beurre, beignets de morue, etc.) qui vous seront proposés d'emblée en début de repas : la facture peut facilement grimper de 5 à 10 € ! Commander une *meia dose* (demi-portion) ou partager un plat à deux : une *dose* remplit généralement deux estomacs.

POUR FAIRE LE PLEIN DE CULTURE SANS DÉPENSER TROP : les inconditionnels des musées achèteront la Lisboa Card (24h : 17,50 €/48h : 29,50 €/72 h : 36 €). L'entrée des musées est gratuite ou réduite et les transports en commun, ne coûteront pas un sou (www.visitlisboa.com/LisboaCard_FR.aspx). Sinon, pour les adeptes de culture à petite dose, viser le dimanche entre 10h et 14h, car un grand nombre de musées sont gratuits.

POUR PROFITER DES FESTIVITÉS : Lisbonne multiplie les manifestations culturelles gratuites, notamment lors des Fêtes de la Saint-Antoine en juin (fado dans le tramway, expositions, etc.), ou propose des sessions de Jazz à la belle saison dans les parcs et jardins (Festival Out Jazz, www.ncs.pt/outjazz.php).

POUR FAIRE DU SHOPPING SANS SE RUINER : acheter la Lisboa Shopping Card (24h : 3,70 €, 72h : 5,80 €), qui permet d'obtenir des réductions de 5 à 15% dans les 200 magasins affiliés (www.visitlisboa.com/LisboaCard_FR.aspx). Profiter des soldes à fond, pendant 2 mois en été (15 juillet-15 septembre), et en hiver (28 décembre-28 février), complétés par des promotions tout au long de l'année.

POUR SE DÉPLACER VITE ET PAS TROP CHER : prendre le taxi. À plusieurs, le taxi coûte autant voire moins cher qu'un voyage en bus ou en tramway et on gagne du temps (3 à 6 € la course d'un quartier à l'autre).

POUR S'ARRÊTER À TOUTES LES TERRASSES SANS VIDER SA TIRELIRE : carburer en journée au café (environ 0,70 €) et passer à l'Imperial (bière pression, 1-2 €) en soirée.

POUR VISITER LA VILLE AUTREMENT : faire un tour de vélo gratuit de Lisbon by night avec **Biclas do Rio** (Biclas do Rio, Rua dos Cordoeiros a Pedrouços, 87C, Algès, 211 953 882, lun-sam 10h-19h) tous les jeudis à 21h. Pour environ 2 heures de balade (25 à 30 km il faut donc être en forme !), la location du vélo coûte 5 €.

POUR SE LOGER À PETITS PRIX : louer un appartement à plusieurs ou réservez une place en dortoir dans une auberge type *hostel* (de 13 à 18 € la nuit).

POUR ALLER AUX SPECTACLES SANS DÉPENSER TROP : trouver des places de dernière minute au théâtre São Carlos (p. 194). Une heure avant le spectacle, les billets sont en vente entre 15 et 20 €. Le tout est de trouver ensuite un costume décent en moins d'une heure pour ne pas détonner dans sa loge.

3 jours Cheap&Chic à LISBONNE

JOURNÉE 1

DÉPART LITTÉRAIRE

Démarrez par un café sur la terrasse de **A Brasileira** (p. 66) au Chiado, en compagnie de Fernando Pessoa.

PROMENADE HISTORIQUE

Prenez le tram 28, direction l'Alfama et le belvédère de Santa Luzia. De là, regagnez le **château São Jorge** (p. 40), puis redescendez vers Graça et admirez la vue de son **belvédère** (p. XXX). Sur le Largo da Graça, déjeunez de grillades au **Churrasco da Graça** (p. 47). Descendez jusqu'au **monastère de São Vicente de Fora** (p. 44), sans oublier de grimper sur ses toits. Perdez-vous dans les ruelles de l'Alfama, et regagnez la **cathédrale** (p. 41).

APRÈS-MIDI SHOPPING OU CROISIÈRE

Arrêtez-vous sur la majestueuse **Praça do Comércio** (p. 56) puis découvrez le quartier de la **Baixa** (p. 52) pour quelques emplettes. À moins de préférer une minicroisière **rive gauche du Tage** (p. 172) depuis Cais do Sodré. De retour à Lisbonne, après une pause gourmande à la **Confeitaria Nacional** (p. 64), remontez vers le Chiado par l'**ascenseur de Santa Justa** (p. 57) et visitez l'**église à ciel ouvert du Carmo** (p. 58).

SOIRÉE BAIRRO ALTO

Montez au **belvédère de São Pedro de Alcântara** (p. 75), prenez un verre au **Kiosque do Miradouro** (p. 82). Poussez jusqu'à la Praça do Príncipe Real pour un dîner typique au **Dom Pedro V** (p. 78). Poursuivez la soirée dans l'un des bars du Bairro Alto, **Portas Largas** (p. 82) ou **Heidi** (p. 187) et allez danser au **Bedroom** (p. 189) ou au **Frágil** (p 188).

JOURNÉE 2

LES BIJOUX D'ART MANUÉLIN

Embarquez dans le tram 15 pour Belém et démarrez par un petit-déjeuner à l'**Antiga Confeitaria de Belém** (p. 140), autour de *pastéis de nata*. Visitez ensuite le **monastère de Belém et l'église Santa Maria** (p. 134). Le 3e dimanche du mois, rendez-vous à midi devant le Palais présidentiel pour la relève de la garde.

LE LONG DU TAGE

Regagnez les rives du Tage et marchez jusqu'à la **tour de Belém** (p. 135). Revenez sur vos pas, et profitez d'une expo gratuite d'art contemporain au **Centro Cultural de Belém** (p. 135). Faites une pause apéro à la **cafétéria Quadrante** (p. 139) pour le plein de soleil sous les oliviers.

VESTIGES INDUSTRIELS

Reprenez le tram vers Alcântara et la **Lx Factory** (p. 121). En chemin (sauf dim), explorez les vieux bus et tramways au **Museu da Carris** (p. 121). Déjeunez portugais à la **Cantina Lx** (p. 123), ou asiatique à **Malaca Too** (p. 124). Ne ratez pas la pause à la **Livraria Devagar** (p. 128) et chinez, si c'est le jour de la *feira*.

FIN DE JOURNÉE CULTURELLE

Non loin, sur les anciens docks, visitez le **Museu do Oriente** (p. 121) qui vous transportera en Asie, ou à Lapa, le **Museu d'Arte Antiga** (p. 120) pour ses tableaux de maîtres et ses paravents. Digérez le tout autour d'un cocktail au bar **Le Chat** (p. 126).

SOIRÉE SAGE

Regagnez les ruelles de Madragoa pour un dîner convivial à **Taberna Ideal** (p. 124) ou à **A Mercearia** (p. 123). Rejoignez les docks pour une soirée à **Urban Beach** (p. 189), dans un décor des *Mille et Une Nuits*.

JOURNÉE 3

DÉMARRAGE EN DOUCEUR

Prenez votre petit-déjeuner à l'un des cinq kiosques sur l'**Avenida da Liberdade** (p. 110). Remontez le long des magasins de luxe vers le Parque Eduardo VII, pour profiter de la perspective sur les 7 collines et des **estufas** (serres, p. 149), chaude et froide.

MATINÉE GULBENKIAN, PUIS SHOPPING

Continuez par les riches collections du **Museu Gulbenkian** (p. 148). Profitez des jardins avant d'écumer le magasin **El Corte Inglés** (p. 156). Regagnez le **Sete Pecados** (p. 152) pour un déjeuner thaïlandais.

LES "PLUS" AU FIL DE L'EAU

Prenez le métro à São Sebastião jusqu'au terminus Oriente, pour un après-midi détente au Parque das Nações. Le long du Tage, admirez les monuments nommés d'après Vasco de Gama : le **pont** (p. 163) le plus long d'Europe et la **tour** (p. 162) la plus haute du Portugal. Puis visitez le second plus grand aquarium européen, l'**Oceanário** (p. 161). Prenez un pot au Casino de Lisbonne à l'**Arena Lounge** (p. 166) ou face aux bateaux, sur la terrasse du **Lighthouse** (p. 166). Par le bus 28, regagnez Santa Apolónia, avec, éventuellement, un arrêt au **Museu Nacional dos Azulejos** (p. 45).

SOIRÉE EN CONTRASTES

Dégustez la meilleure pizza de Lisbonne à **Casanova** (p. 47) ou, puisque c'est votre dernière soirée, branchez-vous au fado au restaurant **Parreirinha de Alfama** (p. 193) autour d'une excellente *cataplana de peixe e mariscos*. Ensuite, repassez brutalement au XXIe siècle et regagnez le **Lux Frágil** (p. 189) pour danser jusqu'à l'aurore sur les bords du Tage.

JOURNÉE BONUS

Escapade à Sintra et Cascais

DÉMARRAGE EN SIFFLANT

Prenez le train en gare du Rossio, destination Sintra. Au terminus, faites une pause gourmande au **Café Saudade** (p. 180) pour prendre des forces en vue d'une journée intense.

PROMENADE ARCHITECTURALE

Enchaînez les visites : **Palácio Nacional de Sintra** (p. 175), **Castelo dos Mouros** (p. 175) pour sa vue vertigineuse, **Palácio da Pena** (p. 176), et, si vous avez encore des forces, vivez l'expérience mystique du puits initiatique de la **Quinta da Regaleira** (p. 177).

APRÈS-MIDI FARNIENTE

Sautez dans le bus 441 (ou le tramway de juin à septembre) pour la **praia das Maçãs** (p. 177) et savourez au restaurant **Nautilus** (p. 181) un bon gros plat de poissons grillés. Enfin, posez-vous sur la plage pour la digestion... Reprenez le bus 403 vers Cascais, en vous arrêtant éventuellement au **Cabo da Roca** (p. 177), pour une halte magique et venteuse. Vous poserez votre serviette sur une plage où la jet-set et la bourgeoisie de Lisbonne passent leurs étés.

SOIRÉE SUR LA PLAGE

Dînez léger au **Deck Bar** (p. 180), puis regagnez en saison le **Tamariz** (p. 192), la boîte chic sur la plage d'Estoril. Rentrez par le train sur Lisbonne tard, ou tôt, au petit matin.

et pour plus de ...

"Culture"

LE MUSEU NACIONAL DE ARTE CONTEMPORÂNEA (p. 59) : les artistes portugais du XXe siècle sont présentés par rotation dans ce couvent du Chiado superbement rénové. • **LE NARC (NÚCLEO ARQUEOLÓGICO, p 58) :** la Baixa souterraine et les vestiges de l'antique Olisippo romaine. • **LE MUDE (p. 57) :** pour une incursion gratuite dans le design du XXe siècle. • **LE MUSÉE DE LA PHARMACIE :** 5 000 ans de remèdes rassemblés dans un magnifique palais du XIXe siècle. • **LE COUVENT DES CARDÃES (p. 76) :** pour découvrir au cœur du Bairro Alto les azulejos les plus confidentiels de Lisbonne. • **LE MUSEU RAFAEL BORDALO PINHEIRO (p. 150) :** ce grand caricaturiste du XIXe siècle expose ses céramiques dans ce petit musée et ses créatures peuplent le jardin du Museu da Cidade, situé en face. • **LA FUNDAÇÃO MEDEIROS E ALMEIDA (p. 105) :** un voyage hallucinant dans l'Art déco du XXe siècle dans un palais privé de toute beauté.

SHOPPING

AVENIDA DA LIBERDADE : la grande artère du luxe est un des endroits idéals pour du lèche-vitrine, ou des achats 100% portugais, chez Fly London ou Lanidor. • **LE QUARTIER DU CHIADO :** autour des Grandes Armazens do Chiado regroupant la plupart des marques *mainstream*, les boutiques traditionnelles alternent avec celles des créateurs en vogue. • **LES AVENIDAS NOVAS :** le coin de Saldanha, l'Avenida de Roma ou l'Avenida da República, les créateurs de luxe côtoient les outlet. • **FEIRA DA LADRA (p. 51) :** le marché aux puces le plus connu est un bric-à-brac de vieux objets et de fripes en tous genres. • **GERALDINE (p. 113) :** ce magasin hors normes aux horaires décalés est une curiosité. • **A VIDA PORTUGUESA (p. 70) :** c'est un véritable petit musée d'art populaire. • **CAULINO (p. 50) :** pour rapporter une pièce unique créée par l'un des quatre céramistes contemporains de l'atelier.

FÊTES

NOOBAI CAFÉ (p. 83) : pour commencer la soirée tranquillement, sur un fond de musique *chill out*, le Tage à vos pieds. • **CLUBE FERROVIÁRIO (p. 48) :** assis dans des fauteuils de train Corail, vous écouterez gratuitement un concert de jazz, et prolongerez la soirée en dansant jusque tard dans la nuit. • **TRUMPS (p. 190) :** pour danser dans le plus grand club gay de la ville, hétéro-friendly ! • **MENINOS DO RIO (p. 85) :** comme un bar de plage, sous les palmiers à quelques mètres du Tage... vous prolongerez la soirée en dansant si l'ambiance est au rendez-vous ! • **FRIENDS BAIRRO ALTO (p. 188) :** dans une ambiance sans tabous ni préjugés, venez boire un verre ou danser sur la musique des DJ endiablés. • **SILK (p. 189) :** une soirée en boîte, version very chic, very hype, sur une terrasse panoramique au faîte de Lisbonne ! • **BBC (p. 192) :** sur les rives du Tage, côté Belém, vous danserez sur une piste extérieure à la belle saison.

La Ville

de A à Z

AÉROPORT

ARCHITECTURE

AZULEJOS

BACALHAU

CAFÉ

CALÇADA

COLLINES

COUVENTS, MONASTÈRES ET ÉGLISES

ELÉCTRICOS ET ELEVADORES

FADO, FOOTBAL, FÁTIMA

FESTAS DE LISBOA

GULBENKIAN

HISTOIRE

INTERNET

PÂTISSERIE

PESSOA

PLAGES

PRATIQUE

SAUDADE

TAGE

TRANSPORTS

ULTRAMAR

Aéroport

Lisbonne est une des rares capitales européennes à posséder son aéroport en pleine ville. La phase d'atterrissage est très impressionnante, quand l'avion décrit une large boucle au-dessus de l'embouchure du Tage, survole Belém, le parc de Monsanto et entame la dernière phase de descente au-dessus du parc Eduardo VII. L'avantage de cet aéroport est qu'il permet de rejoindre le centre-ville en une quinzaine de minutes. Revers de la médaille : les nuisances sonores, particulièrement en soirée et à l'aube. En 2012, l'aéroport devrait être enfin relié au réseau du métro (ligne rouge qui mène au centre-ville en passant par le Parque das Nações). Les rames circulent sur le réseau entre 6h30 et 1h. D'ici là, plusieurs solutions s'offrent à vous :

Le **taxi** qui vous mènera au centre pour 10 à 12 €, hors bagages.

L'**Aerobus** : le billet coûte 3,50 €, il a trois lignes différentes : la Ligne 1 vers Cais do Sodré, la station ferroviaire et fluviale en bordure du Tage, en passant par les points centraux de Lisbonne, notamment l'Avenida da República, la place Marquês de Pombal et l'Avenida da Liberdade (toutes les 20 minutes de 7h à 23h depuis Portela, de 7h45 à 22h30 à partir de Cais do Sodré) ; la Ligne 2, qui rejoint la gare Oriente, au Parque das Nações (toutes les 30 minutes de 8h50 à 21h50 dans le sens Portela-Oriente, de 7h30 à 22h dans le sens inverse) ; et, enfin, la Ligne 3, vers le "centre financier", quartier de banques et de bureaux (toutes les 30 minutes de 7h40 à 22h10 dans le sens Portela-Av. José Malhoa Sul, de 8h15 à 21h15 à partir de Malhoa). Notez que le billet Aerobus vous offre une réduction de 25% sur les bus touristiques à étage, et 24h de validité après oblitération dans le service Aerobus et dans les bus de la compagnie lisboète de bus et tramways, la Carris.

Le **bus 83** : l'achat d'un ticket à l'unité (1,75 €) vous permettra de rejoindre la place Marquês de Pombal ou le terminus, devant le centre commercial des Amoreiras. Le bus fonctionne de 7h05 à 20h15, avec une fréquence de 8 à 10 minutes. Consultez le parcours et les horaires sur le site de la Carris : www.carris.pt/pt/autocarro/83/descendente. Attention cependant : le chauffeur peut vous refuser l'entrée si vous arrivez en groupe avec de gros bagages !

Architecture

Lisbonne s'est construite sur des styles architecturaux variés, au fil de son histoire. De la période maure, le quartier moyenâgeux de l'Alfama a gardé ses maisons blanchies à la chaux et ses ruelles étroites. La cathédrale (*sé*) est bâtie dans le style roman, avec l'allure d'une forteresse. L'art gothique s'épanouit dans les grands monastères construits au XIIIe siècle, à l'image de celui du Carmo, dont il ne reste plus que les ruines et une fabuleuse nef à ciel ouvert. Le style spécifiquement portugais, l'art manuélin, naît au XVIe siècle sous le règne de Manuel Ier, roi des Grandes Découvertes. Ses monuments emblématiques en sont le Mosteiro dos Jerónimos et la tour de Belém. Si le plan des bâtiments reste d'inspiration médiévale, c'est la décoration qui caractérise ce style, lié à la passion de la mer et à la découverte de nouveaux territoires. Ainsi, les motifs maritimes et naturels prédominent : cordages torsadés, ancres, écailles, globes terrestres, mais aussi Croix du Christ, l'ordre auquel appartenait Henri le Navigateur, prédécesseur de Manuel Ier et initiateur des expéditions maritimes. Côté nature, fleurs et fruits exotiques, nervures de feuilles, rameaux de laurier, pavots, artichauts, etc. décorent les voûtent, arcs et portails. La Renaissance marque peu Lisbonne, plus accaparée par l'Inquisition que par le renouveau culturel et artistique. Au XVIIIe siècle, par contre, le baroque éclate dans la capitale. Tiré du portugais *barroco*, qui signifie perle irrégulière, le style veut contrecarrer l'austérité protestante naissante, et exprimer tout le faste du catholicisme. Derrière des façades souvent austères, héritées de l'influence espagnole de

Philippe II, les intérieurs sont somptueux. C'est l'époque des panneaux d'azulejos et de la *talha dourada*, ces bois sculptés revêtus de feuille d'or, à l'image des maîtres-autels, ces trônes monumentaux à plusieurs degrés placés dans le chœur. L'église de São Roque en est l'archétype : son extérieur simple cache un intérieur de boiseries dorées à l'or et de marbres polychromes. Quant au château de Queluz, il est le meilleur représentant du style rococo au Portugal. Après le terrible séisme de 1755, le style pombalin prédomine, hérité de l'austérité et de l'esprit rigoureux du marquis de Pombal. À sa mort, rococo et baroque reprennent leur place : les façades sont peintes en rose, les marbres reviennent au goût du jour. Les temps troublés du XIXe siècle remettront à l'honneur le style manuélin. Le néomanuélisme s'exprime sur la façade de la gare du Rossio, alors que les maisons se parent d'azulejos. L'Art nouveau et l'Art déco apparaissent, à l'image de la maison du Dr. Anastácio Gonçalves (voir p. 149) ou du café Nicola sur la place du Rossio. Sous la dictature, l'art salazariste allie le béton, le monumental et l'inspiration traditionnelle, à l'image du musée des Arts populaires de Belém, ou de ces hauts immeubles de la Praça do Areeiro dont les toits en tuiles rouges rappellent l'habitat typique. Les réalisations récentes de la fin du XXe siècle sont plus ou moins heureuses : aux controversées tours des Amoreiras répondent les réussites incontestables de la gare Oriente au cœur du quartier nouveau du Parque das Nações, et de l'imposant bâtiment abritant le Centro Cultural de Belém (CCB). Les exemples d'architecture moderne et plus design se multiplient, reste à la réhabilitation urbaine à redonner vie aux vieilles maisons et palais décatis desquels se dégage un charme incontestable.

Azulejos

Lisbonne ne serait pas Lisbonne sans ses azulejos (prononcez le "j" à la française). On peut en admirer à chaque coin de rue, dans chaque église, palais, et même dans les parcs, jardins ou dans le métro. L'art de ces carreaux de faïence remonte à l'époque de l'occupation arabe. Le mot "azulejo" provient de l'arabe *al zulaydj*, signifiant petite pierre polie. À l'origine polychromes et non figuratifs, les carreaux de faïence deviennent vite des éléments de décoration aux XVIe et XVIIe siècles. Les commandes en panneaux figuratifs se multiplient, et on fait appel aux manufactures hollandaises de Delft pour l'approvisionnement. Ceux-ci imposeront alors leurs carreaux bleu cobalt sur fond blanc. L'art est omniprésent au Portugal, où églises, couvents et palais se parent de scènes religieuses ou bucoliques. Les pièces de faïence sont même exportées vers les colonies (Brésil, Mozambique, Cap-Vert, etc.) ainsi que vers les comptoirs asiatiques. À la fin du XIXe siècle, les émigrants revenant du Brésil introduiront l'idée de protéger les habitations de l'humidité en recouvrant les façades de carreaux de faïence vernie. Cette solution est adoptée et les maisons se parent progressivement de toutes les couleurs et de tous les styles. La production d'azulejos s'adapte à cette évolution et devient quasi industrielle. Les tendances artistiques s'expriment désormais sur les murs, et on voit les façades Art déco ou Art nouveau s'approprier les carrés de faïence. À Lisbonne, vous pourrez visiter le Museu Nacional dos Azulejos et le Mosteiro São Vicente de Fora. Si vous êtes curieux de connaître le processus de fabrication, allez voir la traditionnelle Fábrica Sant'Ana à Ajuda ou la Fábrica Viúva Lamego (Largo do Intendente, 25 ; métro Intendente), qui produit les carreaux contemporains pour le Métro lisboète.

Bacalhau

On dit qu'il y a 365 façons de préparer le *bacalhau* (morue)... On le trouve dans tous les restaurants et c'est le plat typique portugais, même à Noël ! Ce poisson n'est pourtant pas pêché localement, mais il est importé des pays nordiques. À l'origine, les Portugais pêchaient la morue de mai à octobre dans les eaux de Terre-Neuve, la salaient, puis la séchaient pour la ramener au pays. Parmi les recettes les plus connues : *Bacalhau à bras* (émietté, avec lamelles d'oignons et de pommes de terre frites), *cozido* (bouilli) ou *assado* (rôti), *com natas* (à la crème), *espiritual* (parmentier de morue à base de pommes de terre et de carottes), *à Minhota* (frit, oignons cuits, œufs, olives), *à Largareiro* (au four, avec ail et pommes de terre). À Lisbonne, vous n'échapperez pas aux produits de la mer, dont les Portugais sont les deuxièmes consommateurs au monde après les Japonais. Profitez-en, le poisson est en général ultrafrais et bien moins cher qu'ailleurs : daurade, bar (*róbalo*), chinchard (*carapau* – méfiez-vous, ici ce petit poisson n'est pas vidé !), encornets (*lulas*), seiche (*choco*), sole (*linguado*), turbot (*pregado*), sans oublier les sardines de mai à septembre et les palourdes (*ameijoas*), que vous trouverez souvent "*à bulhão pato*", à l'ail et à la coriandre. Goûtez à la délicieuse "*cataplana*", une sorte de bouillabaisse cuite dans un plat en cuivre.

Si décidément vous êtes carnivore, passez en revue toute les viandes du pays en vous délectant d'un *cozido à portuguesa* (pot au feu accompagné de bœuf, poulet, *chouriço*, boudin, oreille et museau de porc). Laissez-vous tenter par la spécialité du terroir, le cochon noir de l'Alentejo (*porco preto*), sous toutes ses formes : charcuterie (*presunto* – jambon cru –, *chouriço*), *secretos de porco* (travers) ou *leitão* (cochon de lait). La *carne de porco à Alentejana* allie à la fois viande de porc et palourdes, héritage des trocs entre intérieur du pays et littoral. Enfin, l'*açorda* est une sorte de soupe de pain infusé dans l'huile d'olive et l'ail, agrémentée en général de viande ou parfois de fruits de mer. Et, bien sûr, un repas portugais débutera été comme hiver par une soupe (le fameux *caldo verde*, à base de chou vert, ou la *canja*, consommé de volailles), et se terminera par un dessert à base de jaunes d'œufs (voir *Pâtisseries*). Ici, la gastronomie, c'est du sérieux et tout est fait le jour même sur place.

Café

Boire un café à Lisbonne est tout un rituel ! Non seulement les mots à utiliser sont très précis, mais les lieux de pause sont très particuliers. Le café est devenu la boisson phare des Lisboètes, qui le consomment du matin au soir. On le consomme de différentes manières, et tout un vocabulaire y est associé. Quand on demande *um café*, c'est un expresso que l'on vous sert. On dit aussi *uma bica* à Lisbonne. Un *café cheio* (plein) sera un peu rallongé, mais toujours servi dans une tasse à expresso. Pour les lendemains de fête, demandez un *duplo* (double) ! *Uma carioca de café* est un café très allongé, d'un second tirage. Une petite goutte de lait et la *bica* se transforme en *pingado*. Encore plus de lait, moitié café moitié lait, c'est une *meia de leite*. Le *galão*, café au lait, sera servi dans une haute tasse en verre. Et, si vous êtes vraiment pro, vous pourrez commander un *garoto* (littéralement, petit garçon), on vous demandera alors "*claro ou escuro?*", selon la quantité de lait souhaitée. Enfin, un *café com cheirinho*, pour les caméléons qui veulent se prendre pour de parfaits Lisboètes, est un café dans lequel on ajoute une goutte d'eau-de-vie.

Où boire un café ? Partout. Dans les pâtisseries, les restaurants (souvent ouverts pour le petit-déjeuner), mais surtout dans les kiosques, posés dans les jardins, les parcs de Lisbonne ou sur les places et les grandes avenues. Ces buvettes vertes polygonales sont des lieux de vie par excellence. Leur premier avantage est d'offrir une terrasse, qui devient incontournable dans le style de vie lisboète ! Il faut dire que le climat de Lisbonne s'y prête, même en plein hiver. Tous les restaurants ou cafés se battent pour avoir une terrasse. Ceux qui n'en ont pas essaient d'en bricoler une, au fond d'une petite cour qu'ils aménagent de quelques tables et plantes vertes, ou investissent tout simplement le trottoir ou l'espace devant leur pas de porte. Bref, pas de survie possible désormais sans un extérieur attrayant. Dans le top des cafés avec terrasses, mentionnons le Miradouro, sur le belvédère de São Pedro de Alcântara, le Sky Bar de l'hôtel Tivoli sur l'Avenida da Liberdade, le Portas do Sol entre l'Alfama et la colline du Château, qui domine la mer de Paille, ou encore l'esplanade du couvent de Graça. Mais la liste est longue et une seule page ne suffirait pas à tous les citer !

Calçada

La *calçada portuguesa* désigne les trottoirs revêtus de pavés de calcaire blanc, parfois mélangés de pavés en basalte noir.

C'est au XVIe siècle que l'on commence à paver les voies : la Rua Nova, principale rue commerçante du Moyen Âge, est revêtue en 1515, et c'est à cette époque que le corps de métier de paveurs, au statut d'artistes-artisans, est créé. Mais c'est véritablement après 1845 et la réussite esthétique de la place du Rossio que cet art va se répandre. Les autorités décident en effet d'aménager le vaste terre-plein du centre-ville. Les condamnés aux travaux forcés, qui ont déjà décoré l'entrée du château São Jorge d'une mosaïque de petites pierres taillées de calcaire blanc et basalte noir, se mettent à l'œuvre. Les 8 000 m² du Rossio seront achevés en moins d'un an et demi, avec des motifs ondulants, rappelant les vagues de l'océan. L'esthétique de la place fait recette, et le procédé sera adopté dans tout le pays et dans les colonies.

On peut ainsi admirer les signes du zodiaque sur la Praça do Império à Belém, le bateau de saint Vincent entouré de ses corbeaux, emblème de la capitale, à différents endroits de la ville, ou remarquer le petit rat sur le Largo do Rato et les nombreuses étoiles à cinq branches dans les rues du Chiado. Bref, à Lisbonne, regardez vos pieds, il y a peut-être une œuvre d'art sous vos pas !

L'inconvénient est que ce revêtement est non seulement extrêmement glissant sous la pluie, mais il est aussi très éblouissant en plein soleil. En outre, il suffit qu'un pavé manque pour que toute la mosaïque se désagrège. Il n'y a plus qu'une seule école de tailleurs et poseurs dans la capitale portugaise, et la liste des réparations s'allonge.

Une statue rendant hommage aux tailleurs et poseurs de pierre lisboètes se trouve dans la Baixa, rua da Vitória.

Collines

Lisbonne est, comme Rome, la ville aux sept collines, dont les flancs offrent des perspectives variées sur la capitale et le Tage. Le plus beau panorama sur la ville et le Tage se voit du Château, point le plus élevé de Lisbonne, avec un panorama à 360° ! Le *miradouro* de São Pedro de Alcântara vous livrera une vue de toute beauté sur les quartiers historiques. Du haut de l'ascenseur Santa Justa, vous aurez l'impression de survoler le quadrillage parfait de la Baixa. Du belvédère de Santa Catarina, vous guetterez les bateaux évoluant sur le Tage et ne pourrez que constater le fouillis des constructions lisboètes, partie intégrante du charme de la capitale ! Le jardin du Torel est un balcon d'observation sur le Chiado, le Bairro Alto et la Baixa. Plus à l'est, on pourrait rester des heures sur le *miradouro* da Graça, ou sur sa version plus intime (mais sans café !) de Nossa Senhora do Monte. Dans l'Alfama, les belvédères de Santa Luzia et Portas do Sol sont parmi les plus convoités. Au cœur des ruelles moyenâgeuses du quartier, partez sur la piste de l'église São Estévão, dont le parvis offre une pittoresque fenêtre sur le Tage. Si vous en avez le temps, explorez les deux *miradouros* les plus méconnus : Penha de França (rua da Penha de França, proche de l'église) qui vous propose un 360° sur la ville, ou Monte Agudo (Rua Heliodoro Salgado, métro Anjos), qui se refait une beauté. Côté occidental, goûtez au parvis secret de la chapelle Santo Amaro et à l'amphithéâtre de verdure de l'Alameda Keil do Amaral, au cœur du parc de Monsanto. Mais c'est le Tage qu'il faut traverser pour admirer Lisbonne dans toute sa splendeur. Sur les quais de Cacilhas ou au pied du Cristo Rei, vous découvrirez la ville de Belém à Santa Apolónia.

Couvents, monastères et églises

Le christianisme gagne Lisbonne dès le IVe siècle après J.-C. et la capitale sera définitivement chrétienne après la reconquête sur les Maures en 1147. La cathédrale (*sé*) deviendra un évêché en 1150. Le roi Dinis Ier fonde l'Ordre du Christ en 1319, héritier des richesses de l'Ordre des Templiers. Aux XIVe et XVe siècles, Lisbonne se couvre de couvents (l'un des plus grands est le couvent Carmo, créé en 1389, dont l'église gothique ne sera jamais rebâtie), d'églises abritant les confréries des Italiens, Français, voire des esclaves originaires d'Afrique, convertis et regroupés au sein de paroisses comme São Domingos. Suite aux Grandes Découvertes, l'or du Brésil financera la plupart des projets du XVIe siècle : le monastère des Jerónimos, destiné à accueillir l'ordre espagnol de Saint-Jérôme au Portugal, ou l'église de São Vicente de Fora et son monastère augustin. En 1640, Lisbonne compte 24 monastères, 18 couvents et quelque 4 000 religieux non productifs qui représentent un fardeau économique pour l'administration. Aussi, les Bragance revenus au pouvoir s'attachent à limiter l'essor de nouveaux ordres au XVIIe siècle. En 1759, le laïc marquis de Pombal expulse la Compagnie de Jésus, qui avait bâti la riche église baroque de São Roque. Mais, après sa mort, la religion reprend sa place, et on construit par exemple la basilique d'Estrela (1779-1793). En 1833, le Portugal compte plus de 500 couvents et d'innombrables églises, concentrés à Lisbonne. En 1834, un décret issu du mouvement libéral supprime les ordres religieux et décide de la sécularisation de leurs biens. L'État prendra alors possession des bâtiments pour y installer des hôpitaux (São José), le parlement (São Bento), des ministères (l'Armée au Carmo) et, plus tard, des maisons de retraite. En 1894, le couvent de la Pedreira do Chiado est transformé en grands magasins (Grandes Armazéns do Chiado). Le couvent de Santos-o-Velho, ancienne propriété du marquis d'Abrantès (titre donné au général napoléonien Junot), abrite aujourd'hui l'Ambassade de France.

Eléctricos et elevadores

1901, c'est la révolution à Lisbonne ! Un nouveau moyen de transport est né, c'est l'***eléctrico***, qui relie Cais do Sodré à Algès. Depuis, la capitale a conservé sur quelques lignes les vieilles voitures jaunes d'époque, qui grincent, bringuebalent, parées de sardines au moment des fêtes de la ville en juin. Cocasse, quand le chauffeur doit descendre de sa boîte de sardines pour changer manuellement un aiguillage ! Cinq lignes sont en fonctionnement (12, 15, 18, 25 et 28), toutes avec de vieilles voitures, sauf la 15. La ligne 28, la plus mythique et la plus empruntée, traverse Lisbonne d'ouest en est, depuis le cimetière des Prazeres jusqu'à Graça et la place Martim Moniz, en passant par les quartiers de Lapa, de Baixa, puis de l'Alfama. Le Museu da Carris (p. 121), la compagnie lisboète de transports, vous permet de faire un véritable voyage dans le temps.

Les **funiculaires** font aussi partie intégrante du paysage urbain de Lisbonne : trois sont en fonctionnement, auxquels s'ajoute l'ascenseur de Santa Justa. Situés sur des pentes raides, ils permettent de rejoindre les quartiers hauts perchés. Ainsi, le funiculaire du Lavra (1884), le plus ancien et le plus pentu (23% !) fait le lien entre l'Avenida da Liberdade et la colline pittoresque de Sant'Ana ; le funiculaire da Glória, le plus emprunté, relie le côté ouest de la Liberdade au belvédère de São Pedro de Alcântara sur le Bairro Alto. Le plus beau peut-être, le funiculaire da Bica traverse le quartier authentique du même nom, entre la Rua de São Paulo et le Bairro Alto. Enfin, l'ascenseur Santa Justa, permet de s'affranchir d'un dénivelé de 30 m entre la Baixa et le Chiado.

Fado, footbal, Fátima

Les "3 F" étaient la devise de Salazar pour maintenir le pays sous la dictature durant près de 40 ans et sont toujours aujourd'hui, dans le Portugal moderne et démocratique trois des piliers de la culture portugaise, même si la ferveur religieuse a tendance à s'essouffler.

Fátima C'est à Notre-Dame de Fátima, au nord de Lisbonne que trois bergers auraient vu la Vierge Marie apparaître en 1917. Ils ont été béatifiés par Jean Paul II en 2000 et le sanctuaire est l'un des principaux lieux de pèlerinage en Europe. Le catholicisme, profondément ancrée dans les mœurs des Portugais, perd cependant du terrain.

Le **fado**, dont l'étymologie vient du latin *fatum* (destin), est une forme d'expression musicale née dans la rue au XIXe siècle. Il exhale mélancolie, tristesse, passion, douleur et évidemment la *saudade* (voir p. 31). Il est d'abord populaire et chanté dans des tavernes de la Mouraria. Mais il conquiert les classes sociales aisées dès le XIXe siècle, entrant ainsi dans la culture du pays. Dans les *casas de fado*, le rituel est immuable : sous des lumières tamisées et dans un silence religieux, l'artiste, vêtu de noir, accompagnée de deux musiciens à la guitare portugaise, entonnera son chant tout en émotion. Le fado a été inscrit au patrimoine immatériel de l'Unesco le 27 novembre 2011.

Le **football,** opium du peuple ? Même en temps de crise, les conversations du tournent autour du foot, et non des dernières mesures d'austérité ! D'ailleurs, le quotidien sportif *A Bola* est le plus lu dans le pays et même les quotidiens économiques ont une rubrique foot. À Lisbonne, les cœurs balancent entre les deux couleurs du drapeau national : les rouges du Benfica contre les verts du Sporting.

Festas de Lisboa

En juin, Lisbonne célèbre le saint patron de sa cathédrale et de l'Alfama : saint Antoine de Padoue. Durant tout le mois de juin, des festivités rythment la ville, notamment entre le 13 juin, jour de la Saint-Antoine (férié à Lisbonne), et le 24 juin, fête de la Saint-Jean. En marge des festivités populaires, la municipalité organise une multitude d'expositions, de concerts et d'animations variées (fado dans le tram 28, théâtre de rue, cinéma en plein air, course à pied de 10 km, etc.). Demandez le programme ! www.festasdelisboa.com. Indéracinables ! D'accord, les fêtes de Lisbonne n'ont plus l'importance qu'elles avaient au début du XXe siècle, mais la tradition séduit toujours autant. La reine de la fête, c'est la sardine ! Les ruelles sont investies de petits grills (*fogareiros*), les pots de basilic (*manjericão*) ornent les fenêtres et les rues sont décorées de lanternes et de guirlandes colorées. Le point d'orgue des fêtes est la procession, quand la statue de saint Antoine est portée sur un brancard recouvert de fleurs fraîches. Ce même jour, des couples se marient pour être placés sous la protection du saint qui favoriserait le bonheur conjugal. La fête bat son plein la veille de la Saint-Antoine, le soir du 12 juin, à coup de platées de sardines, carafes de vin rouge ou vert. On danse jusqu'au bout de la nuit sur le Largo de São Miguel dans l'Alfama, mais aussi à Bica et Madragoa. Mais c'est l'Avenida da Liberdade, qui devient le temps d'une soirée un lieu de fête populaire, à l'occasion du défilé, les *Marchas populares*. Les quartiers ravivent les arts et les traditions populaires, font revivre les vieux métiers comme les *varinas*, les vendeuses de poisson. Le cortège danse, chante et la parade folklorique se conclut par l'élection du district le plus méritant.

"Only the best is good for me"
GULBENKIAN

Gulbenkian

Baron du pétrole né à Istanbul d'une famille arménienne, Calouste Sarkis Gulbenkian (1869-1955) fut aussi et surtout un grand amateur d'art. Curieux et cultivé, il aime voyager, étudie en France et en Angleterre et habitera dans divers pays au cours de sa vie. Mais ce qui le caractérise c'est le mécénat. Centres médicaux en Turquie, bibliothèque à Jérusalem et legs de sa fortune pour créer une fondation portugaise. Il s'installe à Lisbonne en 1942, où il vivra les 13 dernières années de sa vie, avec une partie de son immense collection d'art. Après sa mort en 1956, sera créée la fondation portugaise qui porte son nom (ses œuvres se trouvant à Paris seront rapatriées à Lisbonne non sans mal) qui fait de Gulbenkian le personnage majeur dans le panorama culturel lisboète d'après-guerre. Sa collection est si spectaculaire, qu'elle est prêtée tour à tour à la National Gallery, au British Museum de Londres, puis à la National Gallery de Washington. La Fondation Gulbenkian est située au cœur d'un beau parc paysager de conception naturaliste et abrite le musée Calouste Gulbenkian et le centre d'Art moderne, ainsi que quatre amphithéâtres, une zone de congrès et une bibliothèque de 170 000 volumes. Le musée, inauguré en 1969, a été conçu par l'architecte Albert Pessoa. La collection comporte plus de 6 000 pièces de l'Antiquité jusqu'au XXe siècle (p. 148). À proximité, le centre d'Art moderne (CAM, p. 148), ouvert en 1983, héberge la plus grande collection d'art portugais du XXe siècle.

Enfin, la Fondation gère des activités diversifiées dans le domaine des arts, de l'éducation et elle distribue des bourses à de jeunes artistes. Elle dispose aussi d'un orchestre et d'un chœur, qui se produisent régulièrement tant au Portugal qu'à l'étranger (www.musica.gulbenkian.pt).

Histoire

Selon la légende, la naissance de Lisbonne remonte à l'*Odyssée*. Ulysse aurait accosté dans une immense plaine quasi déserte, où il créa Olisipo.

De façon beaucoup plus avérée, les Phéniciens installent un comptoir dès 1200 av. J.-C. sur les rives de l'estuaire du Tage, où ils développent le commerce du sel, suivis ensuite par les Grecs et les Carthaginois. Mais c'est à l'époque romaine (en 219 av. J.-C., l'Empire romain s'installe en Ibérie) que la colline du Château se peuple et que Lisbonne, alors appelé Olisippo, commence à s'étendre : la première enceinte de murs, les thermes de la Rua da Prata et le théâtre en sont les vestiges. À partir du Ve siècle, les invasions des Wisigoths transforment Olisippo en Ulixbona. À partir de 711, les musulmans conquièrent la péninsule Ibérique. Ulixbona devient Al-Usbuna, et son riche estuaire est comparé à la vallée du Nil. Les remparts sont renforcés, la forteresse est reconstruite et le quartier Al-Alhaman (l'actuel Alfama), prend son visage actuel de ruelles et d'escaliers.

En 1147, le roi Afonso Henriques reconquiert Lisbonne sur les Maures. La ville de 30 000 âmes, qui vit des richesses de la mer, de la terre (huile d'olive) et du commerce de produits exotiques et des denrées de luxe (épices, peaux...), redevient chrétienne. Les Maures survivant aux pillages sont regroupés dans le quartier de la Mouraria. Le 1er novembre 1147, Afonso Henriques décide de faire construire la cathédrale (*Sé*) qui devient le symbole de la victoire. Le port va alors se développer, grâce aux échanges avec l'Angleterre et les Flandres.

En 1246, le roi Afonso III proclame Lisbonne capitale officielle du Portugal. La ville compte alors quelque 20 000 habitants organisés autour du Rossio, poumon commercial de la ville. Le front de mer est aménagé, préfigurant la Ribeira das Naus (littéralement la "rive des navires"). La Rua Nova (de l'actuelle mairie au Campo das Cebolas) devient la première grande artère commerçante.

Sous le règne de Fernando Ier (1367-1383), le gigantesque chantier de la Muraille, qui encercle les collines de la Mouraria et de l'Alfama, est réalisé en deux ans (1373-1375).

La conquête de Ceuta en 1415 marque le début de l'exploration de la côte occidentale de l'Afrique. Sous le règne du prince Dom Henrique, dit Henri le Navigateur (1394-1460), très religieux, ambitieux et pragmatique, le Portugal entre dans l'ère des Grandes Découvertes (voir p. 35). L'expansion maritime s'accompagne d'un bouillonnement culturel, avec les écrivains Luís de Camões et Sá de Miranda. Parallèlement au développement économique, le luxe entre dans la cité : dans la Rua Nova désormais pavée, on vend des soieries, céramiques, voire des animaux exotiques. L'urbanisation gagne la colline de São Roque, qui devient le Bairro Alto, premier quartier moderne où se côtoient demeures aristocratiques et maisons de pêcheurs. Les jésuites érigent l'église São Roque. L'hôpital Todos-os-Santos investit l'est de la place du Rossio, à côté du palais des Estaus. On construit la tour de Belém, le monastère des Jerónimos, et le couvent Madre de Deus (actuel siège du musée des Azulejos voir p. 45), qui, seuls, résisteront au séisme de 1755. La fin du règne de Manuel Ier sera assombrie par la mise en place de l'Inquisition, sous l'influence des Rois Catholiques, beaux-parents du roi. Le petit-fils de Manuel, Sebastião Ier, devient roi du Portugal en 1557 et consacre sa vie à la croisade contre les musulmans. Mais l'expédition qu'il mène au Maroc tourne au drame. Son corps ne sera jamais retrouvé.

Philippe II d'Espagne monte sur le trône en 1580 et, si le Portugal est désormais sous sa coupe, il lui confère une certaine autonomie. L'indépendance est restaurée le 1er décembre 1640, la dynastie des Bragance (João IV - 1640-1656 - suivi d'Afonso VI et João V), monte sur le trône jusqu'à la proclamation de la République en 1910. Jusqu'au XVIIIe siècle, l'or brésilien continue d'affluer et permet la construction du palais Mafra en dehors de Lisbonne, l'église de Santa Engracia (futur Panthéon national), le couvent des Necessidades (future résidence royale), et surtout l'aqueduc des Águas Livres (1720-1748), qui approvisionne la capitale en eau.

Le 1er novembre 1755, pendant les messes de la Toussaint, la terre tremble. S'ensuivent un gigantesque raz-de-marée et des incendies qui détruisent la majeure partie de la ville et rasent ou endommagent ses principaux bâtiments. Face au faible roi José Ier, le marquis de Pombal , alors secrétaire d'État, obtient les pleins pouvoirs. C'est l'or du Brésil, encore une fois, qui permettra la reconstruction de la capitale. Sur des plans rationalistes conçus par Pombal, une ville nouvelle naîtra à Belém : un réseau d'égouts, des fontaines, des rues plus larges, des promenades publiques seront aménagés. Et surtout, il fera reconstruire le quartier de la Baixa de Lisbonne : rues coupées au cordeau, immeubles identiques construits sur un système de cage (*gaiola*), qui résisteront aux futurs séismes. Après la mort du roi José Ier en 1777, le marquis est contraint de démissionner. En 1778, seule la moitié de Lisbonne est

reconstruite. À la fin du XIXe siècle, l'urbanisation gagne les quartiers de Rato, autour de la Manufacture royale de céramique, de Lapa, mais aussi d'Alcântara et d'Ajuda à l'ouest, et de Graça et Santa Apolonia à l'est.
Le XIXe siècle est une période troublée. La famille royale fuit au Brésil devant les invasions napoléoniennes, le pays est placé sous protectorat anglais en 1817 et le Brésil prend son indépendance en 1822. L'interdiction des ordres religieux permettent à l'État de faire main basse sur les bâtiments qui leur appartiennent. L'année 1845 est marquée par le pavage de la place du Rossio, avec l'aide de bagnards. En 1848, la ville se munit enfin d'un éclairage municipal, les deux gares (Rossio et Santa Apolónia) sont construites suite à l'avènement du réseau ferré. Le quartier de Campo de Ourique se développe autour du cimetière dos Prazeres (1883) et, en 1888, Lisbonne tourne pour la première fois le dos au Tage : on développe les Avenidas Novas, qui partent de la large Avenue da Liberdade et gagnent les quartiers Nord. En 1901 apparaissent les premières lignes de tramway. Les bords du Tage sont aménagés pour accueillir les bâtiments industriels et l'avenue 24 de Julho percée. Pour accompagner l'exode rural, des cités ouvrières sont bâties, à l'image des patios de Graça ou d'Ajuda, ou, plus tard, du quartier social d'Arco do Cego. L'architecture du fer apparaît avec trois symboles : l'ascenseur Santa Justa et les marchés de la Ribeira et d'Alcântara.
Après l'assassinat du roi en 1908, la république est proclamée le 5 octobre 1910. S'ensuit une longue période d'instabilité politique et le Portugal, au bord de la faillite, pense trouver un homme providentiel en la personne de l'économiste António de Oliveira Salazar. Doté des pleins pouvoirs en 1928, il suivra une politique budgétaire rigoureuse et lancera l'Estado Novo, régime basé sur les valeurs de la religion, de la famille et de la patrie. L'architecture sera dictée par le principe de la *casa portuguesa*, maison portugaise qui exalte le retour à l'autarcie et aux traditions. Le béton est roi, les grands travaux seront lancés. En 1966, le pont sur le Tage est achevé. Salazar meurt en 1970 et le 25 avril 1974, le Portugal fait sa révolution en douceur, la "révolution des œillets". Pour mettre fin aux guerres coloniales qui rendent le pays exsangue, Lisbonne doit alors faire face au retour des expatriés, les *retornados* : 700 000 personnes s'ajouteront au million d'habitants que compte la capitale.
En 1976, les premières élections législatives sont organisées. Le pays entrera dans la Communauté européenne en 1986. En 1998, Lisbonne organise l'Expo sition universelle, le Parque das Nações est aménagé et le 2e pont sur le Tage, le plus long d'Europe, est achevé. Enfin, les années 1990 seront celles de l'automobile, signe de réussite sociale, avec le développement des axes routiers.

Internet

L'Internet à haut débit et le Wi-Fi se sont généralisés à Lisbonne. Souvent, les cafés et les hôtels en sont dotés, et des bornes Internet sont disponibles dans les offices du tourisme.

AVANT DE PARTIR

Toutes les infos de la communauté portugaise en France : www.portugalvivo.com.

Pour des informations générales sur Lisbonne et le Portugal : us, coutumes, histoire, fado, tourada, etc. : www.portugalmania.com.

Des dossiers divers et variés pour les futurs touristes ou pour ceux qui souhaitent s'installer dans la capitale portugaise : www.livinginlisbon.com.

SUR PLACE

Le site officiel de l'office du tourisme de Lisbonne : www.visitlisboa.com : voir notamment la rubrique sur la Lisboa Card qui permet d'accéder gratuitement à certains musées et l'agenda bilingue anglais/espagnol mensuel Follow Me Lisboa , www.visitlisboa.com/Publications_UK.aspx

Pour tout savoir sur les concerts, expositions et événements culturels à Lisbonne : www.agendalx.pt.

Le site de la mairie de Lisbonne : pour télécharger l'agenda culturel du mois, connaître les dates de l'ouverture des galeries romaines, etc. : www.cm-lisboa.pt, avoir un aperçu touristique : www.insidelisbon.com/fr/city-guide/city-guide-front-page.

MUSÉES

Pour tout savoir sur les musées de Lisbonne : www.ipmuseus.pt

Et pour en savoir encore plus sur les sites classés patrimoine mondial de l'Unesco : http://whc.unesco.org.

PRATIQUE

Ambassade de France à Lisbonne : www.ambafrance-pt.org.

Météo : faut-il prévoir gilet, imperméable et bottes de pluie ou maillot de bain ? Toutes les prévisions à 10 jours sur la capitale portugaise : http://fr.weather.com/weather/hourByHour-Lisbonne-POXX0016?dayNum=1&flag=0

Plus basique, le site des pages jaunes et blanches : www.paginasamarelas.pt

Pour les bons plans shopping, sorties, concerts, etc. la revue *Time Out* sort en kiosques tous les mercredis au prix de 2 €. www.timeout.pt.

Pâtisserie

L'origine de cet art culinaire remonte à l'occupation arabe. Mais les pâtisseries telles qu'on les mange actuellement sont l'héritage des couvents, nombreux à Lisbonne. Les religieuses, qui utilisaient les blancs d'œufs pour amidonner leurs vêtements ou cornettes, ont eu l'idée de se lancer dans la fabrication de gâteaux en tous genres à partir des jaunes d'œufs. Toutes les pâtisseries ici décrites sont typiques de Lisbonne ou de sa région, mais on vous proposera aussi des douceurs venant de l'ensemble du pays, notamment du nord du Portugal mais les citer toutes serait impossible. Devant la vitrine, laissez-vous simplement guider par vos envies !

Les *pastéis de nata* sont des petits flans lovés dans une pâte feuilletée croustillante. C'est le gâteau le plus renommé de Lisbonne, qui a connu son succès dès 1837 grâce à l'ouverture de l'*Antiga Confeitaria de Belém*. La recette aurait été confiée par un moine du monastère des Jerónimos. Son secret est toujours farouchement gardé. Pour plus d'infos : www.pasteisdebelem.pt.

Les *queijadas* et *travesseiros* de Sintra se font une concurrence acharnée. Les *queijadas*, de forme semblable aux *pasteis de nata*, sont élaborées à partir de fromage frais. Les *travesseiros*, en forme de traversin sont des rouleaux de pâte feuilletée fourrés d'une pâte à base d'amandes.

Pour faire un *toucinho do céu* (littéralement "lard du ciel"), 18 jaunes d'œufs sont nécessaires, plus des amandes émondées. Les parts de gâteau sont ensuite saupoudrées de sucre glace. Quant aux *trouxas de ovos*, on ne peut douter de la présence de jaunes d'œufs (12), tellement la pâtisserie est jaune-orangée, ni du sucre (1 kg !), tellement elle est luisante. En plus *light*, on peut goûter au *bolo de arroz*, sorte de cake élaboré à partir de farine de riz, et, au moment des fêtes de fin d'année, au *bolo Rei*, la galette des rois, sorte de brioche aux fruits confits.

En fin de repas, vous aurez le choix entre un *pudim flan* (flan, aux œufs bien sûr !) ou un *leite creme* (sorte de crème brûlée), un *arroz doce*, l'équivalent du riz au lait ou un *pudim Molotov*, à base de caramel et de blancs montés en neige, ou encore des *tortas* (gâteaux roulés, par exemple, la *torta de laranja*). Il ne vous restera plus qu'à entamer un régime après un séjour lisboète...

Pessoa

Parmi les auteurs phares de la littérature portugaise, Fernando Pessoa (1888-1935) est incontestablement l'un des plus connus. Ce génie littéraire, auteur à 6 ans d'un poème dédié à sa mère, a pourtant signé peu d'ouvrages de son nom (qui signifie "une personne"), préférant employer des hétéronymes, s'inventant ainsi autant de vies que de personnalités différentes : le sage Alberto Caeiro (*Le Gardeur de troupeaux*, 1946), l'épicurien Ricardo Reis (*Odes*, 1946), le moderne Álvaro de Campos (*Ode maritime*, publiée dans la revue littéraire *Orpheu*, créée par Pessoa en 1915) se succéderont, alors que son double, Bernardo Soares, modeste et discret employé de bureau, sera l'auteur du magistral *Livre de l'intranquillité* (1982). Auteur avant-gardiste, dans les mouvances du modernisme et du surréalisme, il écrira en trois langues : portugais, anglais – sa langue d'écriture jusqu'en 1921, après une enfance passée en Afrique du Sud –, et, dans une moindre mesure, français. Il publiera un guide touristique sur Lisbonne (*Lisbonne*, sous le titre original : *Lisbon, what the tourist should see*) et sera l'auteur du slogan de Coca Cola lors de l'introduction de la marque au Portugal (1929). Il mourra en parfait inconnu en 1935. Après son décès, plus de 27 000 écrits seront découverts dans une malle, à l'instar de *Faust* (publié en 1988). Vous pourrez visiter la maison-musée où il a passé les dernières années de sa vie (voir p. 119) et vous faire prendre en photo à ses côtés à la terrasse du café A Brasileira (p. 66), qu'il fréquentait lors de réunions d'un cercle littéraire. Mais le plus bel hommage posthume qu'il ait reçu est peut-être celui du Prix Nobel de littérature, José Saramago, dans son livre *L'Année de la mort de Ricardo Reis* (1988), roman surréaliste écrit à la façon de Pessoa.

Plages

Il est très facile et très rapide de rejoindre les plages depuis Lisbonne. En revanche, la température de l'eau dépasse rarement les 18° C, même en été. Attention, certaines plages sont plus dangereuses que d'autres en raison de leurs courants mais de ce fait, elles sont des spots de surf renommés. Depuis la gare de Cais do Sodré, le train vous mènera le long de la côte. Vous pourrez descendre à l'un des arrêts de la "Linha", entre Oeiras et Cascais, marcherez quelques centaines de mètres et poserez votre serviette sur le sable chaud. Parmi les plus belles plages, testez celle du **Tamariz** ou des **Moitas** à Estoril. Sur cette dernière, une piscine océanique gratuite permet de profiter de la mer sans danger. À Oeiras, une bonne trotte vous attend entre la gare et la mer, mais sur la plage de **Torre**, une magnifique piscine océanique vous tend les bras. Deux bassins, l'un pour enfants, l'autre pour adultes : 1 500 m², avec plongeoirs, transats et parasols. Elle est ouverte de juin à fin août et l'entrée est de 10 € en semaine, 12,50 € le week-end et les jours fériés. Sur la côte ouest, la **Praia das Maçãs**, qui offre une belle étendue de sable, est pratique à rejoindre depuis Sintra par le bus ou le pittoresque tramway en saison. De là, si vous aimez la marche, rejoignez par un sentier (pas vraiment balisé) la superbe plage d'**Adraga**, ou, encore plus loin, la secrète **Praia da Ursa**. Côté surf, **Carcavelos** est un bon spot, surtout pour les débutants, alors que les confirmés iront à **Praia do Guincho** (bus 405 depuis Cascais), la Mecque des surfeurs et des kitesurfeurs. Les plages de la **Costa da Caparica**, rive gauche du Tage, sont faciles à rallier si vous vous munissez d'un vélo : une traversée de Belém à Trafaria, un bout de piste cyclable, et vous y êtes ! Les plus belles plages ne sont cependant pas les premières, il faut encore pédaler sur quelques km et vous trouverez certainement votre bonheur. La communauté gay se rassemble à Fonte Telha sur la plage n° 19. Ambiance festive assurée ! Si vous n'êtes pas très sportif, prenez un taxi depuis Lisbonne (environ 20 € l'aller). Sinon, c'est plus compliqué : bus 153 depuis Praça de Espanha, ou bus 161 depuis Areeiro, puis sur place, un petit train vous mène jusqu'aux différentes plages (de juin à fin sept, Pâques et week-end de mai s'il fait beau, 1,60 € moitié du parcours, 2,80 € jusqu'au terminus Fonte da Telha – prenez l'aller-retour !).

Courtois ? Toujours (sauf au volant...) !

Pratique

DÉCALAGE HORAIRE Il y a une heure de décalage entre la France et le Portugal. À votre arrivée, reculez votre montre d'une heure, s'il est 10h à Paris, il sera 9h à Lisbonne !

TÉLÉPHONE Pour appeler le Portugal depuis l'étranger, composez le code d'accès international (00), suivi de l'indicatif du Portugal (351), puis du numéro du correspondant.

LANGUE Le matin, on salue les gens d'un *bom dia*, l'après-midi d'un *boa tarde* et le soir d'un *boa noite*. Évitez de parler espagnol, quitte à parler et répondre en français. Dites plutôt "merci" (ou *obrigado*) que *gracias*. Enfin, ne tutoyez pas et restez courtois en toute circonstance !

RESPECT La *bicha* est une institution. Faire la queue pour prendre le bus est une leçon de respect et de discipline à retenir !

VOLS Lisbonne est une ville où il fait bon vivre : peu d'insécurité et pas d'agressivité ambiante. Cependant, méfiez-vous des pickpockets dans les lignes de tramway et les secteurs les plus touristiques.

ARGENT Beaucoup de restaurants, notamment les "cantines" de quartier, refusent les paiements par carte. Aussi, munissez-vous d'argent liquide aux nombreux distributeurs Multibanco (sigle MB). En revanche, Visa et Mastercard sont acceptées dans les magasins et les supermarchés.

ASTUCES AU RESTAURANT Ici, les meilleures tables sont souvent les cantines de quartier qui offrent quantité et qualité à petits prix. Cependant, si la restauration est peu onéreuse, l'addition peut vite grimper si vous ne refusez pas les *petiscos* (pain, olives, pâte de sardine, etc.) mis à votre disposition à votre arrivée. Rien n'est gratuit, sauf lorsque le menu le spécifie. Même l'eau servie est minérale, la consommation de l'eau du robinet n'étant pas dans le mœurs portugaises. Les portions sont très copieuses. Personne ne vous en voudra si vous partagez un plat à deux et sachez que lorque les plats sont servis en portion (*uma dose*), ils sont généralement suffisants pour 2 personnes. Demandez donc une demi-portion quand cela existe (*meia dose*), ou emportez les restes (*para levar*) quand vous avez eu les yeux plus gros que le ventre ! Les pourboires ne sont pas obligatoires, mais n'oubliez pas que le salaire minimum au Portugal est de 485 € par mois.

« La saudade
c'est la poésie du fado... »,
FERNANDO PESSOA

Saudade

"Saudade, saudade" chantait Cesária Évora, la chanteuse cap-verdienne. Ce mot quasiment intraduisible caractérise l'identité portugaise et s'exprime dans le chant traditionnel du fado, qui raconte des départs (de marins), des amours déçues, les difficultés quotidiennes, et surtout parle de destin face auquel l'être humain est impuissant. Le traduire par "nostalgie" serait réducteur, car *saudade* exprime en fait des sentiments contradictoires, où se mêlent joie et peine : une mélancolie joyeuse, un regret allié à une rêverie ou encore une souffrance contenue. En portugais, le mot est employé dans deux cas. *Ter saudades* exprime le manque, de quelqu'un ou d'un pays. *Saudade* évoque aussi la nostalgie du passé et un retour en arrière impossible. *Saudade* peut également renvoyer aux regrets exprimés par certains Portugais quant à la grandeur passée de leur pays, qui fut l'une des premières puissances mondiales au XVIe siècle.

Quelle que soit la traduction que l'on essaye de lui prêter, la *saudade* s'exprime surtout par le chant, en l'occurrence le fado : le(a) chanteur(se) est traditionnellement accompagné(e) par deux musiciens à la guitare portugaise à 12 cordes pour livrer sa complainte au public. Toutes les émotions sont transposées dans la gestuelle, la voix et le visage de l'artiste, portée par une sorte de transe.

"Le désir et la douleur fusionnés dans un sentiment constituent la saudade"
TEIXEIRA DE PASCOAES (1877-1952)
poète fondateur du courant littéraire le saudosismo

Tage

Avec ses 1 038 km, le Tage est le plus long fleuve de la péninsule Ibérique. Son vaste estuaire à fonds très plats forme une sorte de mer intérieure bordant la capitale où les vagues qui l'agitent donnent l'illusion d'être au bord de l'océan. Cette étendue d'eau entre Lisbonne et Almada est dénommée "mer de paille", quand les rayons de soleil en fin de journée lui donne des reflets or. Deux ponts l'enjambent. Le vétéran, le pont du 25-Avril (p. 172), inauguré en 1966, trois km qui ont bouleversé la vie des Lisboètes de l'époque. D'ailleurs, les ferries du Transtejo, reliant les deux rives, ont vu leur fréquentation chuter et les embouteillages sur le pont sont rapidement devenus insoutenables. Le récent, le pont Vasco-de-Gama, a été bâti à l'occasion de l'Exposition Universelle de 1998 (p. 163). Lisbonne est avant tout un port, bien placé car protégé au fond de l'estuaire. Port de marchandises, de plaisance, mais aussi destination privilégiée des croisiéristes. Chaque jour, des bateaux plus hauts qu'un immeuble déversent un flux de touristes à Alcântara ou Santa Apolónia. L'attrait majeur du Tage, c'est non seulement ces belles promenades aménagées et permettant de se balader, de pratiquer la course ou le vélo en toute tranquillité sur ses rives, mais aussi ces entrepôts rénovés et aménagés en restaurants, boîtes de nuit, bars ou salles de concerts. Ces fameuses *docas* ont fait passer la vie nocturne de Lisbonne à la vitesse supérieure et concurrencent le Bairro Alto ! Le quartier du Parque das Nações (p. 158) est un autre bel exemple de rénovation réussie le long du fleuve. Depuis janvier 2011, les eaux usées de Lisbonne sont traitées avant d'être rejetées dans le Tage. Ainsi, au printemps 2011, on a vu des dauphins nager dans la mer de Paille, ce qui ne s'était pas observé depuis de longues années !

Transports

Lisbonne n'est pas une grande ville, vous en parcourrez une bonne partie à pied. Cela dit, pour reposer vos mollets sollicités par les ascensions parfois ardues des sept collines, le métro, les bus, tramways et funiculaires vous seront bien utiles, ne serait-ce que pour atteindre les quartiers un peu plus excentrés. Arrêtez-vous dans un office de tourisme, *Ask me Lisboa*, où des plans de transports en commun sont offerts.

Le **métro** comprend 4 lignes identifiées par leur couleur (jaune, vert, rouge et bleu) et fonctionne de 6h30 à 1h du matin. Pour plus d'informations : 213 500 115, www.metrolisboa.pt. Le plan d'extension lancé il y a quelques années prend du retard. Le réseau de **bus** est plus étoffé, toutefois les fréquences ne sont pas toujours satisfaisantes. Il fonctionne de 5h30 à 21h ou 21h30 (1h pour le tramway 15), selon les parcours. Le site de la compagnie municipale Carris est bien fait, vous pouvez y rechercher les horaires des lignes qui vous intéressent www.carris.pt). Quant aux bus de nuit, numérotés de 201 à 210, ils fonctionnent sur le même tarif que les bus de jour, de minuit à 5h30. Les **titres de transport** : la carte Viva Viagem coûte 0,5 €, ensuite on la recharge de 2, 5, 7, 10 ou 15 €. Selon la somme, un bonus vous sera crédité, par exemple 0,75 € pour 10 €. Un aller simple coûte 1,05 €. Dans le bus, un billet à l'unité vous coûtera 1,75 €, dans le tramway 2,85 € et 3,50 € dans les funiculaires (aller-retour). Si vous pensez voyager uniquement sur le réseau Carris (bus, tram), prenez la carte *7 Colinas*, sur le même principe que Viva Viagem. Si vous songez prendre au maximum les transports en commun, optez pour un billet "1 Dia Carris/Rede Metro", valable 24h après oblitération dans le bus et le métro (4,60 €). Attention, pour le métro et le Transtejo (bateaux effectuant la traversée du Tage), les billets ne sont plus vendus à l'unité.

Le **taxi** est la solution idéale pour se déplacer rapidement. Non seulement vous en trouverez à tous les coins de rue, mais en plus, ils sont bons marché. Vous les identifierez rapidement : les voitures sont soit beige soit noir et vert. En journée, en zone urbaine, la prise en charge est de 2 €, puis 0,45 € du km (la nuit 2,50 €, puis le km à 0,54 €€. Les bagages seront facturés 1,60 €/unité.

Le Portugal est historiquement un pays d'émigration et d'exil.

Ultramar

Pour peupler son gigantesque empire, les Portugais sont partis aux quatre coins du monde : Brésil, Guinée, Angola, Mozambique, Cap-Vert, mais aussi Inde (Goa), Chine (Macao) et Timor oriental. Les premières découvertes sont les îles de Madère et de Porto Santo (dans l'océan Atlantique) en 1418. En 1434, Gil Eanes double enfin le redouté cap Boujdour (anciennement Bojador) au Sahara Occidental, la Gambie et la Guinée-Bissau sont atteintes en 1446. C'est ensuite au tour du Cap-Vert. Le règne de Manuel Ier (1495-1521) est l'ère des Grandes Découvertes et grâce auxquelles Lisbonne se couvrira de joyaux architecturaux inspiré du monde des navigateurs. En 1498, Vasco de Gama reviendra d'Inde avec des navires chargés d'épices. Puis, tout s'accélère : Cabral est au Brésil en 1500, Afonso de Albuquerque à Goa en 1510. Depuis la décolonisation, entamée en 1974 et conclue en 1999 avec la rétrocession de Macao à la Chine, le mouvement s'inverse et quelques 700 000 *retornados* regagnent le Portugal. L'entrée dans la Communauté européenne en 1986 renforce l'attractivité du pays et apporte une nouvelle vague d'immigrés, venus essentiellement du Brésil et d'Afrique, mais aussi d'Europe de l'Est. Tous les continents ont contribué à l'aspect métissé et exotique de Lisbonne : en gastronomie, les épices ou les mets d'Afrique et d'Orient (coriandre, cannelle, curry, gambas...) relèvent les plats traditionnels, les jardins botaniques ont été constitués grâce aux semences du monde entier, les jacarandas brésiliens parent Lisbonne de fleurs bleues en mai. Côté culture, les *telenovelas* brésiliennes sont suivies passionnément par l'ensemble de la population et le Portugal aurait du mal à se passer des sons et danses d'outremer.

Quartier par Quartier

Alfama Castelo, Graça Santa Apolónia

L'ÂME MÉDIÉVALE DE LISBONNE

Cœur médiéval de Lisbonne, l'Alfama (qui signifierait "sources thermales" en arabe) a été construit autour de sources chaudes. Habité à l'origine par les pêcheurs et les marins, ce quartier populaire a gardé toute son authenticité. C'est un enchevêtrement de ruelles, d'escaliers et de passages voûtés, un mélange de maisons, étonnamment hautes et étroites, serrées les unes contre les autres. La Mouraria, ancien quartier maure et berceau du fado, mérite une balade, alors que la colline de Graça est un ensemble vivant et populaire. Sur les bords du Tage, vers la gare de Santa Apolónia, les quais retrouvent une vie autour de restaurants, bars et discothèques branchés.

REPÈRES

AU SOMMET DE LA VILLE BLANCHE : les tours du Castelo São Jorge.
LA PLUS BELLE VUE SUR LISBONNE ORIENTALE ET SUR LA MER DE PAILLE : le belvédère des Portas do Sol.
LE REPAIRE DES FADISTAS : le triangle entre São Miguel, São Estêvão et le musée du Fado.
LE COIN BRANCHÉ : les docks de Santa Apolónia et du Jardim do Tabaco.
LE RENDEZ-VOUS BOHÈME : autour du Campo de Santa Clara.

ESSENTIELS

CASTELO SÃO JORGE/⊙1 : une visite indispensable pour dominer Lisbonne (détails p. 40).
LA MOURARIA/⊙2 : quartier racé et berceau du fado (détails p. 41)
LA CATHÉDRALE/⊙3 : l'un des monuments les plus emblématiques de la capitale (détails p. 41).
CONVENTO DE SÃO VICENTE DE FORA/⊙13 : sa vue panoramique sur l'Alfama et ses *Fables* de La Fontaine en azulejos (détails p. 44).

Confidentiels

TRAMWAY 28/⊙42 : un parcours de nuit depuis la Baixa jusqu'à Graça.
BELVÉDÈRE DE NOSSA SENHORA DO MONTE/⊙43 : l'un des plus intimistes de Lisbonne.
L'URBANISME OUVRIER OU BOURGEOIS DE GRAÇA/⊙12 : Vila Bertha, Vila Sousa, quartier Estrela de Ouro (détails p. 43).
L'ANCIENNE FERME DE SANTA APOLÓNIA/⊙44 : près du Musée militaire, une étable où les vaches produisaient du lait pour les populations défavorisées du quartier.

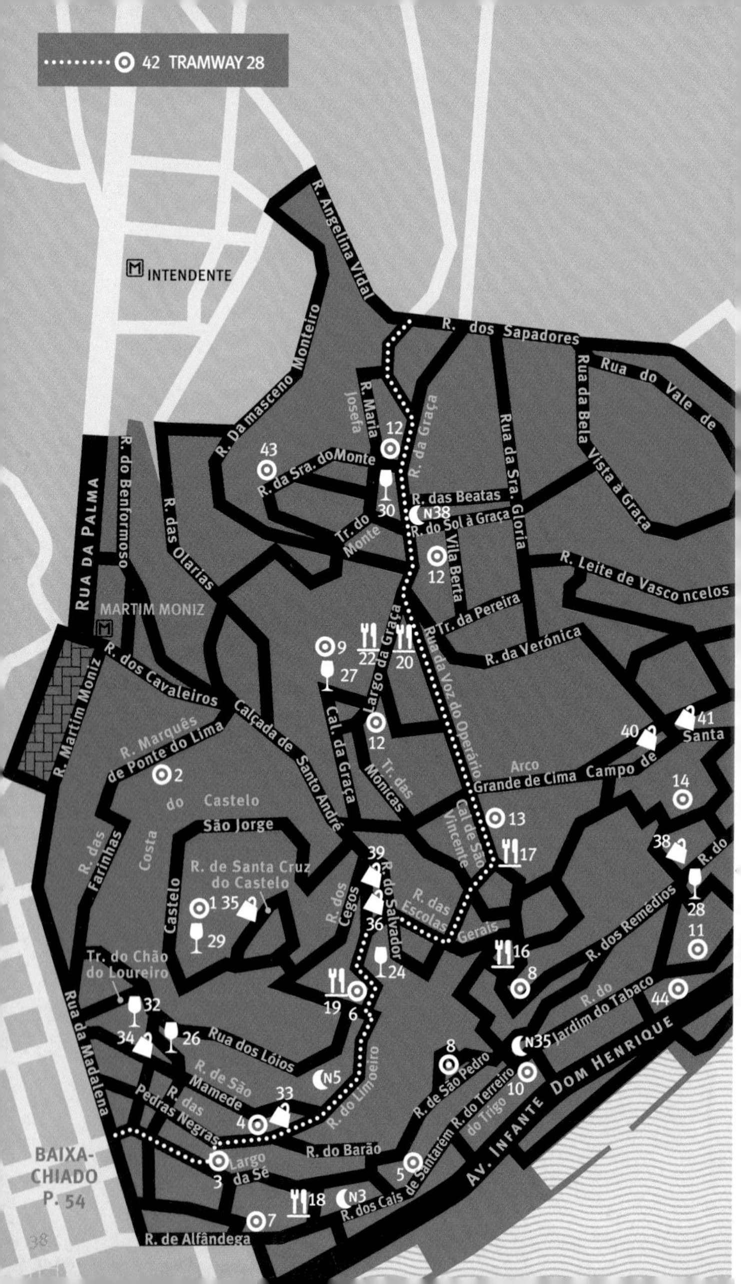

42 TRAMWAY 28
INTENDENTE
MARTIM MONIZ
RUA DA PALMA
R. do Benformoso
R. das Olarias
R. Damasceno Monteiro
R. Angelina Vidal
R. Maria Josefa
R. da Graça
R. da Sra. do Monte
Tr. do Monte
R. dos Sapadores
Rua da Bela Vista à Graça
Rua do Vale de
Rua da Sra. Gloria
R. das Beatas
R. do Sol à Graça
Vila Berta
R. Leite de Vasconcelos
Tr. da Pereira
R. da Verónica
Rua da Voz do Operário
Largo da Graça
Cal. da Graça
Tr. das Mónicas
Arco Grande de Cima
Campo de Santa
Cal. de São Vincente
R. dos Cavaleiros
Calçada de Santo André
R. Martim Moniz
R. Marquês de Ponte do Lima
Costa do Castelo
São Jorge
R. das Farinhas
Castelo
R. de Santa Cruz do Castelo
R. dos Cegos
R. do Salvador
R. das Escolas Gerais
R. dos Remédios
R. do
R. do Jardim do Tabaco
Tr. do Chão do Loureiro
Rua dos Lóios
R. de São Mamede
R. das Pedras Negras
R. do Limoeiro
R. de São Pedro
R. do Terreiro do Trigo
Rua da Madalena
Largo da Sé
R. do Barão
R. dos Cais de Santarém
AV. INFANTE DOM HENRIQUE
R. de Alfândega
BAIXA-CHIADO P. 54
1 2 3 4 5 6 7 8 9 10 11 12 13 14 16 17 18 19 20 22 24 26 27 28 29 30 32 33 34 35 36 38 39 40 41 43 44
N3 N5 N35 N38

15
R. da Madre de Deus
Av. Mouzinho de Albuquerque
Calçada da Cruz de Pedra
Av. Infante Dom Henrique
Calçada dos Barbadinhos
Apolonia
25
R. Washington
R. Rui Barbasa
Santo António
R. Diogo do Couto
Cal. da Santa
Rua de Cintura do Porto e Lisboa
Caminhos de Ferro
31
Clara
Paraiso
R. dos
SANTA APOLÓNIA
N20
21
23
37
Tage
Visiter
À table
Autour d'un verre
Un peu de shopping
Sortir (voir chapitre spécifique p. 183)
200 m

VISITER

Incontournables de la capitale lusitanienne, les rues de l' Alfama et le château São Jorge qui s' y rattache sont très fréquentés par les visiteurs. Plus animé et populaire, Graça, bien qu' un peu excentré mérite le détour, ne serait-ce que pour la vue qu' offrent ses deux bélvedères (Graça et N.S do Monte). Santa Apolónia abrite les Grands du Portugal dans le Panthéon national et, côté Tage, le quartier est devenu un lieu de sortie branché.

1. CASTELO SÃO JORGE

Dressé sur la colline la plus élevée de Lisbonne, le château São Jorge est unique de par le panorama à 360° qu'il offre sur la ville et la mer de Paille. Construit par les Romains, puis agrandi par les Wisigoths et les Maures, c'est le roi Afonso Henriques qui le transforme en palais royal en 1147 et le baptisera Saint-Georges, du nom du martyr vénéré des croisés. De la place d'armes, vous rejoindrez la forteresse et pourrez grimper jusqu'au chemin de ronde. Ne manquez pas l'étonnant périscope de Léonard de Vinci dans la tour d'Ulysse. Avant de repartir, baladez-vous dans les ruelles de Santa Cruz, le plus vieux quartier de Lisbonne dans l'enceinte extérieure du château.

Rua de Santa Cruz do Castelo • Ⓑ 737, Ⓣ 12, 28 • 218 800 620
www.castelodesaojorge.pt • mars-oct : 9h-21h, nov-fév 9h-18h, tour d'Ulysse 10h-17h30, selon météo • **tarif plein/réduit/avec la Lisboa Card 7,5/4/5,5 €**

2. LA MOURARIA

Quartier où ont été rassemblés les Maures après la reconquête de Lisbonne au XIIe siècle, c'est de là qu'il tient son nom. Situé sur le versant nord de la colline du château, ce quartier cosmopolite est composé d'un dédale de ruelles dans lequel la promenade est agréable en journée, mais qu'il vaut mieux éviter le soir venu.

Entre les R. Martim Moniz, Rua do Benformoso, Rua das Olarias, Costa do Castelo et Travessa do Chão do Loureiro • Ⓜ Rossio ou Martim Moniz, Ⓣ 12, 28

3. LA CATHÉDRALE (SÉ)

Monument emblématique de Lisbonne, cette cathédrale fut édifiée à l'emplacement d'une mosquée, trois ans après la reconquête de 1147. Affectée par les divers séismes qui ont secoué la ville, sa configuration initiale a fortement évolué, mêlant différents styles, principalement roman et gothique. Un cloître a été ajouté au XIIIe siècle, dans lequel on peut observer les vestiges romains et wisigoths sur lesquels elle a été construite. Au XIVe siècle, le roi Afonso IV fit construire un déambulatoire pour accueillir le panthéon familial. Le trésor, quant à lui, abrite des objets en argent, des habits ecclésiastiques ainsi que des reliques associées à saint Vincent et un coffre contenant les restes du saint.

Largo da Sé • Ⓑ 737, Ⓣ 12, 28 • dim-lun 9h-17h, mar-sam 9h-19h • **accès gratuit** • **trésor** tlj sauf dim 10h-17h, **2,50 €** • **cloître** oct-avr lun-sam 10h-17h, dim 14h-18h, mai-sept tlj 10h-19h, **2,50 €**

4. MUSEU DO TEATRO ROMANO

GRATUIT

Ce musée présente les vestiges du théâtre romain de l'antique Olisipo, datant du Ier siècle avant J.-C. Partiellement dégagé dans les rues São Mamede et de la Saudade, il a été découvert en 1798 alors qu'on creusait les fondations d'un immeuble. L'attention est attirée par la statue de Silène, précepteur de Bacchus, qui donne à croire que des cultes orgiaques étaient mis en scène. Des représentations religieuses avaient également lieu ici, si l'on en croit les nombreux temples, notamment celui de Jupiter situé à l'endroit où se trouve aujourd'hui l'église S. Miguel de l'Alfama.

Reconstitution en 3D sur le site Internet.

Pátio do Aljube, 5 • Ⓑ 737, Ⓣ 12, 28 • 218 820 320
www.museuteatroromano.pt • mar-dim 10h-13h et 14h-18h

5. CHAFARIZ DE EL-REI

Cette fontaine a la particularité d'être l'une des plus anciennes de Lisbonne puisqu'elle aurait été aménagée sous le règne de D. Dinis en 1308. La trop forte affluence conduisit la municipalité à publier en 1551 un décret réservant chacun des 9 becs d'eau à une catégorie sociale définie (hommes blancs, maures, noirs et indiens, etc.).

Rua do Cais de Santarém Campo
Ⓜ Terreiro do Paço, Ⓣ 12, 15, 18, 25

6. MUSEU DE ARTES DECORATIVAS

Le musée des Arts décoratifs, ou Fundação do Espírito Santo Silva, du nom du banquier ayant acquis ce palais du XVIIe siècle pour y exposer sa collection privée. Installé depuis 1953, il recrée un intérieur aristocratique du XVIIIe siècle et retrace l'histoire de la décoration portugaise du XVe au XIXe siècle à travers, entre autres, mobilier, textiles, argenterie et luminaires. Intéressant, mais un peu sombre !

Agréable cafétéria dans un patio, accessible hors entrée du musée.

Largo das Portas do Sol, 2
Ⓑ 737, Ⓣ 12, 28
218 862 183 • www.fress.pt
mer-lun 10h-17h
adulte/étudiant 4/2 €,
3,20 € avec la Lisboa Card

7. CASA DOS BICOS

La "maison des pointes" a été construite pour le fils du Vice-Roi des Indes portugaises, Afonso de Albuquerque. Inspirée de l'art italien, sa façade originale est couverte de pierres taillées en forme de diamant. Elle abrite depuis fin 2011 le siège de la fondation de l'écrivain et Prix Nobel José Saramago. Au moment de la rédaction de ce guide, la fondation prévoyait d'ouvrir au public en ces lieux, à partir du printemps 2012, un nouveau centre culturel, comprenant auditorium, bibliothèque et salle d'expositions.

Rua dos Bacalhoeiros, 10 • 218 810 900 • Ⓜ Terreiro do Paço, Ⓣ 12, 15, 18, 25

8. LES ÉGLISES DE L'ALFAMA

Deux églises sont au centre de la vie de l'Alfama. L'**Igreja Santo Estêvão** (Largo de Santo Estêvão), érigée en 1733 et de style baroque, fut classée monument national en 1918. Son parvis accueille le belvédère le plus secret de Lisbonne, où, entre les toits de l'Alfama, on aperçoit le Tage. Quant à l'**Igreja São Miguel**, bâtie entre 1673 et 1720 et dont l'intérieur est richement décoré, elle est le point de rencontre des habitants du quartier. Son parvis devient le cœur des fêtes de la Saint-Antoine le 12 juin au soir, autour de sardines et autres grillades.

Ⓑ 28, 735, 759, 794, Ⓣ 12, 28

9. IGREJA E CONVENTO DA GRAÇA

Sur le belvédère du même nom, l'église et le couvent de Graça dominent la ville. Dressée sur un oratoire occupé par des moines après la reconquête (1147), l'église a été reconstruite dans le style baroque après le séisme de 1755. On s'émerveille devant son intérieur monumental, dont une salle à l'entrée abrite le tombeau du vice-roi des Indes, le célèbre Afonso de Albuquerque.

Largo da Graça • Ⓑ 34, Ⓣ 28
lun-sam 9h-12h et 15h-19h, dim 9h-13h et 18h-20h

10. MUSEU DO FADO

Ouvert en 1998, le musée du Fado présente des photographies, des instruments (belle collection de guitares), des partitions et des morceaux en libre écoute, témoignant de ce patrimoine immatériel. Vivant, bien conçu et pas trop dense.

→ *Un audioguide en français est prêté gratuitement à l'entrée.*

Largo do Chafariz de Dentro, 1 • Ⓑ 28, 735, 759, 794, Ⓣ 18, 25 • 218 823 470
www.museudofado.pt • mar-dim 10h-18h
5 €

11. MUSEU MILITAR

Dans l'ancienne fonderie de canons et arsenal militaire du XVIe siècle, c'est le plus vieux musée de Lisbonne (1851). Les amateurs d'armes anciennes y admireront une belle collection de canons et d'armes. Ne manquez pas, dans le patio, les panneaux d'azulejos retraçant l'histoire portugaise, de la Reconquête chrétienne à la Première Guerre mondiale, ainsi que le chariot ayant permis de transporter l'arc de triomphe de la Rue Augusta.

Largo do Museu da Artilharia
Ⓜ Sta Apolónia • 218 842 455
www.geira.pt/mmilitar • mar-dim 10h-17h
3 €, gratuit ven 10h-12h et avec la Lisboa Card

12. LA VILA BERTHA ET LES CITÉS OUVRIÈRES

En plein quartier de Graça, la Vila Bertha est un projet d'urbanisation original de Joaquim Francisco Tojal, conclu en 1902, et destiné à la petite bourgeoisie. Cette rue privée (accès par la Travessa da Pereira ou par la Rua do Sol), où les maisons sont identiques, dégage une harmonie des formes et marque par la qualité des matériaux employés (ferronneries et azulejos). L'ensemble est classé patrimoine industriel. Des anciennes cités ouvrières sont visibles, par exemple la Vila Sousa, au Largo da Graça, 82, ou la cité Estrela de Ouro (entre Rua da Graça, 22 et Rua Senhora do Monte, 14).

Ⓑ 34, Ⓣ 28

13. MOSTEIRO SÃO VICENTE DE FORA

Cet édifice, dont la construction s'est étendue de 1582 à 1627, est consacrée à saint Vincent, le saint patron de l'Alfama. Son nom (Saint-Vincent Hors-les-Murs), est dû au fait qu'il a été érigé en dehors de ce qui constituait à l'époque les murs de la ville. Passé son aspect austère, hérité d´une collaboration avec l'architecte de l'Escorial, de Madrid, Diego de Herrera, de belles surprises surgissent, tels de superbes panneaux d'azulejos illustrant les *Fables* de La Fontaine ou une vue imprenable sur l'Alfama depuis les toits. L'antique réfectoire accueille le panthéon de la dynastie de Bragance ayant régné de 1640 à 1910.

Largo de São Vicente • Ⓑ 34, Ⓣ 28 • 218 824 400
lun-sam 9h-18h, dim et août 9h-12h30 et 15h-17h • 4 €

14. IGREJA DE SANTA ENGRÁCIA/ PANTEÃO NACIONAL

Cette église baroque de 1681, à la coupole géante ornée de marbre rose et de dorures, abrite aujourd'hui le Panthéon national. On y trouve les cénotaphes des Grands du Portugal, tels des chefs d'État, des navigateurs (Vasco de Gama), des écrivains (Almeida Garett), ou la chanteuse de fado Amália Rodrigues.

Campo de Santa Clara • Ⓜ Santa Apolónia • Ⓣ 28
218 844 820 • mar-dim 10h-17h • **2 €, gratuit dim 10h-14h**

15. MUSEU NACIONAL DO AZULEJO

Dans ce musée, on parcourt l'histoire de ces carreaux de céramique portugaise ou d'ailleurs (Hollande, art hispano-mauresque, etc.) dont un panneau d'azulejos long de 23 mètres représentant Lisbonne depuis Belém jusqu'au château S. Jorge avant le séisme de 1755 qui modifia radicalement la physionomie de la ville.

→ ***Le musée possède une cafétéria très calme, dans un patio. Quiches, salades, gâteaux, de quoi faire un arrêt reconstituant.***

Rua Madre de Deus, 4
Ⓑ 718, 742, 794, Ⓣ 28 • 218 100 340
http://mnazulejo.imc-ip.pt
mar-dim 10h-18h • **tarif plein/réduit 5/2 €, gratuit dim 10h-14h et avec la Lisboa Card**

À TABLE !

16. DRAGÃO DE ALFAMA

RESTAURANT CASA DE FADO

Dans ce petit établissement typique et populaire de fado, encore épargné par les cars de touristes, on y mange des spécialités en écoutant les chanteurs qui se succèdent du jeudi au samedi. C'est ici que la fadiste Teresa Salgueiro, du célèbre groupe Madredeus, s'est révélée.

Rua Guilherme Braga, 8
Ⓣ 28 • 218 867 737
tlj 8h-minuit, jeu-sam jusqu'à 2h

17. PARREIRINHA DE SÃO VICENTE

VERY CHEAP

CUISINE PORTUGAISE

Dans cette cantine populaire, c'est Maria qui mène la danse aux fourneaux. Elle concocte de bons *cozidos* (sorte de pot au feu, 14 €/2 pers), ou une tranche de mérou cuisiné façon bouillabaisse à 8 €.

Calçada de São Vicente, 54-58
Ⓣ 28
218 868 893
tlj 7h-2h
(la cuisine ferme à 23h)

18. POIS CAFÉ

VERY CHIC

CAFÉ-RESTAURANT AUTRICHIEN

Deux Autrichiennes fascinées par le mot "*pois*" (qui se prononce *poïche*) répété à longueur de journée par les Portugais (traduction : "bon", "ben"...) ont reconverti cet ancien comptoir d'épices en restaurant, il y a plus de 7 ans. Ambiance cosy, musique jazzy, livres à disposition à feuilleter installé sur les canapés et Wi-Fi. Côté mets, salades, toasts, quelques plats du jour à 7,50 €, mais aussi de bons gâteaux autrichiens comme l'*apfelstrudel* ou la *sachertorte*

Menu "léger" à 8 € (soupe du jour, plat et jus de fruits frais) et diverses formules de brunch de 4,90 à 11 €.

Rua S. João da Praça, 93-95
Ⓑ 737, Ⓣ 12, 28
218 862 497 • mar-dim 11h-20h

19. COMIDAS DE SANTIAGO

CUISINE PORTUGAISE

Dans ce petit restaurant situé sur une jolie placette dans la montée vers le château, les prix sont très corrects pour des plats simples et bons qui vous coûteront de 10 à 12 €.

Terrasse très agréable les jours de beau temps.

Largo do Contador Mor, 21 • Ⓑ 737, Ⓣ 12, 28
218 875 805 • tlj 10h30-minuit

20. CHURRASCO DA GRAÇA

GRILLADES

L'énorme grill à l'entrée annonce la couleur. Ici, on se régalera de bonnes grillades, de viande ou de poisson (6 à 9 € le plat). On peut également acheter son poulet à emporter (demi à 7,50 €, entier à 13 €). Très bon petit restaurant, fréquenté par les gens du quartier.

Largo da Graça, 43 • Ⓑ 34, Ⓣ 28
218 860 547 • lun-sam 11h-minuit

21. BICA DO SAPATO

VERY CHIC

CUISINE INTERNATIONALE

John Malkovich est l'un des propriétaires de ce resto très en vogue à Lisbonne. Assez onéreux (environ 40 € par personne), mais les midis on peut déjeuner pour 21,50 € (choix entre 3 entrées/3 plats/3 desserts) dans un cadre sophistiqué, sur les rives du Tage. La cuisine est soignée et réalisée à base de produits très frais. Bar à sushis à l'étage.

Brunch gourmet (25 €) le dimanche de 11h30 à 15h30.

Avenida Infante D. Henrique, Cais da Pedra
Ⓜ Sta Apolónia • 218 810 320
www.bicadosapato.com • lun-dim 12h30-14h30 et 20h-23h30, sauf lun midi
sushis bar lun-sam 19h30-1h

22. O PITÉU

CUISINE PORTUGAISE

Cette cantine est légèrement plus haut de gamme que les autres du Largo da Graça. Fréquentée par une clientèle d'habitués, il n'est pas rare d'assister à des dîners d'anniversaire célébrés en famille. Les mets, élaborés à partir d'ingrédients de qualité, sont très copieux et le service courtois et efficace. Les plats du jour sont servis rapidement. Les prix varient de 7 à 13 €. Goûtez aux calamars (*lulas*) pour 8,50 € ou au *cozido* (sorte de pot-au-feu), très roboratif !

Largo da Graça 95 • Ⓑ 34, Ⓣ 28
218 871 067 • 12h-15h et 19h-23h30 sauf sam soir et dim, fermé en août

23. CASANOVA

PIZZERIA

Il faut venir tôt pour prendre place en terrasse car le restaurant ne prend pas de réservations. Les pieds dans l'eau (ou presque), on y mange les meilleures pizzas de Lisbonne, par exemple la Tartufo, avec truffe noire et mozzarella (13,50 €).

Evitez les jours où les bateaux de croisière de 10 étages sont amarrés car le charme d'un déjeuner sur les quais est quelque peu rompu !

Avenida Infante D. Henrique, Cais da Pedra, Armazém B, loja 7 • Ⓜ Sta Apolónia
218 877 532 • lun-dim 12h30-1h30

AUTOUR D'UN VERRE...

28.

29.

24. PORTAS DO SOL

VERY CHIC

CAFÉ-BAR

Ce bar lounge, donnant sur la mer de Paille, décoré de chaises blanches et de banquettes noires est idéal pour siroter un cocktail sur fond de musique *chill out*. L'endroit est plutôt jeune et branché. DJ sets les vendredi et samedi soir.

**Largo das Portas do Sol • Ⓑ 737, Ⓣ 12, 28
218 851 299 • tlj 10h-minuit, ven-sam
et veilles de jours fériés jusqu'à 2h**

25. CLUBE FERROVIÁRIO DE PORTUGAL

Ce centre culturel organise des concerts gratuits, essentiellement de jazz, tous les samedis à 19h, des projections de cinéma en plein air l'été, ainsi que des expos. Sur le toit, ouvert aux beaux jours, on est assis sur des banquettes de train Corail. Trois salles (Terraço, TGV et Ferroviário), trois ambiances, avec un public hétéroclite et sympathique.

**Rua de Santa Apolonia, 59
Ⓜ Santa Apolónia • 218 153 196
www.clubeferroviarioblog.com
lun-mer 16h-minuit, jeu-ven 16h-2h,
sam 12h-2h, dim midi-minuit**

26. CHAPITÔ

VERY CHIC

CAFÉ-RESTAURANT

À la fois école de cirque, salle de spectacles, café et restaurant, le Chapitô jouit d'une vue fantastique, surplombant Lisbonne. Profitez du point de vue autour d'un café ou d'un cocktail. Côté restauration, les prix sont plus élevés qu'ailleurs : sardines à 8 €, spécialités entre 15 et 20 €, desserts 5 €.

··· ***Petit magasin à l'entrée, où sont proposés des objets recyclés.***

**Costa do Castelo, 7 • Ⓑ 737, Ⓣ 12, 28
218 855 550 • hiver mar-sam 11h-2h, dim
15h-23h, été lun-ven 12h-2h, sam-dim 12h-1h**

27. KIOSQUES DU MIRADOURO DA GRAÇA

CAFÉS

L'esplanade de l'Igreja da Graça accueille deux terrasses où l'on pourrait rester des heures à contempler les collines de Lisbonne et le Tage. Un des coins les plus romantiques de la capitale.

**Largo da Graça • Ⓑ 34, Ⓣ 28 • tlj 12h-3h
mais horaires aléatoires, en fonction du
temps (et de l'humeur des patrons)**

28. ARCAZ VELHO

BAR À TAPAS

"Vieux coffre à tiroirs", c'est le nom de ce bar fondé par un groupe d'amis appartenant au milieu du théâtre et dont la déco fait parfois penser à un grenier de grand-mère ! Ambiance bohème et musique du monde pour déguster des tapas attractives, tant par leurs prix (3 à 4,50 €) que par leur originalité : *chouriço* au vin, hamburger au gingembre et oignons caramélisés ou coquilles saint-jacques gratinées. Verre de sangria à 2 €.

Calçada do Forte, 56 • Ⓜ Santa Apolónia
916745863 / 934648364 • tlj 19h-2h

29. CAFÉ DO CASTELO

CAFÉ

Juste à côté du petit musée du Château, voici un espace ombragé, idéal pour faire une pause pendant la visite. En spectacle : les paons font la parade.

→ *Installez-vous sur les tables côté muraille, vous aurez une meilleure vue sur la ville et le Tage.*

Castelo São Jorge • Ⓑ 737, Ⓣ 12, 28
horaires du château (p. 40)

30. CAFÉ DO MONTE

BISTROT

Dans une ambiance de "bistrot du coin", ce café a la particularité de proposer un brunch tous les jours (12 €). Il propose également des petits-déjeuners lisboètes (4 €) ou à l'anglaise (6,50 €).

Rua de São Gens, 1 • Ⓑ 34, Ⓣ 28 • 916 307 653 • mar-dim 9h-22h, été 10h-15h et 19h30-23h30, week-end 10h-22h30

31. CLARA CLARA CAFÉ

CAFÉ

Dans le jardin Botto Machado, dégustez un vin chaud en admirant la mer de Paille et le pont Vasco de Gama.

Jardim Botto Machado (Campo de Santa Clara) • Ⓜ Santa Apolónia • 218 850 172
www.claraclara.net • tlj 10h-19h

32. BAR DAS IMAGENS

BAR

Depuis la petite terrasse vous profiterez du coucher du soleil sur le Tage. Le bar organise des expositions temporaires et propose parfois des concerts.

Calçada do Marquês de Tanco, 1
Ⓑ 737, Ⓣ 12, 28 • 218 884 636
mar-sam 11h-2h, dim 15h-23h

33. A ARTE DA TERRA

ARTISANAT

Parmi les innombrables boutiques de souvenirs présentes sur la colline du château, celle-ci vous étonnera par la qualité de ses articles et son magnifique intérieur : le magasin a investi les anciennes écuries de la cathédrale, on y remarque encore les mangeoires du XVIe siècle. En vente, des objets de décoration traditionnels, des peintures, des vêtements ainsi que des broderies d'artistes portugais. Craquez pour les 6 sous-verres lisboètes à 4 € ou le miroir métal/liège à 13 €.

Rua Augusto Rosa, 40 • Ⓑ 737, Ⓣ 12, 28 • 212 745 975
www.aartedaterra.pt • mar-dim 11h-20h, dim jusqu'à 18h

UN PEU DE SHOP-PING

34.

34. CAULINO

VERY CHIC

CÉRAMIQUE CONTEMPORAINE

Dans un bel atelier lumineux sont présentées des pièces uniques de quatre jeunes céramistes versant dans l'art contemporain. Les prix sont très variables mais certains coups de cœur peuvent rester raisonnables pour le porte-monnaie. Assiettes de 15 cm à 30 €, tasses à café à 20 €.

Rua de São Mamede, 28 • Ⓜ Baixa-Chiado
Ⓣ 12, 28 • 218 886 288
www.catiapessoa.blogspot.com
lun-ven 11h-19h, samedi sur rendez-vous

35. INSTINCTUS WINE

VINS

À peine franchi le pas de la porte, un petit verre de vin vert, le vin légèrement pétillant typique du nord du Portugal, est offert. Les bouteilles présentées sont toutes portugaises, et de renom. Leur Moscatel a récemment gagné le 1er prix mondial du cépage muscat. Les prix sont plus élevés qu'en supermarché, mais vous avez une garantie de qualité.

→ ***Le magasin propose des dégustations de vin au verre (de 1,50 € à 7 €).***

Rua de Santa Cruz do Castelo, 35 • Ⓑ 737
966 440 469 • mar-dim 10h-13h et 14h-20h

36. OLARIA

VERY CHIC

POTERIE ET CÉRAMIQUE

Céramiste de formation, Tiago Praça a monté son magasin dans un coin authentique de l'Alfama, la Rua do Salvador. C'est dans son atelier de poterie, l'unique de Lisbonne, qu'il travaille et expose ses œuvres : azulejos, plats ou objets en céramique. Les couleurs sont vives et les formes originales. Tiago est francophone, ce qui est plus simple pour passer commande. Il peut la réaliser et la livrer en deux semaines. Mais pensez quand même aux frais d'envoi qui seront élevés car la céramique, c'est plutôt lourd !

Rua do Salvador, 57 • Ⓣ 28 • 962 627 008 • www.tiagopraca.blogspot.com • tlj 10h-16h

37. DELIDELUX

ÉPICERIE FINE

Ce magasin gourmet propose des produits de qualité pour un pique-nique haut de gamme ou tout simplement pour quelques achats plaisir : thé, vin, charcuterie et fromage portugais, terrine de sardines ou rillettes de langoustines.

···➔ ***Une partie restaurant, avec notamment des brunchs très courus les samedi et dimanche entre 11h et 16h. Deux options : Delight à 9,90 € ou Deluxe à 13 €. En été appréciez les soupes froides melon/jambon cru, yaourt/chou rouge à 2,50 €***

Avenida Infante D. Henrique, Cais da Pedra, Armazém B, loja 8 • Ⓜ Sta Apolónia
218 862 070 • mar-ven midi-minuit, sam 10h-minuit, dim 10h-20h

38. TIME2GIVE

SOUVENIRS ET GADGETS

Distributeur agréé des accessoires Vespa et des montres S.T.A.M.P.S., le patron a aussi monté une galerie mettant en scène des artistes portugais. Photos de Lisbonne d'une photographe en vogue, Sara Gomes (35 €), peintures et objets religieux un peu kitsch de Teresa Campos, scénographe du théâtre D. Maria.

Calçada do Cascão, 6 • Ⓜ Santa Apolónia
914 428 472 • tlj 9h-19h

39. AS COISAS DO ALBERTO

OBJETS VINTAGE ET D'OCCASION

La boutique est un vrai capharnaüm ! Le designer Alberto Gourgel revisite des vieilleries (valises, meubles, paravents) en les recouvrant d'anciennes revues portugaises (valises 25-50 €).

Rua do Salvador, 83 • Ⓣ 28
962 480 996 • lun, mer-ven 10h30-19h30, mar et sam 16h-19h30

40. AS MARIAS COM CHOCOLATE

PÂTISSERIES ET BONBONS ARTISANAUX

Confectionnés dans le laboratoire attenant à la petite boutique, les cookies, pâtisseries et bonbons acidulés sont un délice ! Pour une halte gourmande après avoir chiné à la Feira da Ladra.

Campo de Santa Clara, Loja 1 • Ⓑ 12, 34
965 550 457/967 421 248

41. FEIRA DA LADRA

MARCHÉ AUX PUCES

Le marché aux puces de Lisbonne se tient ici tous les mardis et samedis. On y trouve un peu de tout : antiquités, azulejos, vêtements... Un peu confus mais typique pour son ambiance bon enfant où on n'hésite pas à négocier ferme les prix.

···➔ ***Poursuivez jusqu'au point de vue ombragé sur la mer de Paille dans le jardin Botto Machado.***

Campo de Santa Clara • Ⓜ Santa Apolónia
mar et sam toute la journée

Baixa-Chiado

L'ÉPICENTRE DU SHOPPING

Le terrible séisme du 1er novembre 1755 transforma radicalement la physionomie de la Baixa. Le marquis de Pombal la fit reconstruire selon un quadrillage parfait et une unité architecturale imposée. Création d'égouts, de coupe-feux et de *gaiolas* (littéralement cages, structures de bois flexibles capables de résister aux tremblements de terre), élargissement des voies... une vraie révolution ! La Praça do Comércio, vaste esplanade bordée de bâtiments couleur safran, est le bijou du quartier. Autant la Baixa commerçante draine la foule le jour, autant elle sommeille la nuit... Il faut alors remonter vers la colline du Chiado, du nom d'un moine-poète fêtard, où l'animation est perpétuelle.

REPÈRES

LE COIN DU SHOPPING : la Rua do Carmo, site des anciens grands magasins du Chiado, Rua da Misericórdia et la Rua Garett.
LE QUARTIER DES INTELLECTUELS : le Chiado, point d'ancrage de la confrérie des libraires (Bertrand, Ferin, etc.) et des spectacles culturels (théâtres S. Carlos, S. Luis et de la Trindade).
LE COIN DES BOUQUINISTES : autour du théâtre de la Trindade et de l'église São Roque, vieux ouvrages et vieilles cartes, parfois en français.

ESSENTIELS

PRAÇA DO COMÉRCIO/⊙5 : l'esplanade de l'ancien palais royal est devenue la plus belle place de Lisbonne (détails p. 56).
GARE CENTRALE DU ROSSIO/⊙2 : on ne peut pas la rater avec sa superbe façade de style manuélin (détails p. 55).
ASCENSEUR DE SANTA JUSTA/⊙9 : ce monument incongru reliant Baixa et Chiado a été conçu par un disciple d'Eiffel (détails p. 57).
IGREJA DO CARMO/⊙11 : les ruines de la seule église gothique de Lisbonne, détruite par le séisme de 1755 (détails p. 58).

Confidentiels

LA LISBONNE SOUTERRAINE/⊙10, 14 : découvrir les vestiges de l'époque romaine, en visitant le noyau archéologique (NARC, détails p. 58) et les galeries romaines (détails p .59).
IGREJA NOSSA SENHORA DA CONCEIÇÃO VELHA/⊙8 : son magnifique portail a survécu au tremblement de terre de 1755 (détails p. 57).
CANTINA DAS FREIRAS/🍴27 : déjeuner dans cette cantine bien cachée, à la cuisine simple, avec vue sur le Tage (détails p. 63).
POLLUX/🍷57 : la terrasse au 9e étage de ce bazar un peu défraîchi est idéale pour faire une pause face à l'ascenseur Santa Justa.

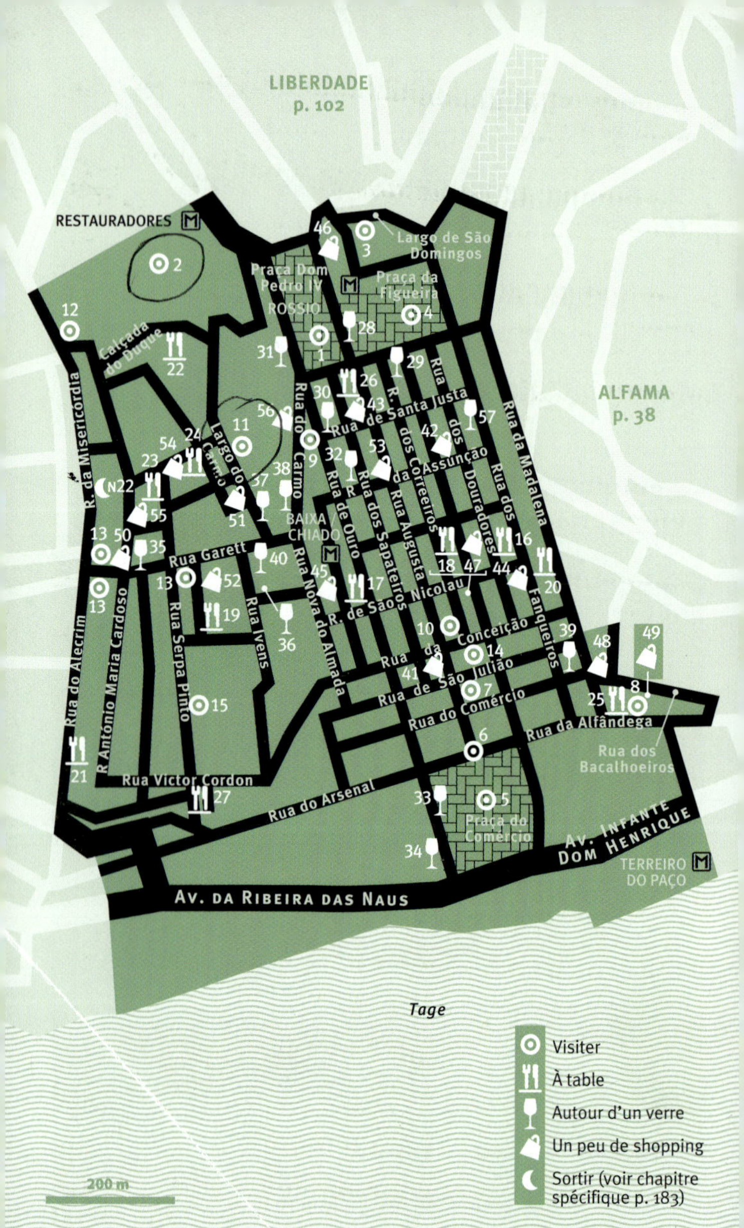

LIBERDADE
p. 102
ALFAMA
p. 38
RESTAURADORES
Largo de São Domingos
Praça Dom Pedro IV
ROSSIO
Praça da Figueira
Calçada do Duque
R. da Misericórdia
Largo do Carmo
Rua do Carmo
Rua de Santa Justa
R. da Assunção
Rua dos Correeiros
Rua dos Douradores
Rua da Madalena
Rua dos Fanqueiros
R. de Ouro
Rua dos Sapateiros
Rua Augusta
BAIXA / CHIADO
Rua Garett
Rua Nova do Almada
Rua Ivens
Rua Serpa Pinto
Rua do Alecrim
R. António Maria Cardoso
R. de São Nicolau
Rua da Conceição
Rua de São Julião
Rua do Comércio
Rua da Alfândega
Rua dos Bacalhoeiros
Rua Victor Cordon
Rua do Arsenal
Praça do Comércio
Av. Infante Dom Henrique
TERREIRO DO PAÇO
Av. da Ribeira das Naus
Tage
Visiter
À table
Autour d'un verre
Un peu de shopping
Sortir (voir chapitre spécifique p. 183)
200 m

VISITER

Le quartier de la Baixa se parcourt à pied, profitez-en, c' est plat ! On y flâne, on passe un moment sur la Praça do Comércio, au bord du Tage, on y fait du lèche-vitrine. Mais le summum du shopping, c' est bel et bien le Chiado. Pour le rejoindre, la pente est raide et les marches innombrables, pensez donc à prendre l' ascenseur de Santa Justa, l' attraction du quartier !

1. PRAÇA DOM PEDRO IV OU ROSSIO

Cœur de la ville, à l'extrémité nord de la Baixa, la place Dom Pedro IV, également appelée Rossio, est un hommage au roi du Portugal qui devint le 1er empereur du Brésil, sous le nom de Dom Pedro I. Autour de la place, vous trouverez une kyrielle de cafés historiques.

Ⓜ Restauradores, Baixa-Chiado ou Rossio

2. ESTAÇÃO CENTRAL DO ROSSIO

Commandée par la Companhia Real dos Caminhos de Ferro Portugueses à l'architecte José Luís Monteiro, son édification débute en 1886 ainsi que le creusement du tunnel ferroviaire et des accès routiers. Inaugurée le 23 novembre 1890 sous le nom d'Estação da Avenida, elle sera la gare centrale de Lisbonne pendant longtemps. La façade de style manuélin attire tous les regards, le bâtiment a été classé en 1971.

Ⓜ Restauradores, Baixa-Chiado ou Rossio

4. PRAÇA DA FIGUEIRA

Jolie place juste à côté du Rossio qui accueille la statue équestre du roi João Ier. Très animée, on y trouve notamment la célèbre Confeitaria Nacional et un petit marché quelque peu vieillot et étriqué.

Ⓜ Baixa-Chiado ou Rossio

3. IGREJA SÃO DOMINGOS

La première pierre de cette église a été posée en 1241. Elle dut être reconstruite plusieurs fois, car détruite par le séisme de 1755 et un incendie en 1959. L'intérieur est majestueux avec des plafonds rouges contrastant avec la pierre grise des colonnes.

Largo de São Domingos, 25 • Ⓜ Baixa-Chiado ou Rossio • tlj 7h30-19h

5. PRAÇA DO COMÉRCIO

On la surnomme toujours Terreiro do Paço pour évoquer la terrasse du palais royal qui y était établie, avant le séisme de 1755. Cette large place a été le théâtre de l'assassinat du roi Carlos Ier et de son fils, le prince Luís Filipe en 1908. Peinte en jaune safran, elle s'est refait une beauté à l'occasion de la venue du pape en mai 2010, et des terrasses ont désormais envahi ses arcades.

Ⓜ Terreiro do Paço

6. ARCO DO TRIUNFO DA RUA AUGUSTA

Le quartier de la Baixa s'articule autour de sa rue principale, la Rua Augusta. À son extrémité sud, l'Arc de Triomphe, édifié en 1873, célèbre le renouveau de Lisbonne après le tremblement de terre de 1755. On y remarque les figures allégoriques de la Gloire, du Génie et de la Valeur, ainsi qu'une galerie de héros nationaux, dont le marquis de Pombal et Vasco de Gama.

Ⓜ Baixa-Chiado ou Terreiro do Paço

7. MUDE

GRATUIT

Le musée du Design et de la Mode rassemble du mobilier, des vêtements et des objets de décoration de l'entrepreneur et collectionneur Francisco Capelo, acquis par la ville de Lisbonne en 2002. Vous y retrouvez entre autres un tailleur Dior, des vêtements des créateurs portugais Ana Salazar et José António Tenente, des chaussures Vivienne Westwood, du mobiler et des ustensiles de Philippe Starck, un fauteuil à accoudoirs dessiné par Le Corbusier, ainsi que des symboles du XXe siècle comme le Tupperware ou le Post-it. La visite est ludique et très intéressante.

Rua Augusta, 24 • Ⓜ Baixa-Chiado, Rossio ou Terreiro do Paço, Elevador Santa Justa • 218 886 117 • www.mude.pt • mar-jeu et dim 10h-20h, ven-sam 10h-22h

8. IGREJA NOSSA SENHORA DA CONCEIÇÃO VELHA

Cette grandiose église de la Miséricorde du XVIe siècle a été détruite par le séisme de 1755. Seul son portail, de style manuélin, a résisté. On y remarque les statues de N.S da Misericórdia, du pape Léon X, du roi Manuel Ier et de la reine Leonor, sœur de ce dernier et fondatrice de la Santa Casa de Misericórdia au Portugal, mission venant en aide aux nécessiteux.

Rua da Alfândega, 108 • Ⓜ Terreiro do Paço, Ⓣ 12, 15, 18, 25, 28 • lun-ven 9h-17h, dim 10h-17h

9. ELEVADOR DE SANTA JUSTA

Réalisé par Raoul Mesnier du Ponsard, ingénieur né au Portugal de parents français et élève de Gustave Eiffel, cet ascenseur permet de remonter sans peine de la Baixa au quartier du Chiado. Cette attraction un peu incongrue est d'autant plus intéressante le matin ou en fin de journée, quand la lumière se fait un peu plus douce et rasante. De là-haut, beau panorama sur la Baixa et le château São Jorge.

···› ***Pour éviter de payer l'ascenseur ou par flemme de grimper à pied, les escaliers mécaniques du magasin H&M vous mèneront au Chiado.***

Rua da Santa Justa
13 juil-30 sep 7h-23h, 1er oct-12 juil 7h-22h, accès au point de vue tlj 8h30-20h30

10. NÚCLEO ARQUEOLÓGICO (NARC)

GRA-TUIT

Petit musée appartenant à la banque Millenium BCP. Il y a plus de 15 ans, des vestiges de l'âge de fer et de la période romaine ont été mis au jour alors que la banque souhaitait agrandir ses locaux. On y voit notamment les plus vieilles maisons de Lisbonne et les fabriques de garum, sorte de pâte à base de poisson fermenté, servant de condiment et exportée vers le reste de l'Empire romain dans des amphores.

Site unique pour admirer les pilotis en bois vert sur lesquels la Baixa s'est construite.

Rua dos Correeiros, 9, R/C ou Rua Augusta, 96
213 211 700 • Ⓜ Baixa-Chiado,
Rossio ou Terreiro do Paço
tlj sauf dim et jeudi matin 10h-13h
et 14h-17h, visite guidée obligatoire
(en différentes langues), départ toutes
les heures jusqu'à 17h inclus

12. IGREJA SÃO ROQUE E MUSEU DE ARTE SACRA

L'église, construite à la fin du XVIe siècle par la Compagnie de Jésus, est très impressionnante par ses aménagements baroques, riches en dorures, marbres polychromes et azulejos. Ne manquez pas la chapelle Saint-Jean-Baptiste au fond à droite. Le musée réunit peintures, sculptures, reliquaires et pièces d'orfèvrerie de toute beauté.

Les samedi et dimanche, vous pourrez bruncher dans le jardin entre 11h et 16h : pour 12 €, buffet très varié avec, entre autres, quiches, beignets salés **(empadas ou rissois)** ***et fruits.***

Largo da Trinidade Coelho, 21 • Ⓜ Baixa-Chiado • Elevador da Glória • 213 235 065
église : lun 14h-18h, mar-mer et ven-dim 9h-18h, jeu 9h-21h • Fermé jours fériés civils et après-midi des jours fériés religieux
musée : mar-dim 10h-18h, jeu 14h-21h
2,50 €, 1 € avec la Lisboa Card

11. IGREJA DO CARMO

Une fois franchie l'entrée, vous aurez une vision fabuleuse de cette monumentale église gothique à ciel ouvert, qui n'a jamais été reconstruite après le tremblement de terre. L'édifice abrite un petit musée archéologique, dans lequel se trouvent la sépulture primitive du fondateur de l'église et du couvent (D. Nuno Álvares Pereira), des vestiges romains et mauresques, deux momies péruviennes et une presse à monnaie.

Largo do Carmo • Ⓜ Baixa-Chiado, Ⓣ 28 • www.museuarqueologicodocarmo.pt
213 478 629 • lun-sam 10h-18h, jusqu'à 19h en été • **3,50 €, -20% avec la Lisboa Card**

13. ÉGLISES DE LA RUA GARETT

Si la rue Garett est le temple du shopping, elle abrite également trois belles églises : la **Basílica dos Mártires**, dédiée aux soldats chrétiens morts au combat au temps de la reconquête, emblème de la reconstruction pombaline, avec l'emploi de tous les matériaux nobles : pierre, marbre, bois précieux, ferronnerie (213 462 465, lun-ven 9h-19h, sam-dim 10h-19h30, www.paroquiadosmartires.pt) ; l'église **Nossa Senhora do Loreto**, église des Italiens, en hommage aux nombreux marchands vénitiens et génois installés à Lisbonne (Rua da Misericórdia, 2, 213 423 655, tlj 8h-12h30 et 15h-20h) et, face à elle, l'**Igreja da Nossa Senhora da Encarnação**, avec ses beaux plafonds en trompe-l'œil (Largo do Chiado, 213 424 623, lun-ven 7h30-20h, sam 8h30-12h et 15h-20h, dim 8h30-13h30 et 15h-20h).

Ⓜ Baixa-Chiado • Ⓣ 28

GRA-TUIT

14. GALERIES ROMAINES SOUTERRAINES

Les catacombes se visitent en général à l'occasion des Journées du Patrimoine, une seule fois par an sur 3 jours et sans date fixe... Il y a donc foule. C'est la mairie qui décide ou non d'autoriser l'accès, en fonction de la pluviométrie, car ces galeries sont souvent inondées. Découvertes après le tremblement de terre de 1755, elles datent de l'époque romaine (Ier siècle avant J.-C.) et auraient été conçues pour stabiliser la Baixa

Munissez-vous d'une paire de bottes !

Rua da Conceição, 77 • Ⓜ Baixa-Chiado ou Rossio
3 jours/an fin sept, selon accord de la municipalité
(www.cm-lisboa.pt)

15. MUSEU NACIONAL DE ARTE CONTEMPORÂNEA (MUSEU DO CHIADO)

Ce musée a été en partie détruit par l'incendie du Chiado en 1988. Reconstruit par l'architecte français Jean-Michel Wilmotte, il vaut le coup d'œil pour ses infrastructures mais aussi pour sa collection permanente d'art contemporain, qui tourne régulièrement (peinture, sculpture, dessin, vidéo), et pour ses expositions temporaires, qui ont lieu environ tous les 3 mois.

Petite cafétéria avec terrasse, proposant un menu du jour (soupe + plat + boisson) à 11 €.

Rua Serpa Pinto, 4
Ⓜ Baixa-Chiado, Ⓣ 28
213 432 148
www.mnac-museudochiado.imc-ip.pt • mar-dim 10h-18h
tarif plein/réduit 4/1,60 €, gratuit avec la Lisboa Card et dim 10h-14h

À TABLE !

VERY CHEAP

16. ADEGA DOS LOMBINHOS

CUISINE PORTUGAISE

Dans cette toute petite *tasca* sans fioritures, la cuisine est typique et sans prétention. La spécialité : des *lombinhos assados* (filets mignons de porc au grill) à 4,20 € la demi-portion. Vivez l'expérience du "local" à fond, en commandant un pichet de *vinho verde da casa*.

Rua dos Douradores, 52
Ⓜ Baixa-Chiado ou Terreiro do Paço
Ⓣ 12, 28 • 218 878 028
lun-ven 7h-21h, lun-sam 7h-19h

17. CAFÉ PENTA

VERY CHEAP

PÂTISSERIE-SNACK

On connaissait la bière au mètre, mais cette pâtisserie-snack fait dans l'originalité puisqu'elle a adapté le concept aux sandwichs. Non seulement vous choisissez la longueur de votre toast (10, 15 cm et jusqu'à 1 m !), mais aussi sa garniture. Pour un sandwich jambon-fromage, les 10 cm coûtent 2,50 €, le mètre 13 €. Originale et économique, cette formule permet de partager son déjeuner avec ses amis.

Rua do Ouro, 117 • Ⓜ Baixa-Chiado
ou Terreiro do Paço • Ⓣ 28
919 685 205 • lun-sam 7h30-20h

18. MOMA

CUISINE INTERNATIONALE

Tout est blanc dans ce restaurant lumineux aux airs d'épicerie : les meubles, les nappes... seul le sol est un damier noir et blanc. La carte, affichée sur l'ardoise dehors, varie tous les jours et propose une cuisine locale, avec variations italiennes et espagnoles. Environ 10 € le repas.

Rua de São Nicolau, 49 • Ⓜ Baixa-Chiado
ou Terreiro do Paço • 914 417 536
lun-ven 12h-18h30, dîners sur réservation
uniquement lun-sam à partir de 20 personnes -
fermé le dimanche

19. KAFFEEHAUS

CUISINE AUTRICHIENNE

Sur fond de musique classique et dans une décoration épurée (hormis un pan de mur décoré de diverses affiches), on peut prendre un petit-déjeuner de 11h à 13h (omelettes améliorées et copieuses, 3,80-4,80 €) ou plus tard, déjeuner d'une *Wienerschnitzel* (escalope de veau panée, 10,40 €) et sa *Kartoffelnsalad* (salade de pommes de terre). Dans un souci d'authenticité, le menu est en allemand. La petite terrasse donne sur une tranquille.

Rua Anchieta, 3 • Ⓜ Baixa-Chiado, Ⓣ 28
210 956 828 • mar-sam 11h-minuit, dim 11h-20h

VERY CHIC

20. O VELHO MACEDO

CUISINE PORTUGAISE

Un restaurant à la fois chic, bon et pratiquant des prix raisonnables, ça se mérite. Situé sur la seule rue en pente de Baixa, il faudra faire un peu de sport pour se rendre dans cette cantine chic qui propose 4 plats du jour (9,90 €), ainsi que des plats à la carte (10-14 €)

Le midi, formule complète à 20 € : entrée, plat, dessert et boisson.

Rua da Madalena, 117 • Ⓜ Terreiro do Paço
Ⓣ 12, 15, 18, 25 et 28 • 218 873 003
lun-sam 12h-16h30 et 19h-minuit, fermé dim midi

21. CAIS DO CHIADO

RESTAURANT
CAFÉTÉRIA
MAGASIN BIO

Installé au milieu d'étagères qui nous rappellent les rayons d'une épicerie, on y déjeune d'un plat du jour (6,90 €) servi dans une gamelle (*marmita*), en hommage aux ouvriers qui venaient de loin et déjeunaient sur les chantiers. Le week-end, brunch de 10h à 16h pour 8,10 €.

Dégustation de 3 vins bio avec plateau de fromages pour 12 €.

Rua do Alecrim, 26 M
gare et Ⓜ Cais do Sodré
Ⓣ 25, 28
213 431 072
lun-mar 10h-20h, mer-ven
10h-22h, sam-dim 10h-16h

22. CAFÉ BUENOS AIRES

CUISINE ARGENTINE

Dans un intérieur boisé et cosy, ou sur une terrasse dominant le Rossio, avec vue imprenable sur le château São Jorge, vous dînerez d'un steak de bœuf argentin (la demi-portion, 11,50 € – et pour les gros mangeurs –portion à 16,50 €) accompagnée de vin argentin (choix réduit) ou portugais. Les entrées, copieuses, sont à partager comme par exemple la salade de sardines. Les desserts, bien que basiques, sont bons (gâteau au chocolat accompagné de *dulce de leche* ou crumble aux pommes). Cartes de crédit non acceptées.

Calçada Escadinhas do Duque, 31 B
Ⓜ Baixa-Chiado, Elevador da Glória
213 420 739 • lun-sam 18h-1h

23. NOOD

CUISINE JAPONAISE

Pour faire une pause de la riche cuisine portugaise, faites un repas plus léger dans ce restaurant moderne offrant une palette variée de plats. Cuisine japonaise, noodle bar, dans un décor minimaliste. Les produits sont frais, les sushis excellents. Plateaux de 8 sushis de 7 à 8 €, si vous êtes nombreux, partagez un plateau de 36 unités à 33,50 €.

Largo Rafael Bordalo Pinheiro, 20-20 B
Ⓜ Baixa-Chiado • www.nood.pt
213 474 141 • tlj midi-minuit

24. CHÁ DO CARMO

RESTAURANT-SALON DE THÉ

Le menu du jour (9,95 €) est à déguster dans un intérieur tout en boiseries, où les vitrines accueillent des boîtes et des théières en tous genres. Une ambiance agréable dans ce salon de thé qui se transforme en cantine de quartier le midi, avec un menu du jour à 9,95 €.

···› ***Au goûter, une cinquantaine de variétés de thé sont proposés, accompagnés de scones ou d'une part de crumble aux pommes (2,25 €).***

Largo do Carmo, 21 • Ⓜ Baixa-Chiado
213 421 305 • lun-ven 8h-20h, sam 10h-20h

25. CAFÉ DO RIO

VERY CHIC

HAMBURGUERS GOURMETS

Dans une maison typique de la Baixa pombaline à colombages apparents, le hamburger est dans tous ses états, revu et corrigé pour en faire un produit raffiné : classique, fait à partir de viande 100% bio, ou végétarien, voire à la morue ou au foie gras : les prix varient de 8,50 € à 10 €.

Le midi, menu à 8 € : plat ou salade du jour + boisson + dessert + café.

Rua da Alfândega, 114
Ⓜ Terreiro do Paço,
Ⓣ 12, 15, 18, 25, 28
218 868 050
lun 12h-15h, mar-sam 12h-15h et 19h30-23h

26. O BACALHOEIRO

CUISINE PORTUGAISE

Ici, la morue est à l'honneur. Ce sont d'ailleurs les bateaux pêchant le fameux poisson dans les eaux de Terre-Neuve qui ont donné le nom à ce restaurant accueillant de la Baixa, à la déco d'inspiration mauresque. Plats du jour entre 6,50 et 8 €, la morue est à 9-10 €. C'est très copieux, très bon, fréquenté à la fois par les locaux et les voyageurs.

***Le restaurant a gagné le 1er prix de Lisbonne pour son* bacalhau à minhota.**

Rua dos Sapateiros, 220
Ⓜ Baixa-Chiado ou Rossio • 213 431 415
lun-sam 12h-15h et 19-22h

27. CANTINA DAS FREIRAS

VERY CHEAP

CUISINE PORTUGAISE

Son vrai nom étant Associação Católica Internacional ao Serviço da Juventude Feminina, cette adresse est plus connue sous le nom de cantine des Nonnes. Ouvert à tous, on mange en terrasse sur des tables ornées de fleurs en plastique mais avec un magnifique point de vue sur le Tage. Fréquenté par une clientèle de quartier habituée des lieux, on y sert un menu du jour à 6,20 €.

Pour un petit-déjeuner, il suffit de sonner à partir de 8h30.

Travessa do Ferragial, 1 • gare et Ⓜ Cais do Sodré • Ⓣ 25, 28
213 240 910 • lun-ven 12h-15h

AUTOUR D'UN VERRE...

28.

29.

28. PASTELERIA SUIÇA

VERY CHIC

PÂTISSERIE

Pâtisserie emblématique de la place D. Pedro IV, elle complète la série des cafés historiques de la ville. Réputée pour ses *pastéis de nata*, sa terrasse est prise d'assaut, surtout les jours ensoleillés. Faites un tour dans la salle intérieure, toute en boiseries.

Praça D. Pedro IV, 96-104 • Ⓜ Baixa-Chiado ou Rossio • 213 214 090 • tlj 7h-21h

29. CONFEITARIA NACIONAL

PÂTISSERIE

Le premier Bolo Rei du Portugal a été confectionné ici d'après une recette que le pâtissier Castanheira a rapportée d'un voyage en France en 1870. Depuis lors, cette brioche aux fruits confits est le produit phare de l'établissement. Le gâteau est traditionnellement sur les tables portugaises lors des fêtes de fin d'année. Le déplacement vaut aussi pour le lieu.

Praça da Figueira, 18 B • Ⓜ Baixa-Chiado ou Rossio • 213 424 470 • tlj 8h-20h

30. ROJOO

CAFÉ

Au pied de l'ascenseur de Santa Justa, ne ratez pas la pause chocolat chaud façon *latte* (3,50 €), fait à partir d'un cacao issu du commerce équitable. Bon café glacé en été.

Rua de Santa Justa, 84 • Ⓜ Baixa-Chiado ou Rossio, Elevador Santa Justa
Ⓣ 12, 28
213 462 253 • lun-dim 9h-20h

31. CAFÉ NICOLA

CAFÉ-RESTAURANT

C'est l'un des cafés historiques de Lisbonne. Datant du XVIIe siècle mais avec une façade Art nouveau, cet établissement accueillait autrefois des écrivains et des personnes de lettres, tel le poète portugais Barbosa du Bocage dont la statue est à l'intérieur du café.

→ ***Les jeudis soir, les dîners sont accompagnés de concerts de jazz ou de musique classique (mieux vaut réserver).***

Praça D. Pedro IV, 24 • Ⓜ Baixa-Chiado ou Rossio • 213 460 579 • lun-ven 8h-22h, sam 9h-22h, dim 10h-19h

32. LEITARIA A CAMPONEZA

VERY CHEAP

PÂTISSERIE

Le lait a tourné au café ! Cette ancienne laiterie, qui a gardé des signes évocateurs de son ancienne fonction, est une petite perle Art nouveau et passerait presque inaperçue dans cette étroite rue de la Baixa. Arrêtez-vous pour prendre un café, un jus de fruit ou grignoter une part de quiche (2,30 €) et admirez les plafonds travaillés et les azulejos datant du début du XXe siècle.

Rua dos Sapateiros, 155-157
Ⓜ Baixa-Chiado ou Rossio
919 060 843
lun-sam 8h-19h

33. PAÇO D'ÁGUA

VERY CHIC

GLACIER

Ce glacier artisanal invite à la dégustation d'une petite douceur sur l'une des plus belles places d'Europe. Pour un sorbet bien frais en été, craquez pour la coupe de la maison à 5,80 € (citron recouvert de fraise et menthe) ou pour les plus gourmands, la coupe extra chocolat à 7,10 €.

Praça do Comercio, Pátio da Galé
Ⓜ Terreiro do Paço, Ⓣ 12, 15, 18, 25, 28
213 468 247
tlj 9h-20h

34. VINIPORTUGAL

GRATUIT

DÉGUSTATION DE VIN

Ici, vous dégusterez gratuitement quatre vins portugais qui ne sont, hélas, ni les plus connus ni les meilleurs ! Néanmoins, les vins de la région à l'honneur chaque semaine peuvent réserver de bonnes surprises. En échange de la dégustation, vous serez amenés à donner votre avis d'œnologue plus ou moins averti et pourrez, cela va de soit, faire quelques emplettes.

Praça do Comércio
Ⓜ Terreiro do Paço, Ⓣ 12, 15, 18, 25 et 28
213 420 690
mar-sam 11h-19h

35. A BRASILEIRA

CAFÉ

Ce café de style Art nouveau avec ses ornements floraux en stuc, ses miroirs, son sol en damier et ses peintures des années 1920, est l'un des incontournables de Lisbonne. Prenez la pose aux côtés de [la statue de] Fernando Pessoa, assis en toute décontraction à une table en terrasse.

Rua Garett, 120-122 • Ⓜ Baixa-Chiado, Ⓣ 28
213 469 541 • tlj 8h-2h

36. FÁBULAS

VERY CHIC

CAFÉ-RESTAURANT-GALERIE

Cet établissement aux allures d'appartement est une succession de salles voûtées dans lesquelles on s'installe à d'anciennes tables de couture. Très cosy, il est très prisé des étudiants qui s'y retrouvent pour travailler en groupe et profiter du Wi-Fi gratuit. On passe un moment agréable quelle que soit l'heure de la journée : en déjeunant d'un hamburger bio, lors d'un brunch (buffet à 9 €, week-end 12h-16h) ou autour d'un thé au son du jazz.

···➤ ***En été, terrasse installée dans un patio et quelques tables et chaises à l'ombre des arbres de la Calçada.***

Calçada Nova de São Francisco, 14 • Ⓜ Baixa-Chiado,
Ⓣ 28• 213 476 323 • http://fabulas.pt
lun-mer 10h-minuit, jeu-sam 10h-1h, dim 10h-20h

37. SACRAMENTO

VERY CHIC

BAR-RESTAURANT

Ce bar du Chiado, construit sur une partie de l'ancienne muraille fernandine, comporte plusieurs salles arquées : dans la première, un bar lounge, avec gros canapés et fauteuils rouge vif, où on s'arrête boire un *mojito* ou une caipirinha, avant dîner. L'ambiance est à son apogée vers 21h, on se prend à danser son verre à la main entre le comptoir et les canapés.

···➤ ***Bon resto, servant un délicieux tartare de thon à 13 €. Menu-buffet à 11 € pour les déjeuners.***

Calçada do Sacramento, 40-46
Ⓜ Baixa-Chiado
21 342 0572
www.sacramentodochiado.com
bar tlj 19h-2h
déj lun-sam 12h-15h
dîner tlj 19h30-minuit

38. SANTINI

GLACIER

Le glacier légendaire de Cascais, créé en 1949, s'est installé depuis peu à Lisbonne, en face des grands magasins du Chiado. Son intérieur rouge et blanc, au charme rétro, voit défiler petits et grands gourmands, venus se délecter de glaces et autres sorbets (mangue, pastèque, fruits de la passion, etc.), à toute heure de la journée.

Rua do Carmo, 3
Ⓜ Baixa-Chiado ou Rossio
Ⓣ 28 • 213 468 43
www.geladosantini.com • tlj 11h-minuit

40. INTERMEZZO

BAR À COCKTAILS

Dans un espace contemporain au design minimaliste, ce bar vous proposera cocktails, vins, cidres et autres apéritifs italiens. Osez les cocktails italiens : un Negroski, alliage de Martini rosso, Campari et vodka ou un Americano (Martini rosso, Campari et soda).

Si la faim vous gagne après tous ces cocktails, vous pourrez dîner à la pizzeria Mezzogiorno, qui fait partie du même établissement.

Rua Garett, 19 • Ⓜ Baixa-Chiado • Ⓣ 28
213 421 500 • lun-sam 11h-23h

39. TABERNA TROBADORES

BAR MÉDIÉVAL

En plein cœur de Baixa, dans un décor rustique décoré d'armes médiévales, vous commanderez vos breuvages à partir d'une carte parcheminée qui propose des boissons sorties d'une autre époque (hydromel, vin de miel, ou zimbromel, une liqueur d'amandes et miel), et si vous optez pour une cervoise pression, elle sera servie dans une corne. Musique éclectique : celte, folk en passant par la pop-rock, qui séduit un public jeune.

Une des rares adresses de Baixa à ouvrir jusque tard.

Rua de São Julião, 27 • Ⓜ Baixa-Chiado ou Terreiro do Paço
Ⓣ 12, 15, 18, 25, 28
218 850 329 • lun-jeu 17h-2h, ven-sam 17h-4h

41. PAPABUBBLE

VERY CHIC

BONBONS

Les fans de bonbons, pas encore écœurés des pâtisseries et autres plaisirs sucrés qu'offre Lisbonne, seront séduits par ce petit magasin. On peut assister en direct à la fabrication des pâtes et au modelage de la guimauve. Les bonbons ne sont pas donnés (4,50 € le sachet, 3-4,50 € les énormes sucettes) mais sont entièrement artisanaux et incrustés de décors multicolores qui varient en fonction des saisons (sapin et Père Noël, œuf de Pâques, etc.).

Rua da Conceição, 117-119 • Ⓜ Baixa-Chiado, Ⓣ 28
927 404 919 • http://papabubblelisboa.blogspot.com • lun-sam 10h-19h

UN PEU DE SHOP-PING

42. A OUTRA FACE DA LUA

VÊTEMENTS ET OBJETS VINTAGE

Ce magasin propose des vêtements vintage ainsi que des pièces créées à partir de tissus recyclés, par la styliste lisboète Carla Belchior. Pour celles et ceux qui aiment farfouiller dans les friperies le choix est grand : des robes des années 1930 aux blouses hippies des années 1970, tout y est, même côté homme ! Les objets ne sont pas en reste, avec par exemple une pléthore de jouets en fer.

Le magasin possède un salon de thé qui, par beau temps, installe sa terrasse dans la rue.

Rua da Assunção, 22
Ⓜ Baixa-Chiado ou Rossio,
Elevador Santa Justa
218 863 430
lun-sam 12h-19h

43. DAMA DE COPAS

VERY CHIC

LINGERIE

L'enseigne, dont le nom est un savant jeu de mot voulant dire à la fois dame de cœur et dame des bonnets (de soutien-gorge, bien entendu), propose une séance gratuite de consulting, en toute pudeur, dans un espace rétro très stylé. Partant du constat que 80% des femmes ne portent pas la bonne taille de soutien-gorge, on vous apprendra (enfin !) à choisir le bon et à bien le porter. Les prix varient de 42 à 62 €. Conseillères parlant anglais.

Rua de Santa Justa, 87
Ⓜ Baixa-Chiado ou Rossio
Ⓣ 12, 28
211 955 997
www.damadecopas.pt
lun-ven 11h-19h, sam 10h-18h
de préférence sur rendez-vous

44. VIÚVA ALEGRE

VERY CHEAP

VÊTEMENTS ET ACCESSOIRES D'OCCASION

Annexe de Outra Face da Lua, une partie des vêtements vendus ici est de seconde main, toujours dans l'esprit vintage et vendus à partir de 15 €. D'autres sont issus de *dead stocks*, c'est-à-dire de stocks de vêtements qui n'ont jamais été présentés au public, comme ces robes de la marque Custodia, d'une créatrice de la fin des années 1950, faites main (70-90 €) ou ces lunettes de soleil des années 1980.

Rua de São Nicolau, 17 • Ⓜ Baixa-Chiado ou Rossio
Elevador Santa Justa • 211 579 592 • lun-sam 10h-19h30

42.

44.

47.

45. LIVRARIA FERIN

LIBRAIRIE

Cette librairie, dans la même famille depuis six générations, est la deuxième plus ancienne du Portugal. Comportant des meubles d'époque, la déco intérieure nous plonge dans le XIXe siècle. L'établissement vend des ouvrages en français, ainsi que de beaux livres d'art.

Rua Nova da Almada, 72
Ⓜ Baixa-Chiado
Ⓣ 28
213 424 422
lun-ven 10h-13h et 14h-19h, sam 10h-14h

46. AZEVEDO RUA

VERY CHIC

CHAPEAUX

Cette institution a vu défiler, depuis un peu plus de 125 ans, toutes les têtes lisboètes (du moins celles qui en avaient les moyens). Profitez que la mode du panama soit revenue (à partir de 40 €), pour vous offrir un beau chapeau ou choisissez un béret (18 €) pour un look décalé.

Praça D. Pedro IV, 73
Ⓜ Baixa-Chiado ou Rossio
213 427 511
lun-ven 9h-19h, sam 9h-13h

47. CAPITÃO LISBOA

GADGETS ET SOUVENIRS

Sous de belles voûtes, ce magasin veut surprendre par des articles originaux, en plus de cartes postales, d'appareils photos Polaroïd et de souvenirs habituels. Gadgets en tout genre à des prix plus ou moins raisonnables : magnets de Lisbonne (1 €), pinces à linge en forme d'hirondelles, (10 pour 12 €), ensemble de couverts à salade délirant (19 €), ou housse pour personnaliser les casques de deux-roues (26-30 €)

Rua de São Nicolau, 43
Ⓜ Baixa-Chiado ou Rossio
Elevador Santa Justa
213 467 412
www.capitaolisboa.com
lun-sam 10h-19h30

48. CONSERVEIRA DE LISBOA

CONSERVERIE

Voyage dans le temps avec ce magasin qui existe depuis 1930. Des étagères de bois remplies de boîtes de sardines, de calamars ou de thon, sous toutes leurs formes : en pâté, à l'huile, à la sauce piquante, en encornets... Avec leurs beaux emballages, très colorés et dans un esprit vintage, ces boîtes feront des petits cadeaux originaux. Boîtes de 2 € à 3,60 €, pack de 6 boîtes à 12,19 €

Rua dos Bacalhoeiros, 34 • Ⓜ Terreiro do Paço • Ⓣ 12, 15, 18, 25, 28
218 864 009 • www.conserveiradelisboa.pt • lun-sam 9h-20h

48.

49.

50.

49. SILVA & FEIJÓ

PRODUITS RÉGIONAUX ET ARTISANAT

Dans cette ancienne corderie, les propriétaires ont conservé le coffre-fort incrusté dans la paroi, les étagères dont les poignées des tiroirs sont tressées de sisal, ainsi que le premier téléphone du magasin. Bons produits régionaux (vin, huile d'olive...).

Achetez du queijo da Serra (fromage de brebis très onctueux), du pain et des olives et allez pique-niquer sur les rives du Tage toutes proches !

Rua dos Bacalhoeiros, 117-119
Ⓜ Terreiro do Paço • Ⓣ 12, 15,18, 25, 28
912 163 084 • lun-sam 10h-13h30 et 14h30-19h30

50. VISTA ALEGRE

VERY CHIC

PORCELAINE

Vista Alegre est l'un des fabricants portugais de porcelaine les plus réputés dont les objets sont décorés de motifs des plus classiques aux plus modernes. Les Lisboètes y composent leur liste de mariage.

Largo do Chiado, 20-21 • Ⓜ Baixa-Chiado
Ⓣ 28 • 213 467 360 • lun-sam 10h-19h

51. TRAJE DE LUCES

MODE

Des créations à prix très raisonnables : objets et vêtements faits main (paniers, robes brodées) et accessoires de bonne qualité (bracelets en cuir et métal, 20 €).

Calçada do Sacramento, 29
Ⓜ Baixa-Chiado, Ⓣ 28
213 463 065 lun-sam 10h-19h

52. A VIDA PORTUGUESA

SOUVENIRS

Flashback sur les produits d'usage courant dans le Portugal d'antan : cahiers, savonnettes, conserves de sardines, et même de vieux jouets.

Rua Anchieta, 11 • Ⓜ Baixa-Chiado, Ⓣ 28 • 213 465 073
lun-sam 10h-20h

53. GODIVA

VERY CHIC

CHAUSSURES

Pour un look urbain chic, voici un magasin de chaussures pour hommes et femmes, pratiquant des promotions toute l'année. Le cuir est beau, la plupart des modèles faits main, dans un style assez jeune ou plus classique.

À deux pas, au numéro 201, un espace encore plus grand et plus luxueux vous accueille, avec, en plus, les chapeaux qui ont fait la réputation de la marque depuis six décennies.

Rua Augusta, 209 • Ⓜ Baixa-Chiado ou Rossio • Elevador Santa Justa
217 123 047• www.godivasapatos.com •lun-sam 10h-19h

52.

55.

54. MISSANGAS & COMPANHIA

PERLES ET MODE

Magasin haut en couleur, avec des perles pour confectionner ses parures soi-même, des bijoux tout faits, ainsi que des sacs de la marque espagnole Kbas, et des robes colorées à petits prix (20-30 €).

Rua da Trindade, 3
Ⓜ Baixa-Chiado
Ⓣ 28 • 211 562 468
mai-sept lun-sam 10h-23h et dim 10h-20h,
oct-avr lun-sam 10h-20h et dim 14h-20h

55. LOUIE LOUIE

DISQUES D'OCCASION

Dans un bel espace mettant en valeur le cachet ancien du lieu, on trouve des vinyles, CD, ou DVD neufs ou d'occasion à petits prix (de 2,50 € à 20 € pour les pièces les plus rares).

Un coin salon permet d'écouter confortablement les titres désirés.

Rua Nova da Trindade, 8 A
Ⓜ Baixa-Chiado
Ⓣ 28
213 472 232
www.louielouie.biz
lun-sam 11h-20h,
dim 15h-20h

56. LUVARIA ULISSES

VERY CHIC

GANTS

Ce magasin à la façade néoclassique et à la décoration restée intacte depuis sa fondation en 1925 propose des gants au charme rétro et des articles de qualité, faits main.

Rua Santa Justa, 87
Ⓜ Baixa-Chiado ou Rossio
Ⓣ 12, 28
213 420 295
www.luvariaulisses.com
lun-sam 10h-19h

Bairro Alto
Cais do Sodré

LE REPAIRE DES NOCTAMBULES

Le “Bairro” vous en mettra plein la vue avec son belvédère de São Pedro de Alcântara, le plus majestueux de la ville. En journée, les petites ruelles du premier quartier bourgeois de Lisbonne paraissent endormies, alors qu’elles comptent un grand nombre de commerces en tous genres. La nuit venue, le Bairro s’anime et devient l’un des quartiers les plus branchés, où les bars débordent sur la rue et les gays se dévoilent un peu plus. En contrebas, Bica, avec son funiculaire ravit par son caractère authentique, alors que côté fleuve, Cais do Sodré est le secteur en vogue. La réhabilitation urbaine efface peu à peu sa réputation de quartier de gare et de quais malfamés et les bars et restaurants s’y installent pour en faire un lieu de plus en plus tendance.

REPÈRES

LE COIN TENDANCE : les ruelles perpendiculaires du Bairro Alto.
L'AUTHENTICITÉ : autour du funiculaire de Bica, un vrai quartier populaire animé.

ESSENTIELS

PRAÇA LUÍS DE CAMÕES/⊙2 : la statue du plus célèbre poète portugais est un point de rendez-vous incontournable (voir détails p. 75).
BELVÉDÈRES SÃO PEDRO DE ALCÂNTARA ET SANTA CATARINA/⊙1 & 10 : les panoramas qu'ils offrent sur la ville et le Tage sont des incontournables ! (voir détails p. 75 et p. 77).
MUSEU DA FARMÁCIA/⊙8 : cinq siècles de potions et de remèdes ont investi ce palais du XIXe siècle (voir détails p. 77).
LE BAIRRO ALTO : une nuit dans les bars et clubs du quartier le plus remuant de la cité (voir détails p. 184).

Confidentiels

MUSEU MAÇÓNICO PORTUGUÊS/⊙3 : découvrir comment le Grand Orient lusitanien a pesé sur l'histoire du Portugal (voir détails p. 75).
CONVENTO DOS CARDÃES/⊙6 : ce lieu très discret dévoile des trésors insoupçonnables, dont une magnifique chapelle couverte d'azulejos (voir détails p. 76).
IGREJA DAS MERCÊS/⊙5 : les salles paroissiales contiennent des voûtes d'azulejos (voir détails p. 76).
LES VIEUX MAGASINS OU BIZARRERIES DU QUARTIER/⊙42, 43, 44 : La librairie Aletheia Edições (Rua do Século, 11-15), ancienne boulangerie dont on peut encore voir le pétrin manuel ; en face, le commissariat de police du quartier s'est installé dans le clocher d'une ancienne église : pittoresque ! Enfin, le comptoir d'origine de la Pharmacie Barretto (Rua do Loreto, 24-30), saut dans le passé garanti !

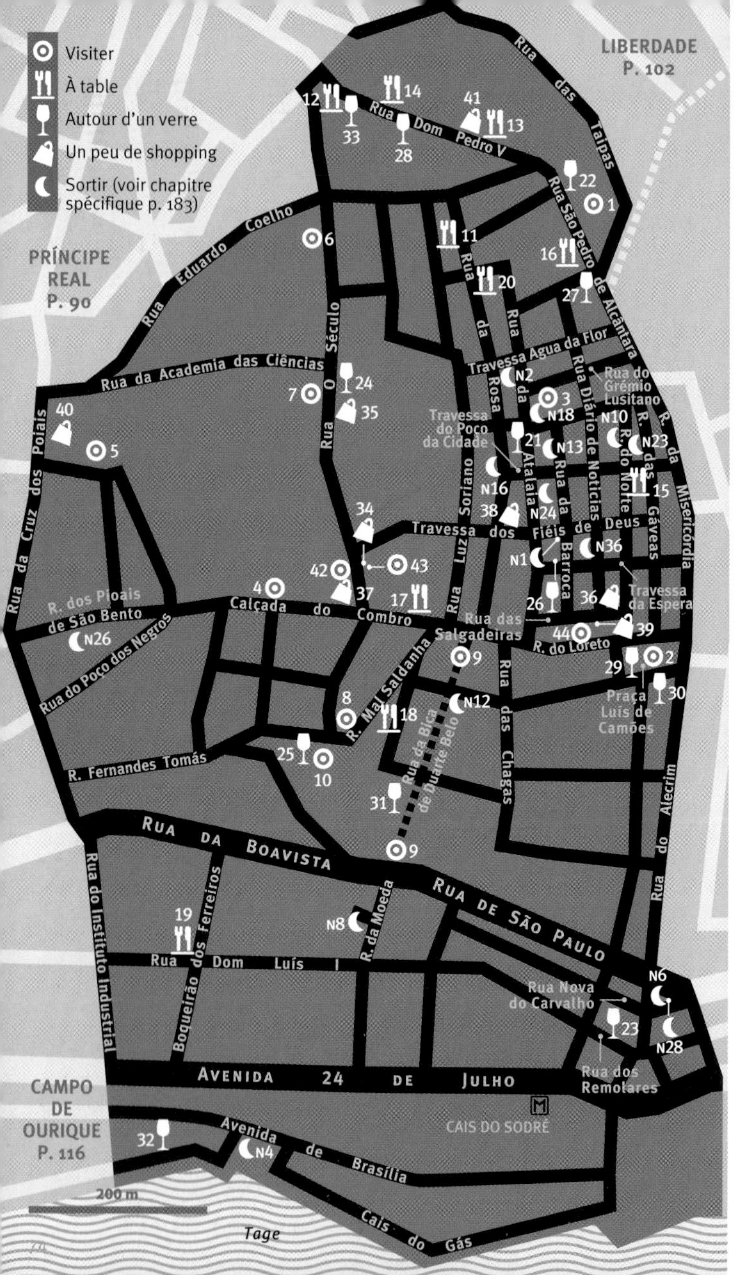

Visiter
À table
Autour d'un verre
Un peu de shopping
Sortir (voir chapitre spécifique p. 183)
LIBERDADE P. 102
PRÍNCIPE REAL P. 90
CAMPO DE OURIQUE P. 116
Rua das Taipas
Rua Dom Pedro V
Rua São Pedro de Alcântara
Rua Eduardo Coelho
Rua O Século
Rua da Rosa
Rua da Atalaia
Travessa Agua da Flor
Rua do Grémio Lusitano
Travessa do Poço da Cidade
Rua Diário de Notícias
R. do Norte
R. das Gáveas
R. da Misericórdia
Rua da Academia das Ciências
Rua da Cruz dos Poiais
Travessa dos Fiéis de Deus
Rua da Barroca
Rua Luz Soriano
Calçada do Combro
R. dos Pioais de São Bento
Rua do Poço dos Negros
Travessa da Espera
Rua das Salgadeiras
R. do Loreto
Praça Luís de Camões
R. Mal Saldanha
Rua da Bica de Duarte Belo
Rua das Chagas
R. Fernandes Tomás
Rua do Alecrim
Rua da Boavista
Rua de São Paulo
Rua do Instituto Industrial
Boqueirão dos Ferreiros
R. da Moeda
Rua Dom Luís I
Rua Nova do Carvalho
Rua dos Remolares
Avenida 24 de Julho
CAIS DO SODRÉ
Avenida de Brasília
Cais do Gás
Tage
200 m

VISITER

Baladez-vous dans les ruelles du BA, montez, descendez, tournez... et allez découvrir les joyaux du quartier : le belvédère de São Pedro de Alcântara, qui permet d'admirer les collines du château, de Graça et de Pena, et celui de Santa Catarina, qui vous donnera envie de découvrir les rives du Tage. Enfin, ne lésinez pas sur la tournée des bars, vous êtes dans le quartier où est née la fête lisboète.

1. BELVÉDÈRE SÃO PEDRO DE ALCÂNTARA

En haut du funiculaire de Glória, ce “balcon”, perché au-dessus de la Liberdade, du Rossio et de la Baixa, est idéal pour contempler la colline du château, l'Alfama, la *sé* (Cathédrale) et le Tage. La table d'orientation vous aide à reconnaître les lieux et les monuments emblématiques.

Indispensable pour votre album photo, préférez la fin de journée pour de beaux clichés.

Rua Dom Pedro V • Elevador da Glória

2. PRAÇA LUÍS DE CAMÕES

La statue du célèbre poète portugais du XVIe siècle, Luís de Camões, auteur des *Lusiades*, trône sur cette vaste place pleine de vie et de fébrilité.

Ⓜ Baixa-Chiado, Ⓣ 28

3. MUSEU MAÇÓNICO PORTUGUÊS

On accède discrètement à ce petit musée étonnant. Il faut sonner à la porte pour pénétrer dans les 3 salles relatant l'histoire des francs-maçons au Portugal, ainsi que leur rôle important dans l'instauration de la République en 1910. On y apprend que la Loge portugaise fut créée en 1727 et reconnue par son homologue britannique en 1802, et que le Grand Orient lusitanien est l'une des plus vieilles puissances maçonniques d'Europe.

Rua do Grémio Lusitano, 25 • Elevador da Glória, Ⓑ 758, 773, 790
213 424 506 • www.gremiolusitano.pt • lun-ven 14h30-17h30 • 2 €

4. IGREJA SANTA CATARINA

À l'origine église du couvent des paulistes, elle sera ensuite dénommée Santa Catarina, en hommage à sainte Catherine qui réussira à convertir ses juges au christianisme, avant d'être exécutée par le supplice de la roue crantée. Autant la façade est commune, autant l'intérieur majestueux : l'autel est recouvert à la feuille d'or et les plafonds sont ornés de magnifiques stucs italiens du XVIIIe siècle. Remarquez les belles statues de part et d'autre de la nef centrale (saint Pierre et Nossa Senhora da Conceição, patronne du Portugal).

···› ***Entrée sacristie + cloître 2 € pour admirer la collection d'art sacré, en travaux au moment de la rédaction.***

Calçada do Combro, 82
Ⓜ Baixa-Chiado, Ⓣ 28,
Elevador da Bica • lun-sam
9h-13h et 15h-18h, dim 9h-12h30

5. IGREJA DAS MERCÊS

Aussi appelée église de Jésus, elle recèle de beaux retables et une très belle sculpture en bois de La Fuite en Égypte. Dans les salles paroissiales (entrée par le 95 Rua Eduardo Coelho), on peut admirer de superbes voûtes décorées d'azulejos.

Largo de Jesus • Ⓜ Baixa-Chiado, Ⓣ 28,
Elevador da Bica • 213 460 897
mar-dim 11h-14h30 et 17h-19h30

6. CONVENTO DOS CARDÃES

Des bénévoles polyglottes vous conduiront au cœur de ce magnifique couvent de l'ordre des carmélites déchaussées, créé à la fin du XVIIe siècle sur l'emplacement d'une *quinta* où poussaient les chardons (d'où le nom de couvent des Chardonnières). Il comporte deux cloîtres, une église couverte de superbes panneaux d'azulejos de l'école de Delft (Pays-Bas) et des marbres polychromes. Tous les signes du baroque portugais sont réunis : azulejos, dorures, prédominance du rouge (couleur porte-bonheur en Chine), "importé" de Macao du temps des découvertes maritimes.

Rua O Século, 123 • Ⓜ Baixa-Chiado ou Rato
21 342 75 25 • lun-sam 14h30-17h30 • **2 €**

7. DEMEURE DU MARQUIS DE POMBAL

Face à la fontaine du Bairro Alto, voici la demeure où est né le 13 mai 1699 le Marquis de Pombal.. Le palais a accueilli le siège du Journal *O Século*, édité de 1880 à 1978, et une partie est actuellement occupée par le conservatoire de danse de Lisbonne.

Entrez gratuitement et découvrez une partie de la maison du marquis (au n° 79), à l'occasion d'expositions d'art (très) contemporain organisées par l'association Carpe Diem.

Rua de O Século, 79-93 • Ⓣ 28

8. MUSEU DA FARMÁCIA

Dans un magnifique palais rénové du XIXe siècle, on découvre 5 000 ans d'histoire de la pharmacie : des objets et des reconstitutions de pharmacies portugaise ou bien chinoise, de différentes époques.

Rua Marechal Saldanha, 1 • Ⓜ Baixa-Chiado, Ⓣ 28, Elevador da Bica • 213 400 680
Lun-sam 10h-18h, dernier dim du mois 14h-18h • 5 €

9. ELEVADOR DA BICA

Conçu par l'ingénieur Raoul Mesnier du Ponsard, tout comme l'ascenseur de Santa Justa, ce funiculaire a été inauguré le 28 juin 1892. Filmé par Wim Wenders et objet de nombreux autres tournages publicitaires, il est l'un des monuments phare de Lisbonne et a été classé monument national en février 2002.

Rua de Bica Duarte Belo
Ⓣ 28, 25, Ⓑ 760, 794
lun-sam 7h-21h, dim et jours fériés 9h-21h

10. MIRADOURO DE SANTA CATARINA

On l'appelle aussi le Miradouro do Adamastor, du nom de la statue du terrifiant monstre qui y trône, décrit par le poète portugais Luís de Camões comme le géant des tempêtes qui hante le cap de Bonne-Espérance. Belle vue sur Lisbonne et surtout sur le Tage.

Ⓣ 28, 25, Ⓑ 760, 794

À TABLE !

11. ROSA DA RUA

CUISINE PORTUGAISE

Le bâtiment sur 4 étages est une ancienne fabrique de chaussures, qui appartenait à l'aïeul de l'actuelle propriétaire. Son mari, architecte, l'a rénovée et a mis en évidence poutres et colombages. Le midi, buffet à volonté pour 10 €. Idéal pour goûter à différents plats typiques ! Le soir, buffet à 13,50 €. Ambiance relaxante sur fond de musique classique.

Au 1er étage, exposition-vente d'objets de décoration achetés aux quatre coins du monde.

Rua da Rosa, 265 • Elevador da Glória, Ⓑ 758, 790 • 213 432 195
www.rosadarua.com • lun-sam 12h30-15h30 et 19h30-22h30

VERY CHEAP

12. DOM PEDRO V

CUISINE PORTUGAISE

Certainement le meilleur rapport qualité/prix du quartier pour son poisson, que le propriétaire va acheter au petit matin sur le marché du Cais do Sodré. Excellent *bacalhau* ou *garoupa* (mérou) grillés, accompagnés de pommes de terre à l'eau et de légumes. Les sardines grillées sont un très bon choix entre mai et septembre.

Rua Dom Pedro V, 129 • Ⓑ 758, 773, 790 • 213 425 319 • lun-sam 7h-20h, fermé 2e quinzaine d'août

13. LA PAPARRUCHA

CUISINE ARGENTINE

Le midi, La Paparrucha propose un buffet à volonté de salades et de grillades de viande pour 10 €. Si vous optez pour la carte, l'addition est par contre très salée (viandes argentines à 28 € sans accompagnement !) et le service très lent. Superbe vue sur Lisbonne et terrasse en été.

Rua D. Pedro V, 20 • Elevador da Glória, Ⓑ 758, 790
213 425 333 • tlj 12h-15h et 19h30-2h

14. PIZZA A PEZZI

VERY CHEAP

PIZZERIA

Pas de table ni de chaise, seulement des pizzas à emporter (pour aller les grignoter sur la Place Príncipe Real ou au belvédère de São Pedro de Alcântara). On paie au poids (à partir de 10 € le kg) sa part de pizza fraîchement sortie du four.

Rua Dom Pedro V, 84
Ⓑ 758, 773, 790
934 563 170
lun-sam 11h30-22h

15. SINAL VERMELHO

CUISINE PORTUGAISE

Situé dans un quartier devenu très touristique, ce restaurant est néanmoins une valeur sûre et reste prisé des habitants. Bons plats autour de 12 € (poulpe ou riz à la lotte et aux crevettes).

*···› **Si l'attente est trop longue, traversez la rue et allez au Cantinho das Gáveas, au 82 Rua das Gáveas. Même propriétaire, déco moins sophistiquée et prix un (petit) cran en dessous.***

Rua das Gáveas, 89 • Elevador da Glória, Ⓑ 758, 790 • 213 461 252/213 431 281
lun-sam 12h-15h et 19h-minuit

16. BUDDHA SUSHI

VERY CHEAP

CUISINE JAPONAISE

À travers les grandes baies vitrées de ce restaurant tenu par de (vrais !) Japonais, on aperçoit le buffet de sushis qui nous tend les bras. Petits prix : 7,90 € (sans boisson) le midi avec les entrées (tempuras de crevettes, légumes), les sushis et les fruits de saison à volonté. 9,90 € le soir.

Rua São Pedro de Alcântara 65-69
Elevador da Glória, Ⓑ 758, 790 213 469 397
tlj 12h-15h et 18h30-23h

17. PRÍNCIPE DO CALHARIZ

VERY CHEAP

CUISINE PORTUGAISE

Cantine populaire et animée proposant des plats de riz aux crevettes (*arroz de gambas* ; 7 €) et de belles sardines grillées en saison (5,50 €). L'ambiance est bon enfant, mais la télé est de mise comme dans beaucoup de *tascas* !

Calçada do Combro, 28-30
Ⓣ 28, Elevador da Bica • 213 420 971
dim-ven 12h-15h30 et 19h-22h30

18. LE PETIT BISTRO

CUISINE FRANÇAISE

Voici un bistrot sympa, tenu par un Français, Pascal, dans le pittoresque quartier de Bica. À la fois café, bar à vin et restaurant à l'ambiance décontractée et à la cuisine originale avec une touche française. Goûtez aux plats phares de la maison : le crumble de poisson et le cassoulet et, en dessert, jetez-vous sur la tarte tatin. Brunch très couru le dimanche de 12h à 16h.

→ *Happy hour de 18h à 20h : 13 € pour 6 bières pression ou 1 bouteille de vin ou 2 cocktails, accompagnés d'un plateau de petiscos maison (tapenade, houmous, fromage et charcuterie).*

Rua do Almada, 29 • Ⓣ 28,
Elevador da Bica • 213 461 376
www.le-petit-bistro.pt
mar-ven 12h-15h et 18h-minuit,
sam midi-minuit, dim 12h-20h
(en été, fermé pour le déj en semaine)

19. ADEGA DO LAGARTO

CUISINE PORTUGAISE

Depuis le belvédère de Santa Catarina, c'est tout droit (ou presque) en descendant vers le Tage. Le poisson, très frais puisqu'acheté au marché voisin, le Mercado da Ribeira, est cuisiné au grill. Testez le riz au mérou ou les brochettes de calamars et les sardines en saison. Les prix ne dépassent pas les 7 €. Surtout fréquenté par les Lisboètes, l'ambiance est typique et agitée !

Rua D. Luís I, 16 • Ⓑ 706, 714, 732, 760, 794, Ⓣ 15, 18, 25
213 967 705 • tlj 6h30-20h

20. O CANTINHO DA ROSA

"CERVEJARIA"

Un petit restaurant de qualité où vous aurez le choix entre un *arroz de marisco* (riz aux fruits de mer) frais et délicieux (9,5 €), une demi-portion de palourdes ou des beignets de morue (*pataniscas de bacalhau*) à 5,50 €. Le service est rapide et certains serveurs comprennent le français.

Rua da Rosa, 222-226 • Elevador da Glória,
Ⓑ 758, 790 • 213 420 376
tlj 12h-16h et 19h-23h sauf dim et août

AUTOUR D'UN VERRE...

21. PORTAS LARGAS

BAR GAY

Comme son nom l'indique, les portes sont grandes (ouvertes) et on s'y affiche ! C'est l'un des bars les plus connus du Bairro Alto, et il ne désemplit pas à la nuit tombée... d'ailleurs, on prend souvent sa boisson dehors ! Bar gay, mais hétéro-friendly, l'ambiance est bon enfant et la musique souvent live.

Rua da Atalaia, 105 • Ⓜ Baixa-Chiado,
Ⓣ 28 •213 466 379
dim-jeu 20h-2h, ven-sam 18h-3h

22. KIOSQUE DU MIRADOURO DE SÃO PEDRO DE ALCÂNTARA

TERRASSE

Venez vous détendre sur fond de musique brésilienne avec la ville à vos pieds. Sirotez une *caïpirinha* ou une bière Imperial sur l'un des plus beaux belvédères de la ville.

Miradouro São Pedro de Alcântara
Ⓜ Baixa-Chiado
lun-jeu et dim 10h-21h, ven-sam 10h-2h

23. O' GILLINS

PUB

Premier bar irlandais de Lisbonne, c'est toujours le meilleur. On commande un cidre ou une bière (Guinness, Kilkenny, etc.) dans la langue du patron. Très fréquenté aussi bien par les étudiants que par les expatriés, et pas seulement les soirs de matchs de rugby. Musique live du mercredi au dimanche soir.

Rua dos Remolares, 8-10
Ⓜ Cais do Sodré • 213 421 899
www.irishpub.com.pt • tlj 11h-2h

24. BAR O SÉCULO

CAFÉ

Ce bar lumineux à la façade en azulejos verts, dont l'atmosphère est plutôt studieuse en journée, propose des animations variées (tango, débats, etc.) et des DJ sets ou des concerts à partir de 22h30. On pousse alors les tables pour danser ! Aux beaux jours, une terrasse est installée sur la place de la fontaine.

Rua O Século, 78-88 • Ⓑ 758, 790,
Ⓣ 28 • 213 243 755
www.oseculo.net - lun-sam 12h-2h

25. NOOBAI

VERY CHIC

BAR

En contrebas du belvédère de Santa Catarina, cette terrasse tranquille est un bon spot pour admirer le Tage et le pont du 25-Avril. On s'y arrête pour boire un verre ou manger léger (tapas 4-6 €, salades à 7 €) en contemplant le coucher du soleil au son d'une musique électro-lounge. Ambiance cool, public jeune (20-35 ans).

➜ ***Bon brunch le dimanche entre 12h et 16h (13,50 €).***

Miradouro do Adamastor (Santa Catarina)
Ⓣ 28, 25, Ⓑ 760, 794 • 213 465 014
lun-sam midi-minuit, dim 12h-22h

26. SÉTIMO CÉU

BAR GAY

À la différence de Portas Largas, le public du "Septième ciel" est presque entièrement gay. L'animation est à son comble vers minuit où l'on se retrouve autour d'une *caïpirinha* très renommée. L'établissement possède deux salles, dont l'une à lumière tamisée. On parle ou drague sur fond de rock, house ou de sonorités plus latines et brésiliennes.

Travessa da Espera, 54
Ⓜ Baixa-Chiado, Ⓣ 28
Lun-sam 14h-2h

27. SOLAR DO VINHO DO PORTO

VERY CHEAP & VERY CHIC

BAR À VINS DE PORTO

Dépendant de l'Instituto do Vinho do Porto, c'est la vitrine du vin de Porto à Lisbonne. Dans un fauteuil bien large et confortable, loin du bruit de la rue, de la chaleur ou de la pluie, vous pourrez déguster un ou plusieurs portos (de 1,50 à 26 € le verre), blanc, rosé ou rouge. Découvrez aussi des cocktails originaux tels le *portonic* (porto blanc et tonic) ou le *caïpiporto* (Porto blanc, sucre et citron vert). Pour éponger, petit choix de *petiscos* (fromage et charcuterie) de 6 à 16 € l'assiette.

Rua São Pedro de Alcântara, 45
Elevador da Glória,
Ⓑ 758, 790 • 213 475 707/8
lun-ven 11h-minuit,
sam 14h-minuit

28. PAVILHÃO CHINÊS

VERY CHIC

BAR À COCKTAILS

Cette ancienne épicerie, reconvertie en bar depuis 1986, et dont pas un centimètre carré n'est laissé sans décoration (maquettes, soldats de plomb ou statues chinoises), dispose d'un billard. Le "catalogue" des boissons et des cocktails n'en finit pas ! Le cadre est unique pour boire un verre (cocktails à partir de 5 €).

Rua Dom Pedro V, 89-91
Ⓑ 758, 790, Elevador da Glória
213 424 729
Lun-sam 18h-2h, dim 21h-2h

29. QUIOSQUE DO REFRESCO

CAFÉ

On y redécouvre des boissons d'un autre temps : limonade, mazagran (boisson rafraichissante à base de café), sirop d'orgeat (*orchata*), *ginjinha*, liqueur Beirão, porto, liqueur d'amande amère (*amêndoa amarga*) et Moscatel. Pour les accompagner, sandwichs à la morue ou olives et, côté sucré, *pastéis de nata* ou *travesseiros* de Sintra.

Praça Luís de Camões
Ⓜ Baixa-Chiado, Ⓣ 28
tlj 7h30-1h

30. BAIRRO ALTO HOTEL

BARS

Deux options s'offrent à vous : soit le Café-Bar BA, un bar branché avec entrée directe depuis la Rua do Alecrim, petit mais toujours plein, doté d'une bonne ambiance et d'un agenda musical variant tous les soirs (DJ, jazz, électro ou bossa nova); soit le Terraço BA, une terrasse abritée donnant sur le Tage, où on s'enfonce dans les coussins après une journée de visite.

Le Terraço BA a été élu 4ᵉ meilleure terrasse hôtelière du monde par un site espagnol.

Praça Luís de Camões, 2
/Rua do Alecrim
Ⓜ Baixa-Chiado, Ⓣ 28
213 408 288
www.bairroaltohotel.com
Café-Bar BA tlj 10h-1h30
/Terraço BA tlj 12h30-22h (hiver), 12h30-minuit (été)

31. BARBICA

CAFÉ

Sur le petit Largo de Santo Antoninho, juste à côté du départ du funiculaire de Bica, l'ambiance de ce petit troquet y est détendue et familiale. La bande sonore passe, selon l'heure, du jazz à l'alternatif. L'atmosphère peut être beaucoup plus remuante les soirs de concert : la petite place se transforme alors en piste de danse ! *caïpirinha* à 4 €, *mojito* à 4,50 € et pichet de sangria à 12 €.

Rua dos Cordoeiros, 8-10
Ⓑ 760, 794, Ⓣ 25, Elevador da Bica
213 466 393 • mar-dim 10h-2h

33. CAFETARIA DOCE REAL

PÂTISSERIE

L'une des meilleures pâtisseries pour les *pastéis de nata,* après celle de Belém bien sûr ! L'endroit est exigu : deux ou trois tables en marbre pour déguster des délices sucrées, sous de splendides plafonds.

Rua Dom Pedro V, 121
Ⓑ 758, 790,
Elevador da Glória
213 465 923 • lun-sam 7h-19h

32. MENINOS DO RIO

VERY CHIC

BAR

Sur le front de mer (de Paille), entre Cais do Sodré et la gare de Santos, ce bar est fréquenté par une clientèle plutôt jeune mais toutes les tranches d'âge sont représentées. Sous les palmiers, avec une bière pression (Imperial à 2 €) ou un cocktail (5-7 €), on écoute une musique allant du lounge au rock. Après 21 h, les prix sont majorés de 1 €. Quelques snacks sont proposés, burgers (7-9 €) ou assiette de frites gratinées au fromage (que du light !).

Rua da Cintura do Porto de Lisboa, Armazém 255
gare Cais do Sodré, gare de Santos, Ⓑ 28, 706, 714, 732 Ⓣ 15, 18
213 242 910 • www.meninosdorio.com
été tlj 12h30-4h, hiver lun-jeu et dim 12h30-23h30, ven-sam 12h30-0h30

34. TOM TOM SHOP

GADGETS

Rien n'est hors de prix dans ce magasin plein de gadgets aussi délirants les uns que les autres, mais on peut vite faire des folies ! Si vous voulez rapporter des bottes style Chewbacca, des sacs en plastique recyclé ou des accessoires de cuisine auxquels vous n'auriez jamais pensé, courez-y !

Rua de O Século, 4 A-E
Ⓜ Baixa-Chiado, Ⓣ 28
213 479 733
lun-sam 13h-21h

UN PEU DE SHOP-PING

35.

35. ALTERNATIVA DO SÉCULO

MODE CRÉATEUR

Le magasin est à la fois l'atelier et le point de vente de deux créatrices de mode. Les modèles sont dans les tendances, les prix abordables (tops 40-60 €, jupes 70-80 €). On y trouve également des tenues de soirée un peu plus chics ou funky, et donc un peu plus chères, ainsi que des accessoires (sacs à main, bijoux).

Rua de O Século, 68
Ⓑ 758, 790, Ⓣ 28
213 243 756
lun-sam 10h30-19h30

36. CORK & CO

VERY CHIC

ACCESSOIRES

Vitrine du savoir-faire portugais, cette enseigne propose des sacs, des accessoires de mode ainsi que des objets design, le tout en 100% chêne-liège de la région de l'Alentejo. Pour des cadeaux originaux : housse de PC portable (98 €), bouteille acier et liège (22 €), bracelet argent et liège (24 €), ou, tout simplement un stylo à 5 € !

Rua das Salgadeiras, 10
Ⓜ Baixa-Chiado, Ⓣ 28
216 090 231 • www.corkandcompany.pt
tlj midi-minuit

37. OFICINA DE ABAT-JOURS

ABAT-JOUR

Magasin original dédié aux abat-jour, on en trouve de tous les genres, de toutes les tailles et à tous les prix.

*****➔ Si vous avez le temps, des ateliers sont organisés pour confectionner son propre abat-jour.***

Rua do Século, 5 • Ⓜ Baixa-Chiado, Ⓣ 28
213 466 154 • http://oficinadeabat-jours.blogspot.com
lun-ven 11h-19h, sam 10h-14h, fermé le lundi en hiver

38. BLOW UP VINTAGE

VÊTEMENTS NEUFS ET D'OCCASION

Pour adopter un look "urban vintage" à petits prix, voici un magasin de vêtements et d'accessoires de seconde main soigneusement sélectionnés (10-30 € pièce) et qui propose également des T-shirts et des bijoux neufs, des T-shirts en provenance des États-Unis (1 pour 10 €, 2 pour 15 € et 4 pour 20 €), ainsi que quelques pièces d'une créatrice portugaise, Andreia Proença.

Travessa Fiéis de Deus, 74-76
Ⓜ Baixa-Chiado, Ⓣ 28 • 966 484 673/932 209 212
http://blowupvtg.blogspot.com • lun-sam 11h-13h et 14h-22h

37.

38.

40.

39. BAIRRO ARTE

SOUVENIRS

Pour rapporter souvenirs en tous genres, entrez dans cette boutique : vous pourrez flasher sur un sac pour soutien-gorge à 11 €, un porte-savon en marbre décoré sur le thème de Lisbonne à 19 € ou tout simplement vous offrir une petite broche en forme de sardine à 3,50 €.

Rua das Salgadeiras, 5
Ⓜ Baixa-Chiado,
Ⓣ 28
910 571 594
www.bairroarte.com
tlj 11h-1h

40. SOCUNHA

TEXTILE

Le Portugal étant un pays où l'industrie textile reste vivace, vous y trouverez des produits de premier choix à des prix très raisonnables. Socunha propose du beau linge de maison (draps, serviettes, nappes...) de différents styles : d'un blanc immaculé avec broderie pour les intérieurs romantiques, ou plus coloré pour les décos plus modernes.

Rua Cruz dos Poiais, 80-82
Ⓜ Baixa-Chiado,
Ⓣ 28
213 928 640
lun-ven 9h-13h
et 14h-19h, sam 9h-13h

41. LOST IN

MODE ETHNIQUE

Cette adresse haute en couleur propose vêtements et accessoires de styles indien et oriental qui raviront les amatrices du style hippie chic.

➔ ***Grande terrasse ombragée où prendre un verre (environ 3 €), accompagné de dips. Vue magnifique sur la ville sur fond de musique douce.***

Rua Dom Pedro V, 56
Elevador da Glória,
Ⓑ 758, 773, 790
917 759 282
lun-sam 12h-21h,
bar : lun 16h-minuit,
mar-sam 12h30-minuit

Príncipe Real São Bento, Rato Amoreiras

BOBO ET GAY

Élu quartier le plus branché de Lisbonne par les journalistes de la ville, Príncipe Real a retrouvé une seconde jeunesse grâce à des investisseurs étrangers. La Praça do Príncipe Real, avec son cyprès tentaculaire, a été entièrement rénovée en 2010 et les vieux palais qui l'entourent font peau neuve. Branché chic, tendance bobo, il est animé pendant la journée, mais gare aux embouteillages après minuit autour de la Praça das Flores, le QG historique des gays ! Le secteur des Amoreiras, ancien quartier des ouvriers de la soie, s'est embourgeoisé. C'est le repaire des fashion victims depuis l'ouverture du centre commercial du même nom. Ne manquez pas le joyau du quartier : l'aqueduc des Águas Livres.

REPÈRES

LE REPAIRE DES BOBOS : la Praça do Príncipe Real.
LES COINS DES ROMANTIQUES: le Jardim des Amoreiras et la Praça das Flores.
LE REPAIRE GAY : les Rua São Marçal et Rua da Palmeira, autour de la Praça das Flores, où bars et clubs ouvrent leurs portes en toute discrétion.
LE SECTEUR DES ANTIQUAIRES, BROCANTEURS ET DES GALERIES D'ART : les Rua São Bento et Rua da Escola Politécnica.

ESSENTIELS

PRAÇA DO PRÍNCIPE REAL/⊙32 : admirez les palais qui la bordent, et repérez la fontaine pour les animaux, créée par la Société protectrice des animaux en 1875.
RÉSERVOIR MÃE D'ÁGUA ET AQUEDUC/⊙2 : histoires d'eau à Lisbonne, allez visiter le réservoir d'eau et marcher sur l'Aqueduc (détails p. 91).
JARDIM BOTÂNICO/⊙3 : une belle promenade pour admirer les espèces rapportées des 4 coins du monde au temps de l'empire portugais (détails p. 93).
PRAÇA DAS FLORES/⊙33 : une oasis de tranquillité et de fraîcheur après avoir arpenté les rues pentues.

Confidentiels

GALERIA DO LORETO/⊙4 : pour une visite souterraine d'un tronçon de l'aqueduc de Lisbonne (détails p. 92).
BAR PROCÓPIO/🍷22 : une institution bien cachée près du Jardim das Amoreiras (détails p. 97).
ALMA LUSA/31 : du beau design 100% portugais, pour tous les goûts et toutes les bourses ! (détails p. 99).
CASA-MUSEU AMÁLIA RODRIGUES/⊙8 : la maison où la star du fado a vécu pendant 40 ans (détails p. 93).

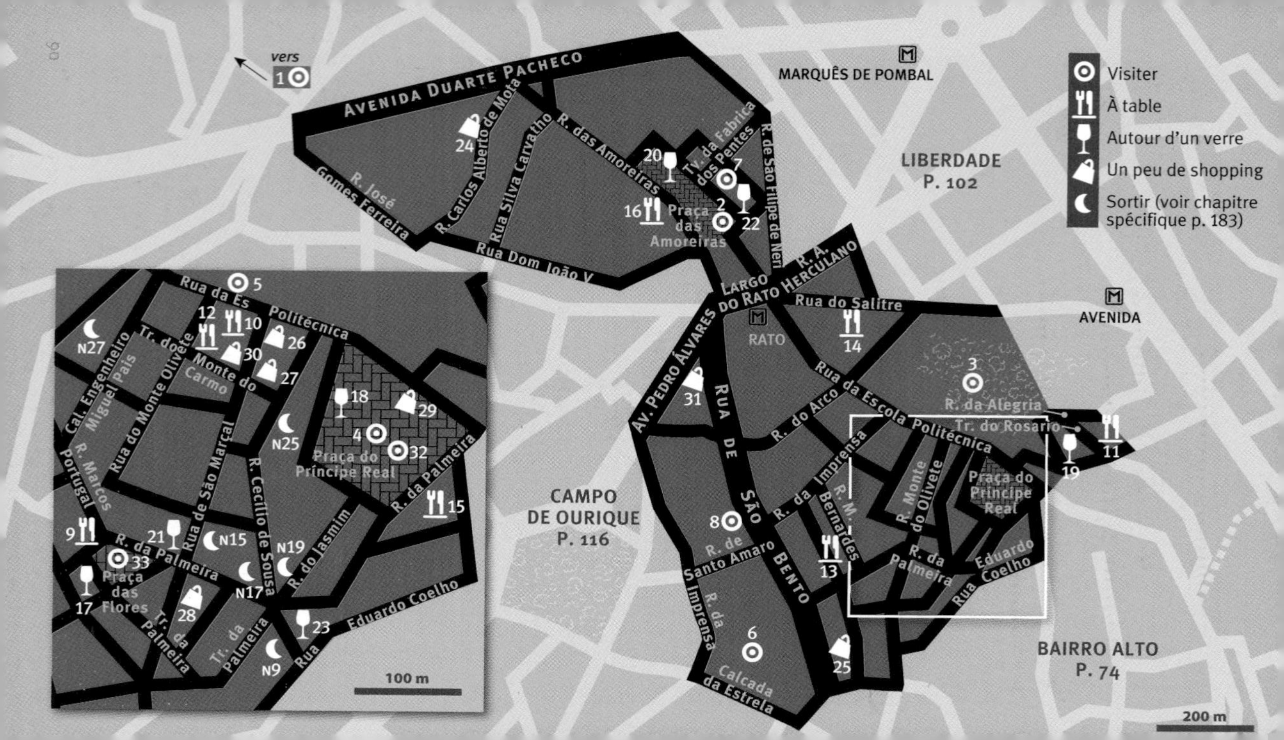

Visiter
À table
Autour d'un verre
Un peu de shopping
Sortir (voir chapitre spécifique p. 183)
vers 1
MARQUÊS DE POMBAL
LIBERDADE P. 102
AVENIDA
CAMPO DE OURIQUE P. 116
BAIRRO ALTO P. 74
RATO
Avenida Duarte Pacheco
R. José Gomes Ferreira
R. Carlos Alberto de Mota
Rua Silva Carvalho
R. das Amoreiras
Rua Dom João V
Tv. da Fabrica dos Pentes
R. de São Filipe de Neri
Praça das Amoreiras
Largo do Rato
R. A. Herculano
Rua do Salitre
Av. Pedro Álvares
Rua de São Bento
Rua da Escola Politécnica
R. do Arco
R. da Imprensa
R. M. Bernardes
R. da Alegria
Tr. do Rosario
R. Monte do Olivete
Praça do Príncipe Real
R. da Palmeira
Rua Eduardo Coelho
R. de Santo Amaro
R. da Imprensa
Calcada da Estrela
200 m
Rua da Es Politécnica
Cal. Engenheiro Miguel Pais
Tr. do Monte do Carmo
Rua do Monte Olivete
R. Marcos Portugal
Rua de São Marçal
R. Cecílio de Sousa
R. do Jasmim
Praça do Príncipe Real
R. da Palmeira
Praça das Flores
Tr. da Palmeira
Tr. da Palmeira
Rua Eduardo Coelho
100 m

VISITER

Ce quartier, sans musées exceptionnels, pousse essentiellement à la flânerie. Cependant, ne ratez pas l' aqueduc, chef-d' œuvre d' ingénierie hydraulique, situé en pleine ville et qui vous donnera l' occasion de faire des visites insolites en trois endroits différents.

1. AQUEDUTO DAS ÁGUAS LIVRES

L'aqueduc des Eaux libres, érigé à partir de 1748 sur ordre du roi D. João V, représenta une avancée importante dans la gestion de l'eau. L'approvisionnement de Lisbonne en eau a été résolu en 1799 avec l'achèvement de la construction de cet aqueduc qui enjambe la vallée d'Alcântara. Vous pourrez, à l'instar des maraîchers ou des lavandières qui venaient de la campagne, en parcourir une partie (941 m) sur ses 35 arches à 65 m au-dessus du vallon. Plus intéressant finalement pour la vue qu'on a sur le pont du 25-Avril et sur les tours des Amoreiras que pour la visite en elle-même.

Calçada da Quintinha, 6 • Ⓑ 12, 701, 742 • 218 100 215 • lun-sam 10h-18h 1er mars-30 nov • 2,50 €

2. RESERVATÓRIO DA MÃE D'ÁGUA DAS AMOREIRAS

Ce réservoir de la Mère de l'eau, situé dans le Jardim das Amoreiras, a été achevé en 1834. C'est ici que l'eau, acheminée par l'aqueduc depuis Belas, à l'ouest de la capitale, était stockée, puis redirigée vers les fontaines, couvents et maisons bourgeoises de la ville. D'une capacité de 5 500 m³, il est impressionnant par sa profondeur (7 m). Ne manquez pas la vue magnifique sur le Tage depuis la terrasse. À la sortie, au niveau du Jardim das Amoreiras, admirez les azulejos de la chapelle Nossa Senhora de Monserrate, ouverte de 18h30 à 19h30, et l'arc de triomphe sur la Rua des Amoreiras.

Jardim das Amoreiras
Ⓜ Rato • 218 135 522
lun-sam 10h-18h
2,50 €

3. JARDIM BOTÂNICO

Véritable musée botanique à ciel ouvert, en plein cœur de la ville, il abrite des centaines d'espèces de plantes d'Europe, d'Afrique et d'ailleurs. Sur 4 ha divisés entre un jardin à la française avec quelques serres abritant papillons et plantes carnivores, et une partie un peu "fouillis" qui suit la pente de la colline, vous pourrez notamment admirer palmiers et figuiers tropicaux. Inauguré en 1878 sur le Monte Olivete, il permettait aux étudiants de l'École polytechnique d'avoir accès à un enseignement pratique et une recherche appliquée. Le jardin abrite deux particularités : le "Banco das Sementes", une banque de graines d'espèces rares, et la serre d'élevage de papillons qui présente au public le cycle de vie de ces insectes : de la reproduction à la formation de la chrysalide.

···› ***Il n'est pas bien mis en valeur, préférez la belle saison pour le visiter.***

Rua da Escola Politécnica, 58
Ⓜ Rato • 213 921 802 • été 9h-20h, hiver 9h-18h, sam-dim et vacances scolaires à partir de 10h
tarif plein/réduit 1,50/0,75 €

4. GALERIA DO LORETO

Insolite ! Au centre de la Praça do Príncipe Real, le Reservatório da Patriarcal est le point de départ d'une visite guidée de l'une des cinq galeries de l'aqueduc. Vous pourrez ainsi parcourir un tronçon de 410 m de la Galeria do Loreto (2 835 m au total). Depuis ce réservoir d'eau de forme octogonale construit entre 1860 et 1864 par l'ingénieur français Mary, vous descendrez dans la galerie sous la Rua Dom Pedro V pour déboucher sur le belvédère de São Pedro de Alcântara.

···› ***Profitez des expos organisées dans le Reservatório da Patriarcal pour y jeter un œil.***

Praça do Príncipe Real • Ⓑ 758, 773, 790
218 100 215 • Visites guidées sur réservation uniquement : mer et sam à 11h et 15h, ven à 13h
2,50 €

5. MUSEU DA CIÊNCIA / MUSEU NACIONAL DA HISTÓRIA NATURAL

Dans le bâtiment datant du XVIIe siècle, occupé successivement par l'École polytechnique (1837-1922) et la faculté des Sciences (1911-1985), sont regroupés deux musées : d'une part, le musée de la Science, qui présente notamment une collection de 10 000 instruments scientifiques des XIXe et XXe siècles, un laboratoire de chimie et un Observatoire astronomique datant de 1875. D'autre part, le musée d'Histoire naturelle, proposant une plongée dans les mondes de la minéralogie et de la géologie, ainsi que de la zoologie et de l'anthropologie. La reconstitution du laboratoire est plutôt réussie, mais la présentation globale pourrait être un peu plus vivante.

···› ***Bonnes expositions proposées à l'extérieur du musée, au n° 60 de la Rua da Escola Politécnica, sur des thèmes très variés (Première Guerre mondiale, insectes, etc.).***

Rua da Escola Politécnica, 56 • Ⓜ Rato
www.mnhnc.ul.pt • mar-ven 10h-17h, sam-dim 11h-18h • **1 musée/pass 2 musées + jardin botanique 4/10 €**

6. PALÁCIO DE SÃO BENTO / ASSEMBLEIA DA REPÚBLICA

Cet imposant édifice de style néoclassique est le siège du Parlement du Portugal depuis 1834. Construit au XVIe siècle, il s'agissait initialement d'un monastère bénédictin. Suite à l'interdiction des ordres religieux en 1834 et à la sécularisation de leurs biens, il est devenu propriété de l'État.

Rua de São Bento • Ⓑ 706, 727, 773, Ⓣ 28
213 919 625 • cir.rp@ar.parlamento.pt
Visites guidées gratuites à 15h et 16h le dernier sam du mois, durée 1h30, sur réservation et en portugais

7. MUSEU ARPAD SZENES-VIEIRA DA SILVA

Dans cette ancienne fabrique de soieries superbement rénovée, les amateurs de peinture non figurative pourront admirer les œuvres du couple de peintres Elena Vieira da Silva (Portugaise, 1908-1992) et Arpad Szenes,(Français d'origine hongroise, 1897-1985). Szenes est issu de la nouvelle École de Paris, ville où le couple a vécu une dizaine d'années et côtoyé Giacometti, Kokoschka, etc. Le musée abrite régulièrement des expositions temporaires variées.

Praça das Amoreiras, 56-58
Ⓜ Rato • http://fasvs.pt
mer-lun 10h-18h • tarif plein/ réduit 4/2 €, gratuit dim 10h-14h

8. CASA-MUSEU AMÁLIA RODRIGUES

Amália Rodrigues (1920-1999), la célèbre chanteuse et actrice qui a porté le fado sur la scène internationale, a vécu dans cette demeure durant plus de 40 ans et y est décédée. Une visite guidée des différentes pièces (salon de réception, salle à manger, chambres) permet de découvrir l'univers de la reine du fado, tel qu'il a été laissé depuis sa mort, à travers des objets emblématiques comme une guitare portugaise du XIXe siècle, des robes de scène, des photos et des bijoux. Le prix élevé du billet peut être dissuasif, mais sachez que la majeure partie est reversée à des œuvres caritatives. Pour les fans en pèlerinage de la reine du fado.

Rua de São Bento, 193 • Ⓜ Rato • 213 971 896 • mar-dim 10h-13h et 14h-18h • 5 €

À TABLE !

VERY CHIC

9. NOVAMESA

CUISINE FUSION

Ce restaurant est devenu incontournable pour un brunch le week-end ou un dîner romantique. Optez pour l'intérieur lumineux et cosy avec sa déco aux tons blancs et sa bibliothèque, ou pour la terrasse donnant sur la délicieuse Praça das Flores. Le patron, français, mise sur une cuisine fusion à prix très raisonnables. Le midi, formule entrée-plat-dessert à 15 €, avec notamment un steak de thon mi-cuit et un délicieux muffin au chocolat ou un cheesecake tout aussi bon. Le soir, comptez 25-30 € à la carte. Chic et décontracté.

Venez dès l'ouverture, pour profiter de la terrasse, rapidement prise d'assaut à la belle saison. Cependant, le prix du menu y est majoré de 2,5 €.

Rua Marcos Portugal, 1 (Praça das Flores) • Ⓜ Rato
213 966 287/213 966 291
www.restaurantenovamesa.com
tlj 12h-15h et 20h-minuit

10. REAL PRÍNCIPE

VERY CHEAP

CUISINE PORTUGAISE

Derrière la devanture classique de pâtisserie se cache un restaurant très prisé des employés de bureau et des petits vieux du coin. Vite pris d'assaut, vous attendrez patiemment qu'une table se libère. La cuisine locale, couvrant la gamme des plats traditionnels (*arroz de pato, feijoada, chocos grelhados*), est très bon marché : les demi-portions coûtent de 4,50 € à 5,50 €.

Rua da Escola Politécnica, 51 • Ⓜ Rato • 213 429 146
tlj 7h-21h, sam, dim et jours fériés fermeture à 20h

11. JARDIM DOS SENTIDOS

CUISINE VÉGÉTARIENNE

Une belle surprise entre Liberdade et Príncipe Real : des salles à arcades vous mènent à un patio très rafraîchissant et relaxant. Ce bon resto végétarien, qui propose également des cours de yoga dans une yourte au fond du patio, prépare le midi un buffet à volonté pour 8,50 € avec thé du jour ou à 9,90 € avec une boisson. À la carte le soir.

Profitez pleinement de l'ambiance zen et relaxez-vous avec un massage express du dos (30 min quand même…) à 35 € ou une séance de reiki de 50 min à 35 € !

Rua da Mãe d'Agua, 3 • Ⓑ 790, 758, 773
213 423 670/1 • www.jardimdosentidos.com
lun-ven 12h-15h et 19h-23h, sam 19h-23h

12. TASCA URSO

CUISINE PORTUGAISE

Composée de salles en enfilade décorées de papier peint fleuri et, comble du chic, d'un petit patio calme et ombragé, la Tasca (bistrot) propose un menu à 10 € le midi : pain et olives + soupe + plat + dessert + boisson au choix (vin ou eau minérale) + café. Une valeur sûre ! Le soir, grand choix de *petiscos* à la carte (millefeuille de morue, *alheira*, etc.).

Rua Monte do Olivete, 32 A • Ⓜ Rato
213 951 583 • lun-sam 12h-15h et 18h30-2h, fermé mar soir et sam midi

13. CHARCUTARIA FRANCESA

VERY CHEAP

CUISINE PORTUGAISE

Malgré son nom, ce restaurant n'a pas grand-chose de français et n'a rien à voir avec une charcuterie. Buffet à midi (4,75 €/8,50 € selon formule), le soir, buffet à 9,75 € ou formule à 18,50 €. Toutes les spécialités locales sont représentées, des beignets de morue au *porco à alentejana* (porc cuisiné avec des palourdes), ainsi que les surprenantes *iscas* (foie) ou les *moelas* (gésiers). Le gâteau au chocolat est délicieux.

Rua Manuel Bernardes, 5 A-B • Ⓜ Rato
911 033 392 • www.charcutaria-francesa.com
lun-sam 12h-15h et 20-23h30

14. COMO EM CASA

CUISINE PORTUGAISE

Dans une décoration moderne et sobre, ce resto propose des plats "comme à la maison", tels l'*arroz de polvo* (riz au poulpe ; 7 €) ou des soupes (1,50 €). On choisit avant de prendre place. Le plat est rapidement servi, agrémenté de salade.

Rua do Salitre, 193 A • Ⓜ Rato
913 091 400 • lun-sam 12h-23h30

15. ORPHEU CAFFÉ

CAFÉ-RESTAURANT

Parfait pour un déjeuner décontracté entre amis, ce café vous ravira par sa déco vintage, alliant mobilier rétro, tapisserie murale fleurie et objets modernes. Les plats légers proposés (salades, tartines, quiches, 6-9 €), sont à savourer autour d'une jolie table de bois, ornée d'un napperon. Wi-Fi gratuit.

→ *À l'apéro, vous pourrez y siroter un verre de vin (2,5 €), sur la petite terrasse ouverte sur l'arrière du restaurant.*

Praça do Príncipe Real, 5 A
Ⓑ 758, 773, 790 • 218 044 499
www.orpheucaffe.com • lun-jeu, ven-sam 10h-2h, dim 10h-20h

16. A TAVERNA

CUISINE PORTUGAISE

Ne vous fiez pas à l'aspect décrépit de cette ancienne charbonnerie, l'intérieur a été complètement rénové. La carte est typiquement portugaise mais les produits plus travaillés. Le résultat est plein de peps : *linguadinhos fritos* (petites soles frites), *favas alfacinhas* (potée aux fèves à la lisboète), ou encore poisson et viande cuits au charbon de bois. Service affable et une bonne option de cuisine locale pour le soir. Plats autour de 10 €.

Rua das Amoreiras, 47 • Ⓜ Rato
21 387 4900 • lun-ven 12h30-15h et 20h-23h, sam 20h-23h

AUTOUR D'UN VERRE...

17.

18.

17. PÃO DE CANELA

PÂTISSERIE ET CAFÉ LITTÉRAIRE

Idéal pour une pause ombragée sur la jolie et paisible Praça das Flores, cette bonne pâtisserie compte des habitués qui lisent le journal en petit-déjeunant. Le café organise des soirées-débats le vendredi soir, durant lesquelles on discute actualité, culture ou littérature portugaise.

···› ***Brunch-buffet le week-end à 11,90 € de 10h à 16h, et, nouveauté, un "slunch" est servi de 17h à 20h du lundi au vendredi.***

Praça das Flores, 25-29 • Ⓜ Rato
213 97 2220 • www.paodecanela.com
lun 7h30-20h, mar-dim 7h30-23h

18. ESPLANADA DO PRÍNCIPE REAL

CAFÉ-RESTAURANT

Seul café de la Praça do Príncipe Real, vous y trouverez une terrasse ombragée par d'immenses magnolias, en plus d'un espace vitré abrité pour les jours pluvieux. Sympa pour un apéro autour d'un porto (2,50 €) ou d'une sangria (rouge/blanche 1,90/2,90 € le verre, 8,50/9,50 € le litre).

···› ***On peut aussi y manger, menu du jour et plats entre 8 et 10 €, quiches à 3,60 €, sandwichs chauds à 4,95 € dans un pain croustillant.***

Praça do Príncipe Real • Ⓑ 790, 758, 773
213 431 000 • tlj 8h30-23h

19. OS GOLIARDOS

BAR À VIN

Dans une ambiance post-estudiantine ("*goliardos*" était le nom donné aux étudiants fréquentant plus les bars que l'université), où Lisboètes et voyageurs se mélangent, on vient déguster des vins de toutes origines, portugaise en majorité mais aussi française et italienne. Vous aurez le choix entre boire au verre (entre 2,60 et 4,60 €) ou une dégustation de 4 vins de table ou de 3 porto/madère (10 €), dont la sélection est différente tous les jours. En accompagnement, plateau de charcuterie et/ou de fromages artisanaux (6/10 € l'assiette), ou produits typiques comme l'*alheira*. Selon la soif et la faim, comptez 8 à 20 € par personne.

Rua da Mãe d'Água, 9
Ⓑ 790, 758, 773 • 213 462 156
http://osgoliardos.com/blog
jeu-sam 19h-2h

20. QUIOSQUE DO JARDIM DAS AMOREIRAS

CAFÉ

Dans une oasis de verdure et de fraîcheur, ce kiosque bénéficie d'un emplacement agréable. Très fréquenté par les habitants du quartier et par les étudiants travaillant (ou non) sur leurs projets, on peut tranquillement y prendre un café ou un verre (*tinto de verano* ou porto), ou encore manger sur le pouce (menu wrap saumon à 5,50 € ; quiches et sandwichs)

Jardim das Amoreiras • Ⓜ Rato
tlj 8h30-21h, ven et sam jusqu'à minuit

21. LUZ NOCTURNA

BAR GAY

Cet espace au design moderne, sur un sol en damiers rouge et noir et tapissé d'écrans plasma est le dernier né des bars gay du quartier . Bonne musique, flirtant avec les sonorités electroniques et soirées "shows", parfois animées par Sónia Lacroix, travesti connu dans la capitale.

→ *Bière pression à 1 € jusqu'à minuit.*

Praça das Flores, 62 • Ⓜ Rato
918 841 662 • tlj 15h-4h

22. PROCÓPIO

VERY CHIC

BAR

Ce bar, une institution depuis 1972, est bien caché dans un *beco* (ruelle) : il faut monter quelques marches et sonner à la porte d'une petite maison. Dans une décoration cosy tout de bois et de velours rouge, vous écouterez de la musique jazz ou de la bossa-nova, en attendant votre cocktail. Un peu cher (cocktails 8 €, Porto 5 €, sandwich aux œufs de lump 4,50 €), mais c'est une étape indispensable du quartier !

Alto de São Francisco, 21 A • Ⓜ Rato
213 852 851 • www.barprocopio.com
lun-ven 18h-3h, sam 21h-3h et plus tard...

23. TRÊS

BAR GAY

L'endroit, moderne et chaleureux est tenu par une équipe luso-belge hautement sympathique. Des soirées à thèmes sont organisées, les 3e et 4e vendredis du mois. Ouvert dès l'après-midi, les chaises envahissent le large trottoir à la belle saison.

Rua Rubén Leitão, 2 A • Ⓜ Rato • 213 463 012
www.tr3slisboa.com • mer-lun 16h-4h

24. CENTRO COMMERCIAL DAS AMOREIRAS

C'est le premier grand centre commercial à avoir ouvert en plein centre ville, en 1985. L'architecture moderne de ses tours vitrées de noir a fait polémique à l'époque. Vous aurez l'embarras du choix parmi les 250 magasins du site. Faites un tour à la Loja do Gato Preto, pour de la décoration haute en couleur (loja n°2102) ou chez Parfois pour un bijou, un sac ou d'une ceinture mode (loja n°2050-2051). Lush, dont les produits aux couleurs édulcorées sont présentés façon pâtisseries et boules de glace (miam...!), est parfaite pour les amateurs de produits de beauté artisanaux, fabriqués à partir d'huiles essentielles ou de fruits et légumes bio (loja 1113, www.lush.pt).

Avenida Duarte Pacheco • Ⓜ Rato- 213 810 240 • www.amoreiras.com • tlj 10h-23h

UN PEU DE SHOP-PING

25. CAVALO DE PAU

DÉCO ET ARTISANAT

Un beau mélange de meubles anciens, ou tout simplement rustiques provenant de différents pays africains, ainsi que des articles de type industriel : chaises en fer, pupitres d'écolier, chaises de barbier. Tout est beau et donne envie de redécorer son intérieur !

Laissez-vous tenter par un collier d'une créatrice brésilienne, qui travaille uniquement à partir du bois de la forêt amazonienne : bagues en résine, colliers très originaux (de 75 à 100 €).

Rua de São Bento, 164
Ⓜ Rato • lun-sam 11h-19h

26. GARRAFEIRA INTERNACIONAL

VINS ET SPIRITUEUX

Vous aurez accès à un large choix de vins, essentiellement portugais et provenant en majorité de petits producteurs. Un passionné vous prodiguera ses conseils et orientera la sélection en fonction de vos goûts. Dégustation possible, pour apprendre tout sur les différents vins de Porto : tawny, ruby, vintage, blancs comme rouges.

Rua Escola Politécnica, 15-17 • Ⓜ Rato,
www.garrafeirainternacional.com • lun-sam 10h-20h

27. CLAUDIO CORALLO

CHOCOLATIER

Le cacao utilisé provient de Sao Tomé-et-Principe, ancienne colonie portugaise du golfe de Guinée, où la famille Corallo est propriétaire d'une plantation. Ces Italiens d'origine ont appris à maîtriser les secrets des cabosses et sublimer les fèves de cacao. Ils nous en font profiter dans ce petit espace design mariant bois clair et carrelage rustique.

En hiver, goûtez au chocolat chaud... un vrai délice.

Rua Cecílio de Sousa, 85 • Ⓑ 758, 773, 790 • 21 386 21 58
www.claudiocorallo.com • lun-ven 10h-19h, sam 10h-14h

28. COMPANHIA DOS SENTIDOS

MODE, ACCESSOIRES ET BIJOUX

Cette boutique à proximité de la Praça das Flores vous propose une gamme variée de vêtements et d'accessoires. C'est parfait pour une séance de shopping et de découvertes : des bijoux artisanaux, des parfums du styliste portugais José António Tenente, des sacs et de la mode pour femme à prix sympas. Les hommes ne sont pas oubliés puisqu'un rayon leur est consacré : ils y trouveront le kit complet du rasage à l'ancienne : blaireau et savon de la marque du siècle passé, Antiga Barbearia do Bairro.

Rua da Palmeira, 43 • Ⓑ 773, 706, 727 • 213 466 150
http://companhiadossentidos.blogspot.com • lun-ven 10h-20h, sam 10h-14h

29. CRAFT & DESIGN

MARCHÉ D'ARTISANAT ET BROCANTE

Le marché Craft & Design du Jardim da Estrela a déménagé sur la Praça do Príncipe Real : on y trouve de la brocante, de l'artisanat, des vêtements, bijoux et accessoires de mode à tous les prix.

···➜ Coup de cœur pour les objets en azulejos de l'artiste Vanessa Cabacinha, qui reproduit les dessins originaux des façades lisboètes pour en faire des dessous-de-plat ou des objets décoratifs (10-20 € ; vcabacinha@hotmail.com).

Praça do Príncipe Real • Ⓑ 758, 773, 790
dernier samedi du mois et lundi suivant, 10h-19h

30. CARLA AMARO

BIJOUX

La créatrice Carla Amaro fabrique des bijoux très originaux. Bagues en métal et papier ou broches en aluminium et feuilles incrustées à petits prix (15-40 €). Les pièces plus imposantes ou uniques sont plus chères, jusqu'à 280 € pour un collier ethnique.

Rua de São Marçal, 107 • Ⓜ Rato, Ⓑ 758, 773
213 474 043 • http://carla-amaro.blogspot.com
lun-ven 11h-19h, sam 14h30-19h

31. ALMA LUSA

ARTISANAT

Un lieu qui présente l'artisanat et le design "made in Portugal": Collection éclectique d'objets de qualité offrant une véritable vitrine à des créateurs portugais. Vous y trouverez des dessous de plat en azulejo, des barrettes et des broches en forme de cœur ou de sardine, des symboles de Lisbonne redesignés (salière/poivrière en forme de pavé de trottoir à 30 €), des vêtements colorés, des T-shirts, des sacs à partir de pneus recyclés (dès 19,90 €), bref un échantillon de beaux souvenirs faits main et 100% portugais.

Rua de São Bento, 363 • Ⓜ Rato
21 364 9042 • http://pt-br.facebook.com/almalusaprojecto
lun 13h-19h, mar-sam 10h30-19h

Liberdade restauradores Sant'Ana

L'ARTÈRE DU LUXE

L'avenue emblématique de Lisbonne est née à la fin du XIXe siècle, quand le maire de l'époque, Gregório Rosa Araújo, prit la décision polémique de raser les murs entourant le Passeio Publico, parc arboré clos et fréquenté par la haute société, pour créer une grande artère, l'Avenida da Liberdade. Une fois par an, au moment des fêtes de la Saint-Antoine, l'Avenida devient lieu de fête populaire lors des Marchas Populares de Lisboa. Le reste du temps, la plus large avenue de la ville est une succession de magasins et d'hôtels de luxe. Contrastant avec cet étalage de richesses, les rues parallèles, São José et Santa Marta, sont encore des lieux de vie populaire où se niche le quartier pittoresque de Sant'Ana.

REPÈRES

LES BOUTIQUES DE LUXE : l'Avenida da Liberdade, la Rua Castilho.
LES RENDEZ-VOUS AVEC L'HISTOIRE : la Praça dos Restauradores, le Palácio da Independência, le Palácio Foz et la Sociedade de Geografia.
LE QUARTIER POPULAIRE : la colline de la Pena et de la place Campo dos Mártires da Pátria au parvis de São Domingos.

ESSENTIELS

ELEVADORES DO LAVRA ET DA GLÓRIA/⊙2,10 : grimper sans se presser et sans se fatiguer avec l'un des funiculaires historiques de la capitale (détails p. 103 et p. 105).
KIOSQUES DE L'AVENIDA DA LIBERDADE/24 : prendre un expresso dans l'un de ces "points café" de la ville (détails p. 110).
FUNDAÇÃO MEDEIROS E ALMEIDA/⊙9 : admirer la superbe et vaste collection de cet amateur d'art (détails p. 105).
HÔTEL TIVOLI/26 :monter sur les toits en fin de journée pour une vue panoramique sur Lisbonne (détails p. 110).

Confidentiels

PROMENADE DANS LES RUELLES DE SANT'ANA/⊙38, 39 : admirez l'intérieur majestueux de l'église Sant'Ana et n'hésitez pas à pénétrer dans l'hôpital São José où se trouvent de magnifiques azulejos.
ICÔNES NATIONALES/⊙40, 41 : au n°138 de la Calçada de Sant'Ana est décédé le célèbre poète Luis de Camões et au n°86-4 de la Rua Martim Vaz est née Amália Rodrigues.
CHAMINÉS DO PALACIO/12 : au cœur du palais de l'Indépendance, découvrez un pan de l'histoire du Portugal en déjeunant dans le restaurant le plus secret de la ville (détails p. 106).
PISCINE DE L'ATENEU/⊙42 : après un dédale de couloirs et de marches, accédez à une piscine cachée en plein cœur de la ville.

R. Joaquim António de Aguiar
Praça do Marquês de Pombal
Marquês de Pombal
Rua Castilho
Rua Rodrigo da Fonseca
Rua Braancamp
Rua Alexandre Herculano
Avenida da Liberdade
Rua Rodrigue Sampaio
Tr. do Enviado de Inglaterra
R. Luciano Cordeiro
R. da Cruz da Carreira
R. Gomes Freire
N37
Bairro Alto
P. 74
Intendente
R. Antero de Quental
Av. Almirante Reis
Rua da Palma
Martim Moniz
Alfama
P. 38
R. Nova do Desterro
Rua Rosa Araújo
Rua Barata Salgueiro
R. Santa Maria
Rua do Passadiço
R. de S. Antonio dos Capuchos
Campo dos Mártires da Pátria
Pena
São José
R. do Telhal
Rato
Rua do Salitre
Avenida
R. das Pretas
R. de São José
Santana
Calçada de Santana
R. Martim Vaz
Príncipe Real
P. 90
R. da Gloria
R. des Talpas
R. das Portas de Santo Antão
Praça dos Restauradores
Restauradores
L. de São Domingos
Baixa-Chiado
P. 54
Visiter
À table
Autour d'un verre
Un peu de shopping
Sortir (voir chapitre spécifique p. 183)
200 m

VISITER

Vos pérégrinations vous mèneront à coup sûr sur l'axe principal de la ville, l'Avenida da Liberdade. De là, vous pourrez explorer la colline du Bairro Alto, en prenant l'un des funiculaires. En chemin, déambulez dans les rues populaires et authentiques de Santa Marta et São José. Ne manquez pas non plus Sant'Ana, le quartier marqué par Amália Rodrigues et Luis de Camões.

1. AVENIDA DA LIBERDADE

Bordée de larges promenades pavées et arborées, la balade le long de l'avenue de la Liberté est très agréable. Remarquez les différents styles architecturaux des immeubles bourgeois : haussmannien, mauresque, Art nouveau ou Art déco, dont l'exemple phare est l'immeuble du Diário de Notícias (au n°266), près de la place Marquês de Pombal. Au niveau de la Travessa do Salitre, remarquez le Parque Mayer. Autrefois le Broadway lisboète, il est aujourd'hui laissé à l'abandon faute de financement de projet.

Ⓜ Marquês de Pombal, Avenida ou Restauradores, Elevador da Glória

2. ELEVADOR DO LAVRA

C'est le premier funiculaire de Lisbonne : le jour de son inauguration, le 19 avril 1884, il a circulé 16 heures non-stop transportant un total de 3 000 passagers. Il parcourt 188 mètres dans des ruelles exiguës et en pente raide. Bien utile pour rejoindre le Jardim do Torel et Sant'Ana.

Largo da Anunciada, arrivée Travessa Forno Torel Ⓜ Restauradores ou Avenida • lun-sam 7h-21h, dim et jours fériés 9h-21h • 3,5 € aller-retour ou avec la carte Viva Viagem

3. PRAÇA DOS RESTAURADORES

Sur cette vaste place rectangulaire, à l'extrémité sud de l'Avenida da Liberdade, se dresse l'obélisque commémorant la victoire du Portugal face à l'Espagne dans la guerre de Restauration de l'Indépendance en 1886. On y repère l'hôtel Vip Eden, ancien cinéma des années 1930, dont la façade Art déco attire tous les regards. À côté, le Palácio Foz (fermé au public, visites sur rendez-vous, 213 221 215), palais d'architecture italienne de la fin du XVIIIe siècle, était jusqu'au XXe siècle la résidence la plus vaste de Lisbonne et possédait l'un des intérieurs les plus somptueux de la ville. Son sous-sol a été occupé par un restaurant, dénommé A Abadia (l'abbaye), en référence au cloître et au réfectoire qui le composaient, réservés aux membres de la société maçonnique.

Ⓜ Restauradores, Elevador da Glória

4. PALÁCIO DA INDEPENDÊNCIA

C'est dans ce palais du XVIe siècle que le propriétaire, D. Antão de Almada, et 40 Conjurés se retrouvaient secrètement, en 1640, dans le but de restaurer l'indépendance du Portugal après 60 ans d'occupation espagnole. L'espace est privé mais vous pouvez entrer librement dans la cour où est exposée une ancre datant de l'époque romaine. Vous remarquerez une salle d'armes à l'ancienne, encore utilisée. Prétextez un déjeuner au restaurant Chaminés do Palácio (voir p. 106), et empruntez l'escalier vers les jardins, où des personnages de cire, retraçant cette histoire, sont mis en scène. Clou de la visite : grimper sur l'ancienne muraille fernandine à laquelle le palais est adossé. Vue imprenable sur la Baixa !

Largo de São Domingos, 11 • Ⓜ Restauradores ou Rossio • 213 241 470 • www.ship.pt/palacio.php
lun-ven 10h-13h et 14h30-18h30

5. ÉGLISE SAINT-LOUIS-DES-FRANÇAIS.

Derrière une façade simple, peinte en ocre, on découvre un bel intérieur, récemment rénové : stucs peints au plafond, décoration baroque riche en dorures et marbre de Carrare. C'est le roi Henri II de France qui aurait permis à la confrérie de Saint-Louis d'acheter le terrain au milieu du XVIe siècle. La première messe y aurait été dite le 25 août 1572, jour de la Saint-Louis. Détruite après le séisme de 1755, elle est reconstruite grâce aux dons de Louis XV, d'où la présence de nombreuses fleurs de lys en ornement.

Angle Rua das Portas de Santo Antão et Beco São Luís da Pena
Ⓜ Restauradores

6. SOCIEDADE DE GEOGRAFIA DE LISBOA

Créée en 1875 pour accompagner scientifiquement le développement outremer du pays, elle ne se visite que les premiers mardis du mois à 15h, sur réservation. Collection d'objets rapportés du monde entier depuis les Grandes Découvertes et, dans le hall, une peinture représente l'arrivée en Inde de Vasco de Gama.

Rua das Portas de Santo Antão, 100
Ⓜ Restauradores • 213 425 401
www.socgeografialisboa.pt
bibliothèque en accès libre
lun-ven 10h-13h et 14h-17h

7. CINEMATÉCA PORTUGUESA

GRATUIT

Fondée en 1950 par l'un des pionniers des cinémathèques européennes, Manuel Félix Ribeiro, elle a charge de conserver les archives du patrimoine cinématographique portugais. L'édifice, complètement restauré, allie briques, bois et métal et on y découvre un patio intérieur d'inspiration mauresque. Le musée expose dans deux salles des objets liés à la photo et aux images animées.

Beaucoup de films français à visionner sur place (3 €).

Rua Barata Salgueiro, 39 • Ⓜ Marquês de Pombal ou Avenida • 213 596 200
www.cinemateca.pt • **musée** 14h-19h

8. JARDIM DO TOREL

De ces beaux jardins, entouré de belles demeures bourgeoises des XVIIIe et XIXe siècles et surplombant l'Avenida da Liberdade, on aperçoit l'Arco de Triunfo, le dôme du Coliseu dos Recreios, ainsi que la piscine publique de l'Ateneu.

Accès par la Rua J. de Andrade ou la Rua do Telhal
Ⓜ Restauradores
Elevador do Lavra

9. FUNDAÇÃO MEDEIROS E ALMEIDA

António de Medeiros e Almeida (1895-1986), entrepreneur fortuné et amateur d'art, a réuni dans son palais une collection impressionnante comprenant entre autres tableaux, meubles portugais et français, paravents de laque et porcelaine chinoise. On visite les appartements, notamment la salle à manger où il a reçu le prince Rainier et Grace Kelly, mais également des galeries ornées d'azulejos donnant sur un jardin d'intérieur et abritant d'étonnants ensembles de tabatières et de montres. Parmi les objets à caractère historique, citons un service à thé ayant servi à Napoléon durant son exil à Sainte-Hélène, des pierres semi-précieuses offertes à l'Impératrice Sissi par Louis II de Bavière. Ce musée d'arts décoratifs est non seulement l'un des plus surprenants mais sans doute le plus complet du Portugal.

Rua Rosa Araújo, 41 • Ⓜ Marquês de Pombal
www.casa-museumedeirosealmeida.pt
lun-ven 13h-17h30, sam 10h-17h30, fermé dim et certains jours fériés • 5 €, gratuit sam 10h-13h

10. ELEVADOR DA GLÓRIA

C'est le funiculaire le plus fréquenté (3 millions de passagers/an), car il permet de rejoindre le belvédère de São Pedro de Alcântara. Il a été classé monument national en février 2002, comme les autres funiculaires.

Praça dos Restauradores • Ⓜ Restauradores
lun-jeu 7h-minuit, ven 7h-0h30, sam 8h30-0h30, dim et jours fériés 9h-minuit • 3,5 € aller-retour ou avec la carte Viva Viagem

11. CASA DO ALENTEJO

Cet ancien palais du XVIIe siècle abrite aujourd'hui la maison de l'Alentejo, région rurale au sud-est de Lisbonne. Au premier niveau, l'architecture est d'inspiration mauresque, avec patios et fontaines. À l'étage, dans les anciens salons de jeux ou de bals de l'Amicale alentejane, les murs sont ornés de peintures ou de miroirs.

→ ***Le palais accueille également un restaurant typique où l'on vient plus pour le cadre que pour la qualité de la cuisine.***

Rua das Portas de Santo Antão, 58 • Ⓜ Restauradores
213 405 140 • visite sur réservation

À TABLE !

12. CHAMINÉS DO PALÁCIO

CUISINE INTERNATIONALE

Ce restaurant est un secret bien gardé au cœur du palais de l'Indépendance. Vous opterez, selon le temps, pour la vaste terrasse dans le patio décoré de panneaux d'azulejos, ou pour l'intérieur au charme tout droit sorti d'un livre d'histoire (même les toilettes valent le coup d'œil !). La cuisine est très originale, mariant saveurs africaines et cuisine internationale. Le menu est à 12,50 €. Testez le hamburger de thon à la patate douce (9 €), ou le sandwich de poulet, banane et carottes (5 €).

Largo de São Domingos, 11
Ⓜ Restauradores ou Rossio
213 241 470
www.chaminesdopalacio.com
lun-ven 12h30-19h, le soir sur réservation uniquement pour des groupes à partir de 14 personnes

13. GRILL 20 VERY CHEAP

GRILLADES

Pour un repas roboratif à un prix défiant toute concurrence (5,80 €), arrêtez-vous dans cette *churrasqueira*. Six à 7 plats du jour au choix, accompagnés d'une boisson et d'un buffet salade à volonté (avec des crudités ultrafraîches) ! Il est recommandé d'arriver tôt car c'est très vite rempli.

Le restaurant offre parfois 10% de réduction pour ceux qui passent à la caisse avant 13h.

Rua Braakamp, 62-64 • Ⓜ Marquês de Pombal
213 858 880 • lun-sam 12h-15h30 et 19h-minuit

14. BONJARDIM REI DOS FRANGOS

GRILLADES ET CUISINE PORTUGAISE

Pour changer de la morue et des autres plats traditionnels, la *churrasqueira* Bonjardim, alias le roi du poulet grillé, vous propose un demi-poulet (4,70 € ou 5,60 € en terrasse), agrémenté ou non de piri-piri, cette sauce (très) pimentée, héritage de la colonisation mozambicaine.

Travessa de Santo Antão, 7-11
Ⓜ Restauradores • 213 427 424 • tlj 12h-23h

15. 5SABORES

CUISINE BIO

C'est par hasard que le propriétaire de 5Sabores est tombé dans la marmite macrobiotique, mais le résultat est un succès au vu de la clientèle d'affaires qui remplit ce bel espace lumineux au design épuré. L'adresse propose des plats, surtout végétariens, élaborés à partir de produits biologiques, et de fruits et légumes de saison. Au déjeuner (10,50 €), vous pourrez prendre un plat de semoule aux légumes sautés accompagné d'une boisson maison (limonade ou thé glacé) ainsi que d'une soupe ou d'un dessert. Le soir, comptez 18 €, boisson incluse.

*** Ici, même la bière est bio !***

Rua Rodrigues Sampaio, 94 C • Ⓜ Avenida ou Marquês de Pombal • 213 546 234
lun-ven 12h-15h, jeu-sam 19h30-23h

16. AD LIB

CUISINE INTERNATIONALE

Ad Lib, le restaurant de l'hôtel Sofitel sert le midi une formule complète à 20 €. Une pause très chic pour apprécier des plats soignés d'inspiration portugaise et française. Un service cinq étoiles dans une ambiance feutrée et cosy.

Avenida da Liberdade, 127 • Ⓜ Avenida • 213 228 350
www.restauranteadlib.pt • déj lun-ven 12h30-15h, dîner lun-mer 19h30-22h30, jeu-sam 19h30-minuit, brunch week-end 11h30-14h30

17. PALLADIUM SNACK LOUNGE

CAFÉTÉRIA

Vous aurez peut-être un peu de mal à trouver cette cafétéria, située au pied du funiculaire de Glória, dans un petit centre commercial exigu (le Palladium). Au déjeuner, les prix sont très mini. Optez pour une salade océane (*delicias do mar* ; 5,55 €) ou à base de jambon cru et poivrons (6,60 €).

Menu du jour à 4,90 €, soupe ou dessert + plat de viande ou de poisson. Du lundi au vendredi de 12h à 15h.

Avenida da Liberdade, 1-7, loja 3 A • Ⓜ Restauradores, Elevador da Glória
213 469 176 • lun-ven 8h-19h30 et sam 8h-15h

18. CERVEJARIA RAMIRO

FRUITS DE MER

Impossible de réserver, il faut donc arriver tôt dans ce restaurant de fruits de mer, très couru depuis 1956. Les prix sont raisonnables compte tenu de la fraîcheur des produits. Comptez 10,30 € pour un plat de *amêijoas à Bulhão Pato* (palourdes cuisinées au vin blanc, à lail et à la coriandre), 20,60 € le kilo de tourteaux ou d'araignées de mer. Au rez-de-chaussée, la salle est décorée d'un panneau d'azulejos sur le thème des coquillages et crustacés. Salle plus calme à l'étage. Service très efficace.

→ Si vous voulez goûter à un crustacé que l'on consomme peu en France, choisissez un plat de pouces-pieds (percebes). Ici, ils sont énormes et font la réputation du restaurant.

Avenida Almirante Reis, 1 H • Ⓜ Martim Moniz ou Intendente, Ⓣ 12, 28
218 851 024 • www.cervejariaramiro.pt
mar-dim midi-minuit

19. TIGELINHA

VERY CHEAP

CUISINE PORTUGAISE

Voici une petite cantine de quartier où les habitants du coin, les employés et même les infirmières de l'hôpital São José viennent faire leur pause déjeuner. Au menu, de bons produits frais en quantité, pour des prix mini, y compris le soir (demi-portion : 4-4,50 € ; plats : 5-6 €). En sortant, les clients saluent d'un *até amanhã!* (à demain !).

Calçada de Santana, 62 • Ⓜ Rossio, Ⓣ 12, 15 • 218 869 276 • tlj 8h-22h

20. ZÉ VARUNCA

CUISINE DE L'ALENTEJO

La décoration est typique de cette région rurale : chaises et meubles de bois peints, outils agricoles aux murs, panneaux d'azulejos sur des thèmes champêtres. Dans l'assiette, le porc noir est à l'honneur : *carne à alentejana* (viande de porc accompagnée de palourdes), *secretos de porco preto* (découpe de porc ibérique très tendre et grillée). Portions énormes et haute fréquentation, donc mieux vaut réserver. Repas entre 12 et 15 €.

Rua de São José, 54 • Ⓜ Avenida, Elevador do Lavra • 213 468 018
lun-sam 12h-15h et 19h-22h30

21. RESTAURANTE ÁLVARO CUNQUEIRO

CUISINE GALICIENNE

Ce restaurant a investi les anciennes écuries d'un palais donné par un riche émigré galicien au Centro Galego de Lisboa. On peut encore en admirer les stalles, les mangeoires et l'abreuvoir. Belle vue sur Lisbonne et cuisine typique de la Galice : en entrée, poulpe *à feira* (7,75 €), *pimentos de padrón* (piments verts, 3,50 €), *empanada de atum* (croquette de thon, 2,50 €) et en plat principal, une paella aux coquillages et aux gambas pour seulement 17 €/2 pers. En accompagnement, optez pour une bouteille de vin galicien (7 €).

Rua Júlio de Andrade, 3 • Ⓜ Restauradores, Elevador do Lavra
218 821 392 • lun-sam 10h-23h, dim 8h-20h

22. PINÓQUIO

CUISINE PORTUGAISE

Ce grand classique lisboète doit sa réputation à son emplacement mais aussi à la qualité irréprochable de sa cuisine. Les prix s'en ressentent mais les portions sont très gourmandes. Sa recette de palourdes (*amêijoas à Bulhão Pato*) est considérée comme la meilleure de la capitale (voire du Portugal, selon un serveur !). Comptez 16 € pour un *bacalhau à Saloio* (morue dorée au four avec pommes de terre et oignons), ou 18,50 € pour un *bife de lombo à Picapau* (bœuf très tendre avec huile d'olive), l'autre spécialité maison.

Praça dos Restauradores, 79
Ⓜ Restauradores • 213 465 106
tlj midi-minuit

23. ESPAÇO 39 DEGRAUS

VERY CHIC

CUISINE PORTUGAISE

En entrant dans la cinémathèque, tournez au fond à droite, montez les marches... Dans un bel espace chic alliant brique et boiseries, ou sur la vaste terrasse, un buffet complet est servi entre 12h30 et 15h. Pour 12,50 € (hors boisson), il comprend une soupe, un grand choix d'entrées, 2 plats principaux (viande et poisson), un dessert et un café.

Profitez-en pour faire ensuite un tour au musée attenant (voir p. 104).

Cinematéca Portuguesa, Rua Barata Salgueiro, 39 • Ⓜ Avenida • lun-ven 12h30-23h30, sam 14h30-23h30

AUTOUR D'UN VERRE...

24.

25.

24. KIOSQUES DE LIBERDADE

CAFÉS

Ces terrasses ombragées constituent des haltes idéales au pied des magasins. Plusieurs choix s'offrent à vous : le Banana Café (kiosques n°1 et n°5), avec ses smoothies 100% naturels, ses wraps et ses salades ; le Hot Dog Lovers (n° 2) servant, comme son nom l'indique des hot-dogs mais aussi des tapas ; le Maritaca (n°3), orienté Italie avec pizzas et paninis, et enfin le Melhor Bolo de Chocolate do Mundo (n°4), le kiosque tendance sucrée, où vous jugerez si leur gâteau au chocolat est vraiment le meilleur au monde. Le public de ces cafés est très hétéroclite : touristes, cols blancs et étudiants.

Le soir venu, notamment le samedi, les kiosques accueillent des concerts ou des DJ sets jusqu'à 2h du matin.

Avenida da Liberdade, croisement Liberdade/ Alexandre Herculano (kiosques n°1 et n°2), Liberdade / Rua das Pretas (nos 3, 4 et 5) • Ⓜ Marquês de Pombal, Avenida ou Restauradores • tlj 10h-2h

25. GINJINHA RUBI

VERY CHEAP

BUVETTE

Dans une buvette minuscule décorée d'azulejos, les habitués du comptoir perpétuent la tradition et boivent la *ginja*, parfois dès le matin. Pour moins de 1 €, on vous servira un verre bien rempli de cette liqueur de cerise, que vous pouvez demander avec ou sans fruits. Idéal pour un apéro, mais ce n'est pas un lieu où l'on s'éternise.

Rua Barros Queirós, 27 • Ⓜ Rossio, Ⓣ 12, 15 • tlj 7h-minuit

VERY CHIC

26. TIVOLI SKY BAR

BAR EN TERRASSE

Prenez de la hauteur et venez profiter du toit de l'hôtel Tivoli : l'un des meilleurs spots pour admirer la capitale portugaise. La clientèle est majoritairement jeune et branchée. Un must pour boire un verre en fin de journée sur de larges banquettes. Les tarifs sont quelque peu onéreux : cocktails de 8 à 14 €, vin du jour à 5 €, narguilé à 10 € ou brunch le week-end entre 12,50 € et 17,50 €.

Du mardi au samedi, DJ de 20h à minuit.

Avenida da Liberdade, 185 • Ⓜ Avenida
213 188 900
mai-oct tlj 17h-1h

27. CONFEITARIA MARQUÊS DE POMBAL

PÂTISSERIE

Dédiée au marquis de Pombal, représenté sur la façade en vitrail et à l'intérieur en azulejos, la seule pâtisserie de l'avenue a tout de typiquement portugais : boiseries et marbre pour la décoration et les grands classiques de la pâtisserie lusitanienne, notamment les *pastéis de Belém*. Lieu incontournable des habitants, le choix ne manque pas pour combler les petits creux.

Avenida da Liberdade,
244 A-B
Ⓜ Marquês de Pombal
213 562 362
lun-ven 7h-21h30,
sam 8h-17h

VERY CHIC

28. LA TEA ROOM

SALON DE THÉ

Dans ce cadre raffiné, où rouge et blanc dominent, on apprécie un thé chaud ou glacé sur fond de musique électro-lounge. On peut aussi y déjeuner avec au menu, soupe, salade Caesar ou risotto champignons avec réduction au vin de Madère.

Un spa a ouvert récemment au sous-sol et propose une large gamme de massages (70-80 €), mais aussi une séance piscine + hammam de 1 h à 15 €. Les vendredis sont réservés aux hommes.

Avenida da Liberdade,
177 A • Ⓜ Avenida
932 032 510
lun-sam 10h-19h

29. ESPLANADA DO TOREL

CAFÉ

En contrebas du beau jardin du Torel, profitez de la vue sur le jardin botanique et les quartiers Bairro Alto et Chiado autour d'un pichet de sangria (10 € le litre), ou d'un *mojito* à 5 €. Pour commencer la soirée de manière plus soft, optez pour une bière Imperial (1,50 €), accompagnée d'une assiette de fromages (3,50 €), d'une salade (5-7 €) ou, pour les plus grosses faims, d'un Burger Royal Torel (7 €). Ambiance sympa et décontractée.

DJ aux platines certains soirs.

Jardim do Torel, entrée par la Rua das Pretas ou par la Rua de Julio de Andrade
Ⓜ Restauradores • Elevador do Lavra • dim-mer jusqu'à minuit, jeu-sam jusqu'à 2h

30. LANIDOR

MODE FEMME

Lanidor est la marque phare du prêt-à-porter 100% portugais. Des motifs fleuris, des coupes ajustées, c'est indiscutablement de la belle qualité et à des prix plus que raisonnables.

il existe des magasins Destock (Lanidor Loft) vendant les vêtements des collections antérieures : Avenida Columbano Bordalo Pinheiro, 97 A (Ⓜ Sete Rios) et Rua Padre Américo 14 (Ⓜ Telheiras ou Carnide).

Avenida da Liberdade, 177 A • Ⓜ Avenida, 932 032 510 • lun-sam 10h-19h

UN PEU DE SHOP-PING

31. FLY LONDON

CHAUSSURES, VÊTEMENTS ET ACCESSOIRES

Sous ce nom anglophone se cache une marque portugaise de chaussures, maroquinerie et maintenant vêtements. La boutique est visible de loin à son immense dragon métallique voulant avaler une mouche (*fly*) sur la façade. Dans un grand espace mariant bois clair et canapés violets, vous trouverez des chaussures de qualité à 100 € environ, et des sacs en cuir de 120 à 150 €.

Avenida da Liberdade, 230
Ⓜ Marquês de Pombal ou Avenida • 962 131 705
lun-sam 10h-19h

32. FASHION CLINIC

VERY CHIC

MODE

Vous êtes une *fashion victim* ? Malheureusement, cette "clinique" ne va pas vous soigner mais plutôt faire chauffer votre Carte bleue !

Si vous êtes décidément accro, allez jusqu'au magasin Destock, les marques DKNY, Stella Mc Cartney, Miu Miu ou Prada sont dégriffées. Rua Jorge Barradas, 22 B (Benfica).

Tivoli Forum, Avenida da Liberdade, 182 • Ⓜ Avenida
Lun-sam 10h-19h

33. FEIRA DA AVENIDA DA LIBERDADE

MARCHÉ

Enfin, la belle artère de Lisbonne s'anime ! Chaque deuxième week-end du mois, les contre-allées de l'ancien *Passeio Público* sont occupées par des stands : côté ouest, antiquités et brocante avec des vieux objets de décoration (mange-disques, vaisselle, livres, etc.), et côté est, créateurs (bijoux, accessoires en feutrine, vêtements, etc). Pour faire du shopping à petits prix sur les pas de portes des grands ambassadeurs du luxe !

Avenida da Liberdade • Ⓜ Avenida ou Restauradores
Deuxième week-end du mois, 10h-20h (10h-18h en hiver)

34. STOCKÍSSIMO

DESTOCKAGE

Des fins de stock de vêtements homme, femme et enfant, dégriffés de -40 à -70%. Parmi les marques représentées, citons Timberland, Tods, Benetton, Burberry, Guess, Furla et Calvin Klein.

Deux fois par an (mai-juin et nov-déc), le magasin organise des ventes dégriffées des collections actuelles. Beau succès !

Travessa do Enviado da Inglaterra, 7 A • Ⓜ Avenida ou Marquês Pombal
lun-ven 10h-19h, sam 10h-14h

35. STOCK STIVALI

VERY CHIC

DESTOCKAGE

Vous avez toujours rêvé de vous chausser en Yves Saint Laurent ou Jimmy Choo, ou d'élargir votre collection de sacs en dénichant un Balenciaga à -70% ? C'est dans cet antre du luxe dégriffé qu'il faut venir !

Rua Rodrigues Sampaio, 19 C • Ⓜ Avenida
213 149 758 • www.stivali.pt • lun-sam 10h-19h, en été lun-ven 10h-14h et 15h-19h, sam 10h-14h

36. IDEIAS SINGELAS

BIJOUX, PERLES ET ARTISANAT

Dans cette belle petite boutique d'une jeune créatrice de bijoux, vous trouverez des petits prix (5-20 €). Des pendentifs, des bagues et des colliers originaux dont certains sont inspirés de l'artisanat du Minho, région du nord du Portugal. Vend aussi des perles à l'unité pour créer soi-même ses bijoux.

Rua de São José, 118 • Ⓜ Avenida
213 466 056
http://ideiassingelas.blogspot.com
lun-ven 10h-14h30 et 15h30-19h,
sam 10h-13h30

37. GERALDINE

OBJETS ET VÊTEMENTS VINTAGE ET D'OCCASION

Au premier étage d'un immeuble dans une rue de traverse, Geraldine est loin des conventions : dans les différentes pièces d'un appartement, on peut acheter (ou louer !) des meubles des années 1950, 1960 ou 1970, des objets de décoration (peintures, tourne-disques ou lampadaires), trouver un vêtement d'occasion à partir de 10 € ou un sac à main vintage. Les horaires, tout comme le lieu, sont un peu farfelus ! Faites un tour sur le blog car ils changent souvent.

Salon de coiffure le jeudi soir, à partir de 22h.

Travessa da Glória, 18, 1er ét.
Ⓜ Restauradores • 210 963 261/
927 043 099 • http://geraldine-lisboa.com • mer 19h-21h, jeu-sam 22h-2h ou sur rendez-vous

Campo de Ourique, Lapa, Santos, Alcântara

CHIC, CRÉATIF ET ALTERNATIF

Cette vaste zone offre des visions contrastées. Campo de Ourique est un quartier commerçant et authentique, très animé autour de son marché et de son square. Lapa est fait de rues pittoresques propices à la flânerie, bordées d'anciens couvents et de vieux palais reconvertis en ambassades, en musées, ou en hôtels de charme. Près du Tage, Alcântara, quartier sensible, est en plein renouveau. La nuit venue, les anciens docks d'Alcântara à Santos deviennent des lieux de fête branchés, faisant une concurrence acharnée aux bars et aux clubs du Bairro Alto.

REPÈRES

LE SECTEUR DES TISSUS ET DES CRÉATIFS : Campo de Ourique et sa rue des tissus, Saraiva de Carvalho.

LE QUARTIER COSSU ET PAISIBLE : Lapa, ses palais et ses couvents.

LE COIN DU DESIGN D'INTÉRIEUR : autour du Largo de Santos, du Largo Vitório Damasio et la Lx Factory.

LES LIEUX BRANCHÉS : les docks de Santos et la Lx Factory.

ESSENTIELS

CEMITÉRIO DOS PRAZERES/⊙3 : le plus grand cimetière de Lisbonne(détails p. 119).

JARDIM DA ESTRELA/⊙2 : une oasis de verdure et de fraîcheur (détails p. 119).

MUSEU NACIONAL DE ARTE ANTIGA OU MUSEU DO ORIENTE/⊙6, 10 : différents mais tout aussi intéressants, tout dépend si l'on préfère l'art plus classique ou l'art oriental (détails p. 120 et p. 121).

OP'ART CAFÉ/🍷28 : faire la fête sur les docks, jusqu'au bout de la nuit (détails p. 126).

Confidentiels

MADRAGOA/⊙41 : une incursion dans ce quartier pittoresque et populaire, situé au cœur du Lapa chic.

FERNANDO PESSOA/⊙5 : entrer dans l'intimité de l'écrivain en visitant sa maison de Campo de Ourique (détails p. 119).

IGREJA DE SANTOS-O-VELHO/⊙8 : se plonger dans la légende des Trois Saints (détails p. 120).

LA TAPADA DAS NECESSIDADES/⊙7 : l'un des jardins les plus méconnus de Lisbonne (détails p. 120).

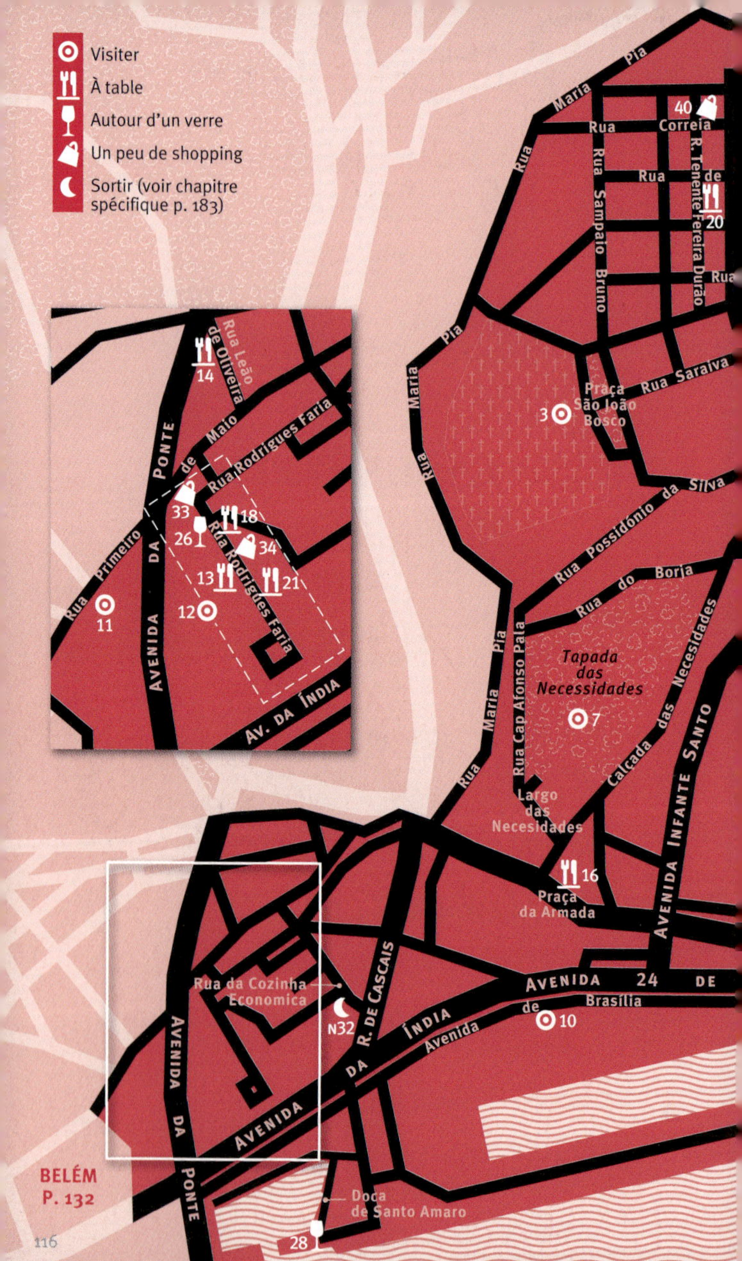

Visiter
À table
Autour d'un verre
Un peu de shopping
Sortir (voir chapitre spécifique p. 183)
Rua Maria Pia
Rua Correia
Rua de
R. Tenente Ferreira Durão
Rua Sampaio Bruno
Rua
40
20
Praça São João Bosco
3
Rua Saraiva
Rua Possidónio da Silva
Rua do Borja
Rua Cap Afonso Pala
Tapada das Necessidades
7
Calçada das Necessidades
Avenida Infante Santo
Largo das Necesidades
16
Praça da Armada
Avenida 24 de
Brasília
10
Rua Leão de Oliveira
14
Rua de Maio
Rua Rodrigues Faria
Avenida da Ponte
Rua Primeiro
33
26
18
34
13
21
12
11
Av. da Índia
Rua da Cozinha Economica
N32
R. de Cascais
Avenida da Índia
Avenida da Ponte
Doca de Santo Amaro
28
BELÉM
P. 132

LIBERDADE
P. 102
RATO
PRÍNCIPE
REAL
P. 90
BAIRRO
ALTO
P. 74
Rua de Campo de Ourique
R. Tomas
Teles
Rua Ferreira Borges
Infataria
da Anunciação
R. Almeida e Sousa
Coelho da Rocha
Rua Silva Carvalho
Rua do Sol ao Rato
Rua Saraiva de Carvalho
AV. DE ÁLVARES CABRAL
de Carvalho
Rua do Patrocínio
Rua da Estrela
Jardim
da Estrela
Praça
da Estrela
Rua de São Bernardo
Calçada da Estrela
AVENIDA INFANTE SANTO
R. de Santana à Lapa
R. Borges Carneiro
Rua da Lapa
Rua das Praças
Rua das Trinas
Rua das Quelhas
Rua das Madres
AVENIDA DOM CARLOS I
Rua de São Domingos
Rua do Pau de Bandeira
Rua Garcia da Orta
R. da Esperança
Rua de Santos-o-Velho
Calçada Ribeiro Santos
Largo de Santos
R. DAS JANELAS VERDES
AVENIDA 24 DE JULHO
Avenida de Brasília
JULHO
Tage
200 m
39 38 37 4 5 25 24 22 32 29 23 31 2 1 36 35 41 17 19 30 9 8 N11 15 N31 N30 N29 N14 N21 6 27 N7

VISITER

Campo de Ourique offre un grand choix pour le shopping et les restaurants. De là, en passant par le Cemitério dos Prazeres et par Estrela, une belle balade dans les rues de Lapa et de Madragoa permet de rejoindre les musées du quartier. Enfin, la soirée venue, on aboutit, quoi qu' il arrive, sur les docks.

1. BASÍLICA DA ESTRELA

La basilique du XVIIIe siècle a été commandée par la reine Maria Ire pour remercier Dieu d'avoir exaucé ses prières : mettre au monde un héritier. De style néoclassique, on peut y admirer le tombeau de la reine, ainsi qu'une belle crèche. Levez la tête et admirez la splendeur de la coupole recouverte de peintures et de marbres colorés.

Pour 5 €, et par beau temps uniquement, on sonne à la porte côté droit de l'entrée (porteiro) pour monter sur les toits de la basilique. Vue originale sur le jardin d'Estrela, le pont du 25-Avril et le palais royal d'Ajuda.

Angle Rua Infante Santos et Calçada da Estrela
Ⓑ 709, 713, 720, 738, 773, Ⓣ 25, 28 • 9h30-12h et 14h-17h (19h en été)

2. JARDIM DA ESTRELA

Parc romantique et arboré situé face à la Basílica da Estrela. Il a été créé au XIXe siècle, alors que Lisbonne ne disposait que de très peu d'espaces verts. Le kiosque à musique était à l'origine sur le Passeio Público et a été transféré à Estrela en 1936. Des concerts en plein air y sont organisés à la belle saison. Peuplé de paons, de canards et de perruches, le jardin est impressionnant par sa flore : palmiers, ficus et jacarandas qui fleurissent au printemps, entre mai et juin.

Praça da Estrela • Ⓑ 709, 713, 720, 738, 773, Ⓣ 25, 28

3. CEMITÉRIO DOS PRAZERES

Le "cimetière des plaisirs", drôle de nom, pour un cimetière ! Créé sur l'emplacement d'une *quinta* (domaine) qui portait ce nom, suite à une épidémie de choléra qui décima la population en 1883. C'est le plus grand cimetière de Lisbonne. Le plus monumental également, il recèle le plus grand monument funéraire d'Europe, le mausolée de la famille Duque de Palmela.

Dans la chapelle, un centre d'interprétation des cimetières réunit des pièces recueillies dans les chapelles et les caveaux abandonnés (images de culte, crucifix, reliquaires...).

Praça São João Bosco • Ⓑ 74, 701, Ⓣ 25, 28
tlj 9h-17h (hiver), 9h-18h (été)

5. CASA DE FERNANDO PESSOA

Le domicile d'un des écrivains portugais les plus célèbres, où il a vécu les 15 dernières années de sa vie (1888-1935), a été transformé en musée en 1993. On y voit une reconstitution de sa chambre, quelques objets personnels, ainsi que sa bibliothèque de 1 200 livres. La maison est un lieu d'expositions, de rencontres littéraires, de conférences ou de spectacles.

Rua Coelho da Rocha, 16
Ⓑ 74, 701, Ⓣ 25, 28
213 913 270
http://casafernandopessoa.cm-lisboa.pt
lun-sam 10h-18h

4. JARDIM TEÓFILO BRAGA

Au centre de Campo de Ourique, voici un agréable square, très ombragé, bordé par des cafés et des magasins. Les seniors s'y retrouvent pour des parties de cartes endiablées ! Près de l'aire de jeux pour enfants, observez le bel arbre de 11 m de hauteur et 21 m d'envergure.

Entre les rues Infantaria 16, 4 de Infantaria, Almeida e Sousa, Tomas da Anunciação
Ⓑ 74, 701, Ⓣ 25, 28

6. MUSEU NACIONAL DE ARTE ANTIGA

Depuis la peinture européenne du XIVe au XXe siècle, avec comme chef d'œuvre *La Tentation de Saint-Antoine* de Jérôme Bosch, jusqu'à la porcelaine chinoise du Xe au XVIIIe siècle, le musée étonne surtout par sa section d'art namban, héritage de la confrontation entre art portugais et japonais. L'autre attrait majeur est cette série de magnifiques paravents japonais, où les Portugais sont représentés comme des personnages moustachus, aux longs nez, et vêtus de pantalons bouffants.

Agréable cafétéria en rez-de-jardin avec vue sur le Tage.

Rua das Janelas Verdes • Ⓑ 713, 727, 760
213 912 800 • http://mnaa.imc-ip.pt • mar 14h-18h, mer-dim 10h-18h • **5 €, gratuit dim et jours fériés 10h-14h**

7. TAPADA DAS NECESSIDADES

Ce jardin auquel João V adjoint un palais royal en 1742 (désormais siège du ministère des Affaires étrangères), a été transformé en un espace romantique de style anglais en 1843, avec une profusion d'espèces exotiques originaires du monde entier, notamment des cactus. On y voit une serre circulaire aujourd'hui abandonnée et la Casa do Regalo, qui abritait l'atelier de peinture de la reine Amélia. Ce lieu a beaucoup de charme et une vue plongeante sur le Tage.

Largo das Necesidades • Ⓑ 713, 727, 760, 773
213 932 110 • tlj 10h-19h

9. MUSEU DA MARIONETA

Le théâtre de marionnettes est un art très populaire au Portugal. Dans l'ancien couvent des Bernardas, le musée rassemble des dizaines de marionnettes du monde entier, du Guignol lyonnais aux figurines thaïlandaises ou maliennes, en passant par le théâtre d'ombres chinoises.

Rua da Esperança, 146
Ⓑ 713, 727, 760, Ⓣ 25
213 942 810
www.museudamarioneta.egeac.pt • mar-dim 10h-13h et 14h-18h,
tarif plein/réduit 5/3 €, gratuit dim 10h-14h

8. IGREJA DE SANTOS-O-VELHO

Sur le portail de l'église, une plaque représente trois personnages : Veríssimo, Máxima et Júlia, les saints auxquels cette église rend hommage. Martyrisés en l'an 307, ils furent jetés à l'eau, mais bien que lestés lourdement, leurs corps remontèrent à la surface et échouèrent sur la plage de Santos. Leurs reliques sont conservées depuis dans cette église érigée en leur mémoire.

Angle Rua de Santos-o-Velho et Calçada Ribeiro Santos
Ⓑ 713, 727, 760, Ⓣ 25

10. MUSEU DO ORIENTE

VERY CHIC

Dans une bâtisse en béton des années 1940, à l'intérieur redesigné, le très attractif musée de l'Orient évoque la présence portugaise en Asie. Le Portugal, en tant que pionnier des routes maritimes asiatiques, y a établi plusieurs comptoirs commerciaux (Goa, Macao, Timor oriental) et en a retiré des influences très fortes. On y découvre de très beaux paravents, une belle collection de statuettes mortuaires chinoises ainsi qu'une exposition sur les dieux et les croyances asiatiques. C'est un très beau voyage entre Inde, Chine, Japon et Timor oriental.

Av. Brasília, Doca de Alcântara Norte
Ⓑ 12, 28, 714, 738, 742, Ⓣ 15, 18
www.museudooriente.pt
mar-dim 10h-18h, ven jusqu'à 22h,
gratuit ven 18h-22h
tarif plein/étudiant 5/2 €

11. MUSEU DA CARRIS

Le Musée de la compagnie lisboète de transports en commun propose un voyage dans le temps à travers de vieux clichés, des uniformes ou des titres de transport. Après un court trajet dans un vieux tram, on accède à un hangar de 2 000 m² où sont exposés les véhicules qui ont fait l'histoire de la compagnie : anciens tramways et autobus dans lesquels on peut grimper.

Rua 1 de Maio, 101-103 • Ⓑ 714, 720, 727, 732, 738, 742, 751, 756, Ⓣ 15 • 213 613 087
http://museu.carris.pt • lun-sam 10h-17h, fermé sam 13h-14h • **2,50 €**

12. LX FACTORY

"Lx" est le diminutif branché de Lisbonne. La Lx Factory porte donc bien son nom : cette ancienne friche industrielle est désormais un des espaces phares du design et de la culture lisboète et un point de ralliement en vogue, grâce à ses magasins, restaurants et cafés et ses soirées organisées de façon ponctuelle.

Foire tous les dimanches 12h-19h, avec brocante et stands en tous genres.

Rua Rodrigues Faria, 103 • Ⓑ 714, 720, 732, 738, 742, 760, Ⓣ 15, 18 • 213 628 239
www.lxfactory.com

À TABLE !

14. O MERCADO

CUISINE PORTUGAISE

Au cœur du marché couvert Rosa Agulhas, vous ne douterez pas de la fraîcheur des produits ! Les poissons prêts à être préparés sont exposés en vitrine et le choix est beaucoup plus important qu'ailleurs. Dans un espace lumineux et un décor moderne, tout en sobriété, les Portugais, cols blancs ou simples habitués, viennent manger pour 10 à 15 €.

Mercado Rosa Agulhas, Rua Leão de Oliveira, loja 25
Ⓑ 714, 727, 732, 751, 756, Ⓣ 15
213 649 113 • lun-sam 7h-minuit

VERY CHEAP

13. A MESA

CUISINE ITALIENNE

À l'entrée, vous êtes accueilli par une chaise ancienne de coiffeur. Les tables mises bout à bout se transforment en tablée familiale. Le midi, c'est buffet (7,50 €). On paie, on choisit, puis on va s'asseoir. Il n'est donc pas impossible de se retrouver à côté d'un parfait inconnu. L'intimité en prend un coup, mais c'est la philosophie du lieu. Pour le dîner, formule à la carte avec bruschettas, pizzas et salades.

···➔ ***Le buffet du midi est à 6,50 € entre 11h et 13h.***

Lx Factory, Rua Rodrigues Faria, 103
Ⓑ 714, 720, 732, 738, 742, 760, Ⓣ 15, 18
213 624 351
lun-jeu 11h-minuit, ven 11h-1h, sam 16h-1h

15. A MERENDEIRA

FAST-FOOD PORTUGAIS

En entrant, on se croirait dans un restaurant plutôt huppé avec son beau carrelage rustique à l'entrée. En fait, il s'agit d'un fast-food portugais qui fait un carton ! 5 € vous donnent droit à une soupe (*caldo verde*), un beignet de morue ou un café, un pain au *chouriço* cuit dans des fours à pizza, un dessert et une boisson. Tout est fait sur place, c'est bon et ça cale bien ! Ici, se côtoie une clientèle hétéroclite de couples âgés, de jeunes rentrant de la plage, et beaucoup plus tard dans la soirée, de noctambules désireux de prendre ou reprendre des forces, avant ou après la sortie en club.

Avenida 24 de Julho, 54 G • Ⓑ 28, 714, 732, Ⓣ 15 et 18
213 972 726 • tlj 19h-6h

16. 31 DA ARMADA

CUISINE PORTUGAISE

Ce restaurant est une référence depuis 1973. En été, il investit le Largo da Armada, qui devient une vaste terrasse. La décoration, composée d'azulejos, est sobre et élégante. Les plats sont bons et très copieux (énorme et délicieux *arroz de peixe*, cassolette de poisson au riz), le vin vert de la maison goûteux, les desserts moins sucrés qu'en moyenne. Comptez 13 à 15 € à la carte.

Le midi, du mercredi au vendredi, formule à 8 € (viande ou poisson + soupe) ; le dimanche midi, buffet de cozido (pot au feu portugais) à 12 €.

Largo da Armada, 31 • Ⓑ 713, 727, 760, 773
213 976 330 • mar-dim 12h-15h et 19h-22h30

17. A MERCEARIA

CUISINE PORTUGAISE

Dans cette ancienne épicerie reconvertie en restaurant, on peut encore sentir l'ambiance du magasin à l'ancienne grâce aux azulejos, aux vieilles étagères et aux machines à coudre qui composent la décoration. Menu à 10 € midi et soir, spécialités de *bacalhau à mercearia* et escalopes agrémentées de jambon cru.

Rua das Madres, 52 • Ⓑ 706, 713, 727, 760, Ⓣ 25
213 977 998 • fermé mardi et dimanche midi

18. CANTINA LX

CUISINE PORTUGAISE

C'était le premier restaurant de la Lx Factory et sa décoration a inspiré plus d'un établissement voisin. On se croirait dans une cantine d'école primaire avec ses chaises et tables de récup' dépareillées. Pour le déjeuner, plats simples (sardines grillées, beignets de morue), et pour le dîner, la cuisine est plus sophistiquée, d'influence portugaise ou internationale (tartare de thon, poulpe à la galicienne, confit de canard). On y croise le midi des costumes/cravates autant que des bleus de chauffe, et le soir, la clientèle est plus hétéroclite et branchée.

Lx Factory,
Rua Rodrigues Faria, 103
Ⓑ 714, 720, 732, 738, 742, 760,
Ⓣ 15,18
213 628 239
lun 9h-15h, mar-sam 9h-minuit

19. TABERNA IDEAL

VERY CHIC

CUISINE INTERNATIONALE

Impératif de réserver ! Un petit resto vite plein rappelant nos bistrots à la française : une dizaine de tables, des chaises dépareillées, des carafes d'eau (minérale, mais ça fait comme si...), posées sur la table, et un menu inscrit sur des grandes ardoises murales. Service hyper rapide (un peu trop peut-être !) pour un concept de plats à partager : pour commencer, *tibornas* (pains à l'huile d'olive garnis, par exemple de fromage de chèvre, de miel et de romarin) entre 3 et 4 €, puis *petiscos* (comme les figues gratinées au chèvre et jambon cru, 7,90 €) et des plats principaux entre 15,90 € et 16,90 € (demi-portions possibles) qui varient tous les jours.

Rua da Esperança, 112-114 • Ⓑ 706, 713, 727, 760, Ⓣ 25 • 213 962 744
mer-sam 19h-2h, dim 13h30-2h

VERY CHEAP

20. STOP DO BAIRRO

CUISINE PORTUGAISE

L'ambiance est informelle dans ce restaurant fréquenté par des habitués du quartier. La cuisine est simple mais excellente, les desserts sont faits maison (excellent *bolo de bolacha*, gâteau à base de galettes au beurre), les portions sont plus que généreuses (une assiette suffit à remplir 2, voire 3 estomacs !).

Rua Tenente Fereira Durão, 55 A
Ⓑ 74 • 213 888 856
mar-dim 12h-16het 19h-minuit

21. MALACA TOO

CUISINE ASIATIQUE FUSION

C'est un restaurant asiatique, d'inspiration essentiellement indonéso-malaise. La cuisine est bonne et inventive. Mais le plus étonnant n'est pas dans l'assiette mais dans la déco qui a conservé des pièces de l'usine qui était installée avant : les tables sont disposées au milieu de vieilles machines, la cave à vin coincée entre deux pistons, et la réserve de bouteilles dans une armoire électrique ! Musique *chill out* tendance electro. Le midi, un menu est proposé à 9,90 €. Le soir, comptez 20 à 25 € par personne à la carte.

Les jeudis et vendredis, happy hour avec bière et amuse-bouches chinois pour 5 €.

Lx Factory, Rua Rodrigues Faria, 103
Ⓑ 714, 720, 732, 738, 742, 760, Ⓣ 15, 18
967 104 142 • lun-dim 12h30-15h30 et 20h-minuit, ven et sam jusqu'à 2h

VERY CHIC

22. ESCOLA DE HOTELARIA DE LISBOA

CUISINE INTERNATIONALE

Au second sous-sol de l'École hôtelière de Lisbonne, on vous servira un menu à 15 €, variant tous les jours. Il comprend un apéritif, une mise en bouche, une entrée, un plat et un dessert, plus l'eau minérale à volonté, un verre de vin et le café. Ce sont les élèves qui sont aux cuisines et qui assurent le service. Le résultat est parfois très bon, parfois plus moyen, mais soyez indulgent, vous faites le cobaye à petit prix ! La réservation est fortement conseillée par téléphone ou mail (ehtl@turismodeportugal.pt), les places étant limitées.

Rua Saraiva de Carvalho, 41 • 211 148 900 • mi-oct à fin juin, déj lun-jeu 12h30-14h30, dîner déc-juin jeu-ven 19h30-22h30

23. O NORTE DA CHINA

CUISINE CHINOISE

Un bon plan à deux ou à plusieurs : prenez une entrée chacun, un plat à deux, un dessert et un café, l'addition ne dépassera pas 8 à 10 € par personne. Soupes à moins de 2 €, plats principaux de 5,30 à 10 €. Le service est aimable et très efficace. Très fréquenté par les habitants du quartier.

Rua do Patrocinio, 95 A • Ⓑ 709, Ⓣ 25, 28
213 956 425 • tlj 12h-15h et 19h-23h

24. CASA DOS PASSARINHOS

CUISINE PORTUGAISE

Ce restaurant revêtu d'azulejos offre un très bon rapport qualité/prix et un service très attentionné. La clientèle est essentiellement composée d'employés du quartier, voisin des Amoreiras. La spécialité, le *bife à pedra* (filet de bœuf cuit sur la pierre, 14,90 €) que l'on peut partager à deux. Le vin maison (*vinho da semana*) est à 7 € la bouteille. Vous ne serez pas déçu !

Rua Silva Carvalho, 195 • Ⓑ 74, 713 • 213 882 346
lun-sam 12h-15h et 19h-22h30, fermé en août

25. JÁ FUMEGA

ADEGA

Bistro portugais vite plein, dans une rue très populaire, il vous propose un plateau de fruits de mer à volonté pour 17,50 € par personne (sur une base de 2 personnes minimum). Du lundi au vendredi midi, la *refeição completa* (8,95 €) comprend le moscatel en apéritif et le digestif et on se régale d'un jarret de porc format XL. Pour le menu *executivo*, (12, 50 €), on choisit n'importe quel plat de la carte. Le restaurant est plein d'habitués qui apprécient les portions gourmandes et, avant de s'asseoir, vont se servir eux-mêmes l'apéritif !

Rua de Campo de Ourique, 11-13 • Ⓑ 74, 713
213 883 225
mar-dim 12h30-minuit

AUTOUR D'UN VERRE...

26. CAFÉ NA FÁBRICA

CAFÉ

L'intérieur de cette petite maison de style colonial, meublée de fauteuils et de tables récupérés de-ci de-là, est très accueillant. À l'extérieur, sous une treille et des ampoules colorées, façon bal populaire, on prend place à de grandes tables en bois et sur des chaises dépareillées.

···➤ ***Happy hour lun-ven 16h-18h : la bière 25 cl est à 0,50 €, les 33 cl à 1 €.***

Lx Factory, Rua Rodrigues Faria, 103
Ⓑ 714, 720, 732, 738, 742, 760, Ⓣ 15, 18
213 626 266 • http://cafenafabrica.blogspot.com • lun-mar 9h-20h, mer-ven 9h-minuit, sam 12h-18h

27. LE CHAT

VERY CHIC

BAR

Ici, vous ne verrez pas de chat, mais une carte de 80 cocktails à 7 € environ (dont 6 chauds pour l'hiver), et pourrez écouter de la musique live dans un intérieur complètement vitré ou sur une vaste terrasse donnant sur le Tage et les Docks.

Jardim 9 de Abril • Ⓑ 713, 727, 760
917 797 155 • www.lechat-lisboa.com
dim, mar et mer midi-minuit, jeu-sam 12h-3h

28. OP'ART CAFÉ

BAR

C'est un cube. Posé sur un quai, un peu à l'écart des restaurants et terrasses des docks de Santo Amaro. Le design est minimaliste, les couleurs alternent entre rouge et beige, mais les baies vitrées donnent l'impression d'être à l'extérieur.

···➤ ***Piste de danse à partir de 1 h du matin et ce jusqu'à l'aube. La musique est moins "commerciale" que dans les autres clubs.***

Doca de Santo Amaro • Ⓑ 28
www.opartcafe.com • mar-dim 15h-2h, ven et sam jusqu'à 6h

29. A TENTADORA

VERY CHIC

PÂTISSERIE

C'est l'endroit raffiné où déguster des mets sucrés. L'immeuble fait partie du patrimoine local, conçu par l'architecte Ernesto Korrodi en 1912. Remarquez le panneau d'azulejos Art nouveau qui le décore, les fers forgés aux fenêtres et les éléments floraux des baies et de la façade.

Rua Ferreira Borges, 1 • Ⓑ 74, 709,
Ⓣ 25, 28 • 213 966 059

VERY CHIC

30. MATIZ POMBALINA

BAR

Matiz Pombalina est un bar élégant et racé. Des jeunes branchés chics viennent discuter dans un intérieur plein de cachet : parquet, pierres apparentes et *gaiola* pombaline (voir p. 24), dans des fauteuils et canapés de velours. La musique est orientée jazz et blues, et le café organise des petits concerts. En hiver, on teste le cocktail chaud (café + brandy + sirop de chocolat + Frangelico + crème pour 6,50 €).

Rua das Trinas, 25 • Ⓑ 713, 727, 760, Ⓣ 25
214 043 703 • www.matiz-pombalina.pt
mar-sam 18h-2h

32. SABORES DO DIA – ARTESANI

GLACIER ARTISANAL

Dans un espace lumineux aux meubles blancs, vous pourrez vous asseoir sur une balançoire ! Les glaces sont faites sur place, et pour les allergiques, certaines sont sans gluten. Les saveurs, classiques ou plus originales, vont du miel/cannelle au chocolat light, en passant par des sorbets citron/basilic. On y trouve également des sucettes glacées (1,30 €) et des sandwichs glacés (3,40 €).

➜ *Fait aussi cafétéria pour les petits creux (croques, wraps...).*

Avenida Alvares Cabral, 65 B • Ⓑ 709, 713, 720, 738 • lun-mar 9h30-20h, mer-ven 9h30-minuit, sam 12h-18h

31. GENGIBRE DA ESTRELA

CAFÉ

Dans le beau Jardim da Estrela, on trouve plusieurs cafés, dont le kiosque Gengibre qui ne désemplit pas à la belle saison. On commande au choix sandwich, beignet de viande, toasts jambon-fromage ou saumon format XL, que l'on accompagne de sangria.

➜ *Le kiosque s'anime les vendredis soir, jour des cocktails et des DJ sets à la belle saison (mai-oct à partir de 17h).*

Jardim da Estrela • Ⓑ 709, 713, 720, 738, 773, Ⓣ 25, 28 • 213 976 453/927 823 617
dim-jeu 12h-23h, ven-sam midi-minuit

33. INDIA THAT WEARS YOU

VÊTEMENTS FEMME

Dans ce grand local style hangar peint en blanc, India that wears you vend des vêtements de tricot colorés en hiver, des tissus plus légers d'inspiration indienne et encore plus de couleurs pour l'été. On trouve aussi des accessoires (sacs, écharpes). Ce n'est pas vraiment *cheap* (40-60 € pièce), mais on y trouve une mode élégante de style hippy chic !

Lx Factory, Rua Rodrigues Faria, 103 • Ⓑ 714, 720, 732, 738, 742, 760, Ⓣ 15 et 18
916 112 762 • www.indiathatwearsyou.com
mar-ven 11h-21h, sam 11h-19h, dim 12h-19h

UN PEU DE SHOP-PING

38.

34. LER DEVAGAR

VERY CHIC

LIBRAIRIE

Vous serez époustouflé par l'architecture de cette librairie, construite dans une ancienne imprimerie, dont on a conservé les rampes, escaliers et presses. Les livres recouvrent entièrement la paroi, sur une hauteur approchant les 5 m. Tout en haut, un coin bouquiniste et quelques tables et chaises pour un atelier lecture en toute tranquillité. Petit rayon de livres français. La librairie organise expos, lectures, concerts et conférences tout au long de l'année.

···➔ ***Au rez-de-chaussée, vous trouverez une nourriture plus prosaïque au bar à vin et tapas Wine Element. Les vins sont sélectionnés par João Portugal Ramos, élu meilleur œnologue 2010 (tél : 912 462 637, http://pt-br.facebook.com/wineelement)***

Lx Factory, Rua Rodrigues Faria, 103
Ⓑ 714, 727, 732, 751, 756, Ⓣ 15
213 259 992 • mar-jeu midi-minuit,
ven-sam 12h-2h, dim 15h-22h

35. ATELIER MATÉRIA PRIMA

VERY CHIC

BIJOUX ARTISTIQUES

Cette rue très tranquille de Lapa abrite la boutique-atelier très lumineuse, tout en sobriété, de deux créatrices de bijoux, Maria Avillez et Inge Marques. On nous laisse ouvrir les tiroirs pour découvrir des bijoux contemporains, à majorité en argent ou alliant l'argent et des pierres comme l'agathe, l'ambre, voire des essences de bois exotique. Inge aime aussi relooker des parures confiées par des clients. Maria est plus dans la géométrie. La gamme de prix varie de 20-30 € à quelques centaines d'euros pour des pièces originales et uniques.

Rua da Lapa, 104 B • Ⓑ 713, 773,
Ⓣ 25 • 213 905 240
www.ateliermateriaprima.com
mar-ven 13h-18h30 ou sur rendez-vous

36. COMPRIMA

VERY CHIC

VÊTEMENTS ET CHAUSSURES FEMME

Dans le quartier chic de Lapa, où il n'y a pas profusion de commerces, voici une maison croquignolette qui abrite un magasin multimarques de vêtements. Surfant sur la tendance hippy-chic, les prix sont plutôt élevés, mais on joue ici sur la différence.

Rua Santana à Lapa, 35 • Ⓑ 713, 773, Ⓣ 25
213 910 109 • www.comprima.blogspot.com
lun-ven 11h-19h, sam 10h-14h

37. BAÚ

VERY CHEAP

VÊTEMENTS ET ACCESSOIRES D'OCCASION

Ce commerce vend des vêtements homme, femme et des accessoires d'occasion. Vous trouverez un peu de tout, de toutes marques et à tous les prix.

Rua Infataria 16, 53 A • Ⓑ 74
213 853 261 • lun-ven 11h-13h et 14h-19h, sam (sauf mois d'août) 11h-13h

38. RESPIGAR

VERY CHIC

TISSUS ET OBJETS DE DÉCORATION

Respigar signifie glaner. Le concept du magasin, bien dans la tendance de ce quartier innovant et créateur, est de faire de la récup' et embellir l'article d'origine en ajoutant des touches florales de tissu, mais également de remettre au goût du jour les jouets ou vêtements d'antan. Vous trouverez dans ce bel espace des étoffes, qu'on peut acheter au mètre ou utiliser pour personnaliser un meuble ou un cadre, des bijoux, des articles de mercerie, des vêtements pour petite fille... une mine d'idées, de différentes créatrices portugaises.

Rua Correia Teles, 2 • Ⓑ 74
915 400 333 • www.respigar.pt
lun-ven 10h-13h et 15h-19h
(sauf jeu 15h-19h), sam 10h-13h

39. TURCOS E BORDADOS

LINGE DE MAISON

Du textile portugais utile, puisque vous trouverez dans cet établissement des draps de bain, serviettes de plage ou de toilette. Pour des cadeaux personnalisés, on vous brodera le prénom sur l'article choisi : 1,75 € la majuscule, 0,50 € les minuscules. Le délai est d'environ 4 jours.

Rua Ferreira Borges, 149 A • Ⓑ 74 • 213 852 450
lun-ven 10h-19h, sam 10h-13h30

40. MADAME STOCK-MARKET DE LUXE

DESTOCK

Ce magasin dégriffé vend les collections de la saison passée des marques Space, Adele Fado, Gat Rimon et Diabless : tout à 70%. L'espace est chic, sur deux niveaux, et le choix est vaste.

Rua Correia Teles, 54 C • Ⓑ 12, 74, 701, 742
915 181 987 • http://madamestockmarketdeluxe.blogspot.com • lun 15h-19h, mar-ven 10h-14h et 15h-19h, sam 10h-14h

Belém, Ajuda, Santo Amaro

JOYAUX DES ÉPOPÉES MARITIMES

Qui n'a pas entendu parler de Belém, quartier emblématique de Lisbonne qui évoque les Grandes Découvertes et la puissance maritime du Portugal ? Belém vient de "Bethléem", symbolique de la naissance. C'est d'ici qu'est parti Vasco de Gama, qui a ouvert la route des Indes. Et c'est donc ici qu'est né l'empire colonial portugais, qui apporta tant de richesses à Lisbonne, et engendra les deux merveilles intemporelles que sont la fameuse tour de Belém et le Mosteiro dos Jerónimos, élevés conjointement au patrimoine mondial de l'Unesco en 1983. L'Igreja Santa Maria du monastère abrite les deux héros portugais du XVIe siècle : le navigateur Vasco de Gama fait face au grand poète Luis de Camões.

REPÈRES

LA PRAÇA DO IMPÉRIO : autour d'elle gravitent les incontournables du secteur.
AU FIL DE L'EAU : une succession de monuments emblématiques dont la tour de Belém.
SUR LES HAUTEURS : le quartier populaire d'Ajuda, son Palais royal et son jardin botanique.

ESSENTIELS

MOSTEIRO DOS JERÓNIMOS ET TOUR DE BELÉM/⊙1, 2 : magnifiques monuments construits sous l'impulsion de Manuel Ier (détails p. 134 et p. 135).
ANTIGA CONFEITARIA DE BELÉM/21 : les *pastéis de nata*, la gourmandise lisboète à déguster entre deux visites (détails p. 140).
PADRÃO DOS DESCOBRIMENTOS/⊙6 : la caravelle et ses navigateurs partant à la conquête du Nouveau Monde érigée pour honorer ceux qui on fait la gloire du pays (détails p. 136).
LES MUSÉES/⊙3, 5, 7 : un programme varié entre les musées de la Marine, de l'Archéologie ou des Carosses.
BALADE AU BORD DU TAGE/⊙31 : à pied ou à vélo, de la fondation Champalimaud au pont du 25-Avril, c'est (presque) tout droit !

Confidentiels

PELOURINHO DO CHÃO SALGADO/⊙32 : le "pilori du sol salé", lieu de l'assassinat de la famille Tavora par les sbires du marquis de Pombal, a été aspergé de sel pour que plus rien n'y pousse.
QUARTIER D'AJUDA/⊙33 : partez à la découverte du Patéo Alfacinha et de sa Capela Santo António, puis de l'Igreja da Memória, qui abrite le tombeau du marquis de Pombal.
CENTRO CIENTÍFICO E CULTURAL DE MACAU/⊙11 : sa collection d'art asiatique vaut le détour, même après la visite du Musée do Oriente (détails p. 137).
ERMIDA DE SANTO AMARO/⊙34 : le parvis de cette chapelle heptagonale est un charmant belvédère sur le Tage et son déambulatoire décoré de panneaux d'azulejos mérite une visite.

Estrada de Caselas
R. das
Rua Antão Gonçalves
Avenida das Descobertas
Calçada do Galvão
Avenida da Ilha da Madeira
Rua Gonçalves Zarco
Av. Dom Vasco da Gama
Av. do Restelo
Rua de Alcolena
R. Soldados da Índia
R. Duarte Pacheco Pereira
Av. do Restelo
Calçada do Galvão
Avenida da Torre de Belém
Rua Dom Lourenço d'Almeida
1 3 5
Praça do Império
32
21 13
R. de Belém
R. B. Dias
18
30
Rua de Pedrouços
R. Fernão Mendes Pinto
R. Bartolomeu Dias
4
Pr. do Império
25, 28, 29 16
15
R. da Praia do Bom-Sucesso
Avenida da Índia
Avenida de Brasília
14
Doca Pesca
24
Doca do Bom-Sucesso
N33
20
Avenida de Brasília
6
Cais da Princesa
22
23
2

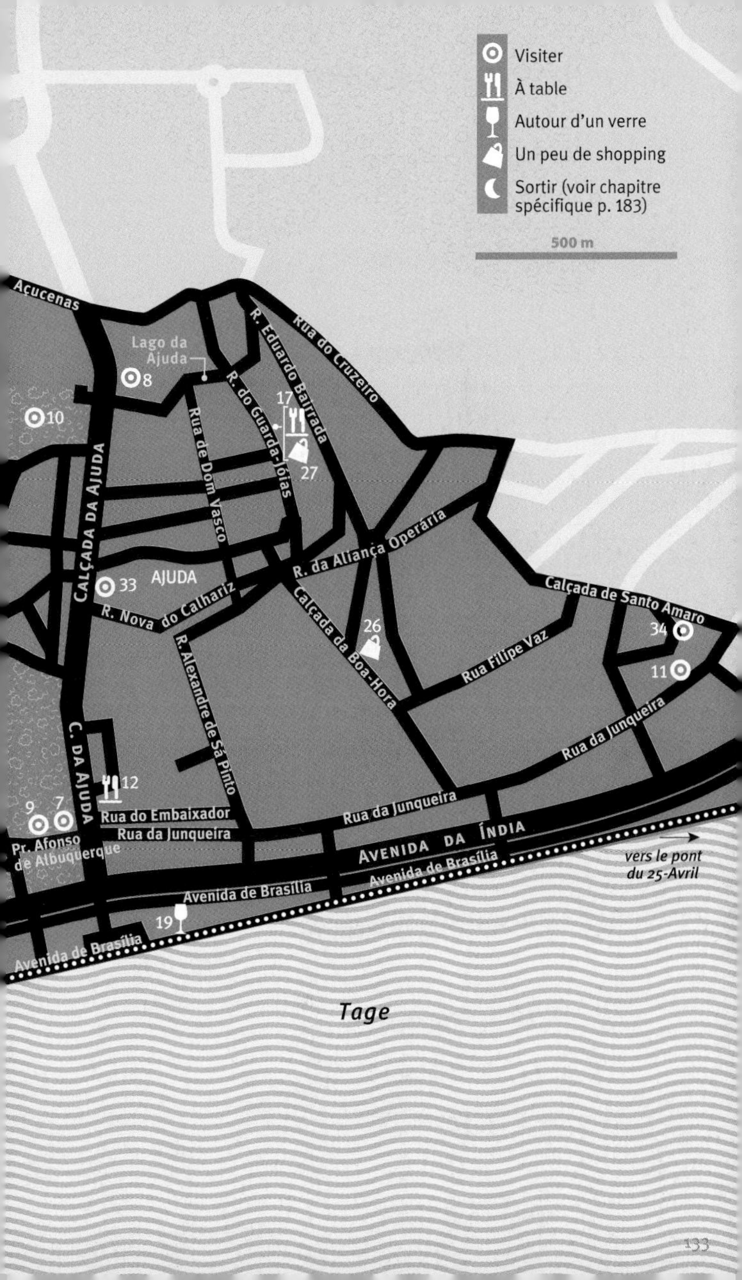

Visiter
À table
Autour d'un verre
Un peu de shopping
Sortir (voir chapitre spécifique p. 183)
500 m
Açucenas
Lago da Ajuda
8
10
R. Eduardo Bairrada
Rua do Cruzeiro
R. do Guarda-Jóias
Rua de Dom Vasco
17
27
Calçada da Ajuda
R. da Aliança Operária
33
AJUDA
R. Nova do Calhariz
Calçada da Boa-Hora
26
R. Alexandre de Sá Pinto
Calçada de Santo Amaro
34
11
Rua Filipe Vaz
Rua da Junqueira
C. da Ajuda
12
9
7
Rua do Embaixador
Rua da Junqueira
Rua da Junqueira
Pr. Afonso de Albuquerque
Avenida da Índia
vers le pont du 25-Avril
Avenida de Brasília
Avenida de Brasília
19
Avenida de Brasília
Tage

VISITER

Le quartier de Belém est incontournable pour ses visites. Votre journée sera bien occupée et vous aurez bien mérité une halte à l'Antiga Confeitaria de Belém où la recette des délicieux pastéis de nata *est jalousement gardée. La colline d'Ajuda recèle des trésors et Santo Amaro mérite le détour, pour son centre scientifique et culturel de Macao et sa chapelle.*

1. MOSTEIRO DOS JERÓNIMOS ET IGREJA SANTA MARIA

Edifié sous le règne de Manuel Ier (1495-1521), cet édifice grandiose a bénéficié de l'abondance de richesses des Grandes Découvertes. L'église Santa Maria abrite les tombeaux de Vasco de Gama et de Luis de Camões, l'auteur des *Lusiades*. Le cloître, sur deux niveaux, a été rénové : de toute beauté, il offre un exemple magnifique de l'art manuélin.

Pour une pause au vert avant d'attaquer une autre visite, faites halte au Jardim Botânico Tropical tout proche. Plus de 500 espèces de fleurs tropicales à admirer. (Largo dos Jerónimos, 1,5 €).

Praça do Império • Ⓑ 28, 714, 727, 729, 751, Ⓣ 15 • 213 620 034
www.mosteirojeronimos.pt • mar-dim 10h-17h (18h en été)
tarif plein/réduit 7/3,5 €, gratuit dim 10h-14h et avec la Lisboa Card, billet combiné avec la tour de Belém 10 €, avec tour de Belém + Palácio Ajuda 13 €

2. TORRE DE BELÉM

Aujourd'hui emblème de Lisbonne, construite entre 1515 et 1521, cette tour est richement décorée, mêlant influences mauresques et manuélines ainsi qu'un clin d'œil aux conquêtes africaines avec un rhinocéros sculpté. Au départ forteresse, la tour perdra son caractère défensif et servira de prison, et même de phare.

Avenida da Índia • Ⓑ 729, Ⓣ 15 • 213 620 034
mar-dim 10h-17h (18h en été)
tarif plein/réduit 5/2,5 €, gratuit dim 10h-14h et avec la Lisboa Card

3. MUSEU DA MARINHA

Le musée est chargé de présenter le riche passé maritime du pays, à travers des maquettes de bateaux, des costumes, ou des tableaux. Vous pourrez admirer dans la galerie extérieure, la collection de galiotes, galères portugaises, ainsi que l'hydravion *Santa Cruz*, "héros" de la première traversée de l'Atlantique sud en 1922.

Praça do Império • Ⓑ 28, 714, 727, 729, 751, Ⓣ 15
213 624 556 • http://museu.marinha.pt
1er oct-30 avril 10h-17h, 1er mai-30 sept 10h-18h
tarif plein/réduit 5/2,5 €, 3 € avec la Lisboa Card, gratuit dim et jours fériés 10h-14h et 20 mai

4. CENTRO CULTURAL DE BELÉM

GRATUIT

On ne peut pas manquer ce bâtiment imposant et résolument moderne, face aux joyaux des temps révolus. Achevé en 1990, il abrite salles de spectacles, d'expositions, de congrès et des boutiques. Le Museu Coleção Berardo, ouvert en 2007, est consacré à l'art moderne et contemporain.

Praça do Império • Ⓑ 28, 714, 727, 729, 751, Ⓣ 15
213 612 400 • www.ccb.pt
tlj 10h-19h, ven jusqu'à 22h

5. MUSEU NACIONAL DE ARQUEOLOGIA

L'ancien dortoir du Mosteiro dos Jerónimos accueille désormais, par roulement, des collections d'art romain et lusitanien, ainsi qu'une exposition permanente d'orfèvrerie, de bijoux et d'antiquités égyptiennes

Praça do Império • Ⓑ 28, 714, 727, 729, 751, Ⓣ 15
213 620 000
www.mnarqueologia-ipmuseus.pt
mar-dim 10h-18h • **tarif plein/réduit 5/2 €, gratuit dim 10h-14h et avec la Lisboa Card**

6. PADRÃO DOS DESCOBRIMENTOS

En 1960, 500 ans après la mort d'Henri le Navigateur, Salazar fait ériger ce monument en forme de caravelle, où les grands navigateurs portugais sont représentés, menés par l'infant. Accédez au sommet pour admirer au sol l'immense rose des vents offerte par l'Afrique du Sud, représentant les itinéraires des découvertes maritimes.

Avenida de Brasília • Ⓑ 28, 714, 727, 729, 751, Ⓣ 15
213 031 950 • www.padraodosdescobrimentos.egeac.pt
mar-dim mai-sept 10h-19h, oct-avr 10h-18h
tarif plein 3 €, tarif réduit et avec la Lisboa Card 2 €

7. MUSEU DOS COCHES

En 1905 est inauguré le musée des Carrosses royaux où sont exposées des voitures d'apparat des XVIIe au XIXe siècles, berlines, litières, ainsi que le carrosse dans lequel le roi Carlos Ier a été assassiné en 1908 et qui a gardé les impacts des balles. Un lieu plein d'Histoire et d'histoires...

Praça Afonso de Albuquerque
Ⓑ 28, 714, 727, 729, 751,
Ⓣ 15 • 213 610 850
www.museudoscoches.pt
mar-dim 10h-18h.
tarif plein/réduit 5/2 €, gratuit dim et jours fériés 10h-14h et avec la Lisboa Card

8. PALÁCIO NACIONAL DE AJUDA

Dernier palais royal avant l'instauration de la République en 1910, sa construction, inachevée, visait à mettre à l'abri la famille royale après le séisme de 1755. Le roi Luís Ier (1838-1889) et sa famille ont occupé ses appartements grandioses. Paisible et curieux jardin d'hiver.

→ ***Demandez Françoise à la réception, elle se fera un plaisir de vous replonger dans l'histoire du Portugal, en langue française.***

Calçada de Ajuda • Ⓑ 723, 729, 742, 760, Ⓣ 18 • 213 637 095 • www.pnajuda.imc-ip.pt
jeu-mar 10h-17h30 • **tarif plein/réduit 5/2 €, gratuit dim et jours fériés 10h-14h et avec la Lisboa Card, Pass 4 palais royaux (Ajuda, Queluz, Sintra et Mafra) 17 €, Pass Musées de Belém (Carrosses, Archéologie, Ethnologie et palais Ajuda) 12 €**

9. MUSEU DA PRESIDÊNCIA DA REPÚBLICA

Dans une dépendance du Palácio de Belém, ancien palais royal et désormais résidence des chefs d'État portugais, ce musée couvre les cent ans de la République. Belle collection d'objets et de films évoquant diverses périodes de l'histoire du pays. Ne manquez pas la fanfare à cheval tous les troisièmes dimanches du mois, pour la relève de la garde républicaine.

Le palais et ses jardins se visitent les samedis et dimanches uniquement, ainsi que le 5 octobre, fête de la République (et c'est gratuit ce jour-là !).

Palácio de Belém, Praça Afonso de Albuquerque
Ⓑ 28, 714, 727, 729, 751, Ⓣ 15 • 213 614 660
www.museu.presidencia.pt
musée mar-dim 10h-18h,
palais sam 11h-16h, dim 14h30-16h
tarif plein/réduit 2,50 €/1,50 €,
avec le jardin 5/3,50 €

11. CENTRO CIENTÍFICO E CULTURAL DE MACAU

Inauguré en 1999, année de rétrocession de la colonie portugaise de Macao à la Chine, ce musée retrace l'histoire croisée des deux cultures à travers les premières cartes dessinant les contours du continent asiatique et les premiers livres retraçant les épopées orientales. Art chinois au premier niveau : pièces de monnaie, premières céramiques, porcelaines, éventails, etc.

Ne manquez pas le panneau de bois sculpté de la cafétéria.

Rua da Junqueira, 30
Ⓑ 714, 727, 732, 751, 756, Ⓣ 15
213 617 570 • www.cccm.pt
mar-dim 10h-18h
3 €, tarif réduit
et avec la Lisboa Card 1, 50 €,
gratuit dim 10h-14h

10. JARDIM BOTÂNICO DA AJUDA

Ce jardin sur deux niveaux regroupe depuis 1765 les plantes exotiques rapportées par les navigateurs. Vous apprécierez le calme et le romantisme d'un jardin à la française avec vue sur le Tage.

Calçada da Ajuda • Ⓑ 727, 729, 760, Ⓣ 18 • 213 622 503
www.jardimbotanicodajuda.com
1er oct-31 mars 9h-18h, avr 9h-19h, 1er mai-30 sept 9h-20h
tarif plein/réduit 2 €/1 € (semaine), 1 €/0,75 € (week-end)

À TABLE !

VERY CHIC

12. COISAS DE COMER

CUISINE INTERNATIONALE

Ce restaurant à la décoration alliant le rustique et le sophistiqué, envahi par le bois qui donne un aspect très chaleureux, est une des rares options romantiques pour dîner à Belém. Les plats sont d'inspiration portugaise ou d'influences africaine et asiatique. *Caldeirão de peixe* (cassolette de poisson) à 29 € pour deux, daurade aux bananes frites à 13,50 € ou feuilleté original à la perdrix (19,95 €) et, pour finir, "petit gâteau" (gâteau tout chocolat au cœur fondant).

Le midi, formule à 7,80 € comprenant entrée et plat du jour.

Calçada da Ajuda, 34 • Ⓑ 28, 714, 727, 729, 751, Ⓣ 15 • 213 626 100 • www.coisasdecomer.pt lun-ven et dim 12h30-15h et 19h30-minuit, sam 19h30-minuit

13. OS JERÓNIMOS

CUISINE PORTUGAISE

À deux pas de la pâtisserie de Belém, voici un restaurant qui a su rester simple malgré son emplacement au cœur d'une des zones les plus touristiques de la ville. Il propose une grande variété de plats traditionnels portugais (8-10 €), avec des assiettes bien fournies. Les serveurs sont aimables et passent du français à l'espagnol, puis à l'anglais avec une facilité déconcertante ! Une bonne référence pour le coin.

Rua de Belém, 74 • Ⓑ 28, 714, 727, 729, 751, Ⓣ 15 213 638 423 • dim-ven 12h-16h30 et 18h30-22h30

14. NOSOLO ITALIA

CUISINE ITALIENNE

Pizzas, crêpes, salades et glaces, dans un espace vitré situé entre le Centro Cultural Belém et le Tage, donnant sur l'esplanade du Padrão dos descobrimentos. C'est un bon rapport qualité/prix (10-12 € pour un repas) étant donnée la localisation.

Avenida de Brasília, Letra P.L., 202 • Ⓑ 28, 714, 727, 729, 751, Ⓣ 15 • 213 015 969/913 795 463 www.nosoloitalia.com • tlj 10h-minuit

15. O NAVEGADOR

GRILLADES

Ce restaurant comprend deux salles, fréquentées par des habitués. La cuisine y est simple, on y mange de copieuses grillades de viandes ou de poissons. Les plats du jour sont à 6,50 €. Une très bonne adresse à l'écart des circuits touristiques !

Rua da Praia do Bom-Sucesso, 44 • Ⓑ 729, Ⓣ 15 • 213 011 005 • lun-sam 7h-19h30

16. QUADRANTE

CAFÉTÉRIA

C'est la cafétéria du Centro Cultural de Belém. On n'y vient pas forcément pour la cuisine, pas exceptionnelle mais correcte et à des prix décents (on paie au poids, 22,50 € le kg), mais pour poser son plateau sur la magnifique terrasse, dans le jardin des oliviers. Tranquillité et vue imprenable sur le Tage.

Centro Cultural de Belém, Praça do Império • Ⓑ 28, 714, 727, 729, 751, Ⓣ 15 • 213 019 606 • tlj 10h-20h

VERY CHEAP

17. HORTA

CUISINE PORTUGAISE

Au fin fond du pittoresque Páteo Alfacinha, on vous conduira jusqu'au restaurant Horta ("Verger"), qui fonctionne à la belle saison seulement, de début juin à fin septembre (un peu plus tard si le temps le permet). À l'ombre d'une treille, sur une belle terrasse dominant le Tage, l'endroit est insolite et mérite une halte. Côté cuisine, on vous grillera sardines, chinchards et pièces de veau. Tous les plats sont à 10 €.

Rua do Guarda Jóias, 44
Ⓑ 742, 760, Ⓣ 18
213 628 258 • juin-sept
12h30-15h et 19h30-22h30

18. O CANIÇO

CUISINE PORTUGAISE

Situé dans l'espace piétonnier de Belém, où la plupart des restaurants ont une terrasse, voici un établissement qui offre de belles assiettes de poisson (seiches ou petits bars grillés). Les prix varient de 7,50 € à 10 €.

Rua Vieira Portuense, 30-2
Ⓑ 28, 714, 727, 729, 751, Ⓣ 15 • 213 630 593
12h-15h et 19h-22h sauf dim soir et lundi.

AUTOUR D'UN VERRE...

19. AMO-TE TEJO

CAFÉ

Dans l'enceinte du musée en brique dédié à l'électricité, sur les rives du Tage, bel endroit pour regarder les bateaux passer, à l'ombre des palmiers. Vous avez le choix entre un verre de vin à 3,50 €, une *caïpirinha* à 5 €, et pour accompagner, des feuilletés à 1,80 € et des quiches à 3 €.

→ ***Du lundi au vendredi, happy hour de 16h à 18h :* caïpirinha, caïpiroska *et* mojito *à 4 €!***

Avenida de Brasília, Central Tejo
Ⓑ 28, 714, 727, 729, 751, Ⓣ 15 213 640 627 • mar-dim 10h-1h

20. Á MARGEM

CAFÉ

“Á Margem” peut avoir deux significations en portugais : “au bord de” ou “en marge de”. Si cette grosse boîte métallique, toute blanche, se situe bel et bien à quelques mètres de l'eau, son public n'a rien de marginal ! Ne vous posez donc pas de questions existentielles et prenez simplement place à la terrasse où la concurrence est plutôt rude pour trouver une table le week-end, quand le soleil est de la partie.

Doca do Bom Sucesso • Ⓑ 28, 714, 727, 729, 751, Ⓣ 15 • 918 225 548 • www.amargem.com
dim-mer 10h-1h, jeu-sam 10h-2h

21. ANTIGA CONFEITARIA DE BELÉM

VERY CHIC & VERY CHEAP

PÂTISSERIE

Autant fréquentée par les touristes que par les Lisboètes, ne partez pas de Lisbonne sans avoir goûté aux *pastéis de nata* (ou *pastéis de Belém*). Ce petit flan entouré d'un feuilleté très délicat et croustillant se mange immédiatement sur place ! Passez la file pour les ventes à emporter et entrez dans une des nombreuses salles dont les murs sont recouverts d'azulejos. Vous assisterez, à travers une vitre, au démoulage des gâteaux tout juste sortis du four.

Rua de Belém, 84 • Ⓑ 28, 714, 727, 729, 751, Ⓣ 15
213 637 423 • http://pasteisdebelem.pt
tlj oct-mai 8h-23h, juin-sept 8h-minuit

22. CAFÉ DO FORTE

CAFÉ

Après la tour de Belém, juste avant le fort du Bom Sucesso et le monument aux morts gardé par deux soldats. Ombragé et vitré en cas de mauvais temps ou de vent. Halte agréable, bien meilleur marché que le café de l'autre côté de la tour.

C'est ici que l'on achète les billets pour visiter le fort, qui accueille le musée des Combattants et des expositions sur l'aviation ou les conflits du XXe siècle (tlj oct-mars 10h-17h, avr-sept 10h-18h).

Avenida de Brasília,
Forte do Bom Sucesso
Ⓑ 729, Ⓣ 15
965 023 819
tlj 9h30-19h30

VERY CHIC

23. BAR 38°41'

CAFÉ

Boire un thé, un Irish Coffee (9 €) ou prendre un brunch gourmet pour 30 € sur la terrasse de l'hôtel 5 étoiles Altis Belém, c'est d'un chic ! Entre le monument aux Découvertes et la tour de Belém, vous serez aux premières loges pour assister au défilé des Lisboètes pratiquant la bicyclette ou la course à pied le week-end.

Hotel Altis Belem
Doca do Bom Sucesso
Ⓑ 28, 714, 727, 729, 751,
Ⓣ 15
210 400 200
tlj 10h-1h

VERY CHIC

24. DARWIN'S CAFÉ

CAFÉ-RESTAURANT

Dans ce nouveau bâtiment abritant la fondation Champalimaud dédiée à la recherche contre le cancer, on se relaxe sur cette superbe terrasse avec canapés, fauteuils en rotin blanc et transats.

Le restaurant très chic et design propose une cuisine moderne et soignée. Environ 20 à 30 € pour 2 plats et un verre de vin.

Avenida de Brasília,
Ala B. 21
Ⓑ 729, Ⓣ 15
210 480 222
www.darwincafe.com
mer-dim 12h30-23h30,
lun-mar 12h30-16h

25. COISAS DO VINHO DO ARCO

VINS ET SPIRITUEUX

Située sous les arcades de la zone commerciale du Centro Cultural de Belém, c'est l'une des meilleures boutiques de vin portugais. Elle propose des vins locaux de très bonne qualité (surtout des vins rouges), provenant majoritairement de petits producteurs. On peut y acheter également du fromage, du miel, des confitures et autres conserves.

Centro Cultural de Belém, Rua Bartolomeu Dias, loja 7/8
Ⓑ 28, 714, 727, 729, 751, Ⓣ 15
213 642 031 • www.coisasdoarcodovinho.pt • mar-dim 11h-20h

UN PEU DE SHOP-PING

26. FÁBRICA DE SANT'ANA

AZULEJOS

La très renommée fabrique d'azulejos Sant'Ana est installée à Ajuda, non loin du musée de Macao. Entrez dans l'enceinte de la fabrique, dont les murs exposent des panneaux d'azulejos typiques de la marque. Le magasin se trouve sur la droite. C'est un méli-mélo de carreaux de faïence, de magnets et de pièces beaucoup plus volumineuses comme des pots ou des vasques décoratives. Les prix sont assez élevés, mais l'espace vaut le coup d'œil.

→ ***Demandez à visiter l'atelier, vous aurez une meilleure idée du travail effectué sur un simple carré de faïence.***

Calçada da Boa Hora, 96
Ⓑ 714, 727, 751, Ⓣ 15
213 638 292
lun-ven 9h-12h30 et 13h30-18h

27. FAIANÇAS E AZULEJOS DO PÁTEO ALFACINHA

AZULEJOS

Il faut s'adresser à la réception du Páteo Alfacinha, et demander qu'Adelaide vous guide et ouvre sa boutique de faïences et d'azulejos. Après un dédale de petits passages et d'escaliers, vous y êtes ! Adelaide travaille essentiel lement sur commande, mais vend aussi quelques petites pièces toutes faites (tasses à café, assiettes, etc.). C'est surtout le lieu qui vaut le détour.

Páteo Alfacinha, Rua do Guarda Jóias, 44
Ⓑ 742, 760, Ⓣ 18
213 642 171
horaires aléatoires

28. MARGARIDA PIMENTEL

VERY CHIC

BIJOUX ARTISTIQUES

Au Centro Cultural de Belém, Margarida Pimentel expose ses bijoux telles de véritables œuvres d'art. Majoritairement en argent, ils sont bruts ou associés à des perles et/ou pierres semi-précieuses, comme l'agathe. Tressées comme du rafia, même les ceintures deviennent de véritable bijoux ! Les prix reflètent la créativité et les matériaux employés, peu de choix à moins de 100 €.

Centro Cultural de Belém, Praça do Império
Ⓑ 28, 714, 727, 729, 751, Ⓣ 15
213 600 034 • tlj 10h-21h

29. HANGAR DESIGN STORE

DÉCORATION

Hangar offre une grande gamme d'objets de décoration intérieure : malles, chaises design, lampes, mais aussi de petits objets typiques portugais (sachets de lavande en forme de sardine, savons Claus de Porto), et, surtout, en exclusivité, de la céramique de l'artiste portugais Rafael Bordalo Pinheiro (voir musée p. 150). Quatre tasses à thé en forme de pétales de fleur à 22,50 €, coupe à fruits décorée d'hirondelles, un des symboles de Lisbonne (120 €).

Centro Cultural de Belém
Rua Bartolomeu Dias, loja 1
Ⓑ 28, 714, 727, 729, 751, Ⓣ 15
213 624 302
www.hangar.pt
lun-sam 11h-19h30

30. FEIRA DE BELÉM

MARCHÉ AUX PUCES

Tous les 1er et 3e dimanches du mois, un marché artisanal s'installe devant le Mosteiro dos Jerónimos. On peut y dégoter de vieux appareils photos reflex, de vieilles caméras 8 mm Paillard-Bolex ou des montres Omega vintage. Pour un look 100% liège, optez pour une casquette (25 €), ou, si vous êtes plus discret, mettez vos sous dans un petit porte-monnaie à 6 €.

Praça do Império
Ⓑ 28, 714, 727, 729, 751,
Ⓣ 15
9h-19h

De Marquês de Pombal à Campo Grande

AUTOUR DES GRANDES AVENUES

Le nord des quartiers historiques s'est développé suite à l'aménagement des Avenidas Novas, décidé en 1888. Un chamboulement pour Lisbonne qui ne s'était jusqu'à présent construite qu'en bordure du Tage. Inspirées des boulevards de Haussmann, les nouvelles artères sont adaptées à l'échelle de Lisbonne, décorées de statues monumentales, bordées d'hôtels particuliers, d'immeubles de rapport ou de bâtiments plus modernes et plus insipides, hérités de la dictature de Salazar. C'est avant tout un quartier de bureaux et d'universités, mais qui abrite l'un des plus beaux musées de la capitale : le Museu Calouste Gulbenkian, avec ses riches collections d'antiquités égyptiennes ou de peintures du XIXe siècle.

REPÈRES

LES GRANDES AVENUES : l'Avenida da República, entre Saldanha et Entrecampos et l'Avenida de Roma.
LE QUARTIER CULTUREL : le Museu Gulbenkian et le Centro de Arte Moderna de l'IFP (Institut franco-portugais).
LE POUMON VERT DE LA VILLE : l'immense parc Monsanto.

ESSENTIELS

LES MUSÉES/⊙1, 2, 6 : le Museu Gulbenkian, puis, selon affinités, le Centro de Arte Moderna ou le Museu da Cidade racontant Lisbonne de la préhistoire à nos jours (détails p. 148 et p. 150).
PARC EDUARDO VII/⊙4 : sa vue plongeante sur l'Avenida da Liberdade, le château et le Tage (détails p. 149).
PASTELARIA VERSAILLES/🍷25 : ses délicieuses pâtisseries et son intérieur de style Art déco (détails p. 155).
JARDIN ZOOLOGIQUE DE LISBONNE/⊙10 : une oasis en pleine ville (détails p. 151).

Confidentiels

RAFAEL BORDALO PINHEIRO/⊙8, 6 : le musée à son nom et les jardins du Museu da Cidade remplis de ses excentricités (détails p. 150).
CAMPO PEQUENO/⊙9 : les arènes de Lisbonne, lieu des *touradas*.
SE METTRE AU VERT/⊙3, 1 : Les estufas, pour se rafraîchir dans la serre froide (ou se réchauffer dans la serre chaude) (détails p. 149) ou les jardins luxuriants du Museu Gulbenkian (détails p. 148).
L'ART DANS LE MÉTRO/⊙35, 36 : les azulejos souterrains de la station Parque (ligne bleue) par les artistes Françoise Schein et Federica Matta, ou la bouche Art nouveau de la station Picoas offerte par la Régie du Métro parisien (rue Andrade Corvo).

1
Jardim Calouste Gulbenkian
2
Av. Visconde Valmor
Av. Conde de Valbom
Rua do Marquês de Sá Bandeira
17
26
28
Av. Miguel Bombarda
31
Av. João Crisóstomo
34
25
Av. da República
Av. dos Defensores de Chaves
Avenida 5 de Outubro
Avenida Duque de Ávila
Av. António Augusto de Aguiar
R. Dr. Nicolau Bettencourt
SÃO SEBASTIÃO
18
30
33
20
Rua Marquês da Fronteira
Rua Bivar
Rua Pinheiro Chagas
Av. Luís
14
16
Rua Latino Coelho
Rua Tomás Ribeiro
200 m
SALDANHA
Praça do Duque de Saldanha
22
24
Av. Casal Ribeiro
5
Av. Fontes Pereira de Melo
21
Rua Eng. Vieira da Silva
Av. General
CIDADE UNIVERSITÁRIA
Av. Professor Egas Moni
Estrada das Laranjeiras
Jardim Zoológico
10
JARDIM ZOOLÓGICO
Eixo Norte-Sul
Avenida dos Combatentes
Av.
Rua das Furnas
Radial de Benfica
11
Avenida 24 de Janeiro
Av. Columbano Bordalo Pinheiro
PRAÇA DE ESPANHA
Rua de Campolide
Avenida Calouste Gulbenkian
Estrada da Serafina
12
Parque Florestal de Monsanto
Caminho das Pedreiras
Estrada da Bela Vista
Av. Miguel Torga

CAMPO GRANDE
NORTON DE MATOS
Rua das Murtas
CAMPO GRANDE
CAMPO GRANDE
Avenida do Brasil
ALVALADE
Av. da Igreja
Avenida de Roma
Rua Interior
Gama Pinto
AVENIDA DOS ESTADOS UNIDOS DA AMÉRICA
ROMA
DAS FORÇAS ARMADAS
ENTRE CAMPOS
Avenida 5 de Outubro
AVENIDA DA REPÚBLICA
Avenida de Roma
Avenida João XXI
AREEIRO
CAMPO PEQUENO
Praça de Londres
AVENIDA DE BERNA
ALAMEDA
AVENIDA ALMIRANTE REIS
AVENIDA ANTÓNIO AUGUSTO DE AGUIAR
SÃO SEBASTIÃO
SALDANHA
ARROIOS
Rua Morais Soares
Rua Pascoal de Melo
Marquês da Fronteira
AV. FONTES PEREIRA DE MELO
PICOAS
PARQUE
Rua Andrade Corvo
Parque Eduardo VII
Rua Castilho
Rua Sampaio e Pina
R. JOAQUIM ANTÓNIO DE AGUIAR
Avenida Duque de Loulé
MARQUÊS DE POMBAL
LIBERDADE P. 102
ANJOS
Visiter
À table
Autour d'un verre
Un peu de shopping
500 m

VISITER

Dans ce vaste quartier, les attractions sont peu nombreuses et dispersées, mais de qualité. N' hésitez pas à aller à la découverte de sites excentrés, comme le musée Bordalo Pinheiro, et le palais Fonteira, aux portes du parc floral Monsanto. Et puis, faites le plein de verdure au Parque Eduardo VII ou au jardin zoologique.

1. MUSEU CALOUSTE GULBENKIAN

Ce riche collectionneur a réuni près de 6 000 pièces : antiquités égyptiennes, art oriental et occidental du Moyen Âge au XIXe siècle, mobilier français des XVIIe et XVIIIe siècles, ainsi qu'une collection impressionnante de créations Art nouveau de René Lalique, ami du mécène (dont le magnifique *Pectoral à la libellule*). Côté peintures on trouve des tableaux flamands (Rembrandt, Rubens, Van Dyck...) et italiens, ainsi que des œuvres de nombreux impressionnistes (Manet, Degas, Monet, Renoir...), sans oublier des bustes de Rodin.

Un dimanche par mois, à 12h, concert gratuit de musique classique.

Avenida de Berna, 45 A • Ⓜ S. Sebastião ou Praça Espanha • 823 000 • www.museu.gulbenkian.pt
mar-dim 10h-18h • **tarif plein/réduit musée 4/2 €, musée + expo temporaire 5/2,5 €, -20% avec la Lisboa Card, gratuit dim et 18 mai**

2. CENTRO DE ARTE MODERNA

Musée d'art moderne appartenant à la Fundação Gulbenkian, il regroupe les œuvres des principaux peintres portugais des XXe et XXIe siècles, comme Paula Rego ou José de Almada Negreiros. On passe de créations très contemporaines à des peintures un peu plus accessibles. Le musée organise régulièrement des expositions temporaires de grande qualité.

Rua Dr. Nicolau Bettencourt
Ⓜ São Sebastião ou Praça Espanha
217 823 620 • www.cam.gulbenkian.pt
mar-dim 10h-18h • **tarif plein/réduit musée 4/2 €, musée + expo temporaire 5/2,5 €, -20% avec la Lisboa Card, gratuit dim et 18 mai**

3. ESTUFAS

GRATUIT

Intégrée dans le plan urbanistique du Parque Eduardo VII, cette ancienne carrière de pierre a été transformée en 1910 en jardin botanique. Avec ses plantes des quatre coins du monde, le succès auprès du public a été immédiat, si bien que le jardin a connu plusieurs extensions. À la serre froide (*estufa fria*) s'est ajoutée une serre chaude (*estufa quente*), ainsi qu'un pavillon vitré accueillant des expositions temporaires. Après plus d'un an et demi de travaux, l'*estufa fria* a rouvert ses portes en mai 2011.

Parque Eduardo VII • Ⓜ Marquês de Pombal
tlj été 9h-18h, hiver 9h-17h30

4. PARQUE EDUARDO VII

L'espace alterne parties arborées, lacs peuplés d'une faune bruyante et grandes pelouses ornées de haies géométriques qui offrent une vue dégagée sur le centre historique de la ville. La sculpture surprenante de João Cutileiro sur le thème de la révolution du 25 avril 1974 domine le parc. Jetez aussi un coup d'œil au Pavilhão Carlos Lopes, construit à l'occasion du centenaire de l'indépendance du Brésil en 1922, et orné de panneaux d'azulejos racontant l'histoire du Portugal.

···➤ *Le Parque Eduardo VII accueille tous les ans fin avril-début mai la Foire du livre (http://feiradolivrodelisboa.pt).*

Ⓜ Marquês de Pombal, Ⓑ 12, 22, 83, 702, 711, 713, 723, 742, 746, 748, 753 • Pavilhão Carlos Lopes, visites sur rendez-vous • 213 541 528

5. CASA-MUSEU ANASTÁCIO GONÇALVES

C'est la maison d'un ophtalmologiste, collectionneur d'art et médecin personnel de Calouste Gulbenkian (1888-1965). Construite en 1905 par l'architecte portugais Manuel Joaquim Norte Júnior, elle est classée au patrimoine national. Tout d'abord, on remarque la façade à éléments Art nouveau (portail, vitrail de la salle à manger). Ensuite, on parcourt la maison à travers les diverses pièces dont l'atelier d'artiste du peintre Malhoa, qui en fut le premier propriétaire. Anastácio Gonçalves a réuni ses collections de porcelaine chinoise, de mobilier de diverses époques, de peintures, majoritairement d'artistes portugais, soit environ 2 000 œuvres d'art.

Avenida 5 de Outobro, 6
Ⓜ Picoas ou Saldanha
213 540 823 • www.imc-ip.pt/pt-PT/museus_palacios
mar 14h-18h, mer-dim 10h-18h
tarif plein/réduit 3/1,20 €, gratuit dim et jours fériés 10h-14h et avec la Lisboa Card

6. MUSEU DA CIDADE

Passage obligé pour tout écolier lisboète, le musée, installé dans le beau palais Pimenta, retrace l'évolution de la ville, depuis la préhistoire jusqu'à l'instauration de la République. On y admire un beau panneau d'azulejos représentant l'Hôpital Todos-os-Santos avant le tremblement de terre de 1755, à l'emplacement actuel de la Praça du Rossio, ainsi qu'une maquette de Lisbonne en 1750.

Profitez des jardins, notamment du Jardim Bordalo Pinheiro, où l'artiste contemporaine Joana Vasconcelos a disséminé des animaux de céramique du célèbre caricaturiste (voir ci-contre).

Campo Grande, 245 • Ⓜ Campo Grande • 217 513 200 • www.museudacidade.pt • mar-dim 10h-13h et 14h-18h, **2 €, gratuit dim 10h-14h, avec la Lisboa Card et 18 mai**

7. CAMPO GRANDE

Ancien terrain de manœuvres militaires puis hippodrome, ce jardin entre les Museus da Cidade et de Bordalo Pinheiro a été planté de platanes, d'acacias et d'eucalyptus. Autrefois très apprécié pour les parties de canotage sur son lac, il est un peu délaissé. Les autres espaces verts de la ville vous séduiront plus.

Ⓜ Campo Grande

8. MUSEU RAFAEL BORDALO PINHEIRO

Rafael Bordalo Pinheiro (1846-1905) est un grand céramiste et caricaturiste portugais. Ce musée lui rend hommage à travers des pièces de céramique, ainsi que des gravures, des dessins et des peintures originales. Bien sûr, les Non-Portugais auront souvent du mal à interpréter ses caricatures d'une exceptionnelle justesse qui faisaient fureur à la fin du XIXe siècle. En 1875, il créa le personnage allégorique de Zé Povinho, représentant le peuple portugais : rural, pauvre, ignorant, éternel spectateur, ingénu, sournois, résigné et sceptique... bref, une autodérision du peuple portugais s'appuyant sur des clichés.

Campo Grande, 382
Ⓜ Campo Grande • 218 170 667
www.museubordalopinheiro.pt
mar-dim 10h-13h et 14h-18h
1,50 €, gratuit dim 10h-14h, avec la Lisboa Card et 18 mai

9. PRAÇA DE TOUROS

D'un style mi-arabe mi-oriental, cet édifice imposant en briques rouges a été construit en 1892 pour abriter les arènes (*praça de touros*). Rénové en 2006, il accueille non seulement des *touradas* le jeudi entre avril et octobre, mais également des concerts et des spectacles : 8 000 spectateurs peuvent y prendre place. Il ne se visite pas, mais vous pouvez entrer dans la galerie des restaurants et jeter un coup d'œil à l'agencement des arènes.

Pour assister à un combat, vous pouvez acheter vos billets à l'extérieur de l'arène, sur les sites www.campopequeno.com ou www.ticketline.pt ou via la billetterie ABEP (Praça dos Restauradores).

Campo Pequeno • Ⓜ Campo Pequeno • 217 820 575

10. JARDIM ZOOLÓGICO

Le tour de ce grand jardin se fait dans une petite télécabine. Un impressionnant spectacle de dauphins se déroule à 11h, 15h et 17h (hiver 11h et 15h, mardi 15h). On peut aussi assister au déjeuner des otaries et observer des hippopotames pygmées ou des tortues alligators. Du haut du parc zoologique, belle vue sur l'aqueduc des Águas Livres.

Praça Marechal Humberto Delgado, Estrada de Benfica • Ⓜ Jardim Zoológico • www.zoo.pt
217 232 910 • tlj 10h-20h
21 mars-21 sept, jusqu'à 18h le reste de l'année
tarif plein/réduit 17/12,50 €, -15% avec la Lisboa Card

11. PALÁCIO MARQUESES

C'était l'ancienne *quinta* de chasse de João Mascarenhas, premier marquis de Fronteira. Bâtie au XVIe siècle dans le style italien, tout comme ses magnifiques jardins, elle a été redécorée au XVIIIe siècle d'azulejos, de marbres en trompe-l'œil, de stucs peints aux plafonds. Dans la salle de réception, les panneaux d'azulejos relatant les guerres de restauration entre Portugais et Castillans (1640-1667), sont comme des BD et fourmillent de détails historiques, voire cocasses. Dehors, on passe par la chapelle privée, le pavillon d'été, puis la galerie des rois qui surplombe les magnifiques jardins. La vue est malheureusement gâchée par un environnement de béton.

Largo de São Domingos de Benfica, 1
Ⓑ 70 • 217 782 023
visites guidées uniquement :
tlj sauf dim et jours fériés juin-sept 10h30, 11h, 11h30 et 12h, oct-mai 11h et 12h
palais + jardins 7,50 €, jardins seuls 3 €

12. PARQUE FLORESTAL DE MONSANTO

Cette ancienne carrière, qui a permis de daller les trottoirs de la capitale, est le véritable poumon vert de la ville, la délimitant à l'ouest : sur 900 ha de verdure, les marcheurs, joggeurs, et VTTistes ont un accès facile à leurs loisirs. Des aires sont aménagées pour des pique-niques.

Ⓑ 711, 723, 724, 729, 70 • 218 170 200/1

À TABLE !

13. HONG KONG GRANDE PALACIO

CUISINE CHINOISE

C'est *le* restaurant asiatique de Lisbonne : large carte, grande variété de *dim sum*, soupe piquante "*on fire*". À deux, on peut choisir un menu (27,50 ou 29,50 €) comprenant soupes, entrées variées, assiette de gambas aux noix de cajou et plat de viande pimentée, plus dessert à base de mangue.

Le midi, plusieurs formules bon marché, dont soupe + dim sum variés à 6,80 €.

Rua Pascoal de Melo, 8 A (Praça Chile) • Ⓜ Arroios
218 123 349 • tlj 12h30-15h et 19h30-0h30

14. SETE PECADOS

CUISINE THAIE ET VÉGÉTARIENNE

Ce petit resto à la déco orientale un peu kitsch, vous étonnera par ses petits prix et la variété de mets proposés. Les prix des plats (copieux) sont compris entre 9 et 15 €.

Le midi, toutes les suggestions du menu (hors poisson et canard) ont un prix fixe de 6 €.

Avenida Luís Bívar, 7 A • Ⓜ São Sebastião ou Parque
213 160 529 • www.restaurantesetepecados.com
lun-sam midi-minuit

15. ESTRELA DO PARQUE

CUISINE PORTUGAISE

Dans une véranda donnant sur la Rua Castilho, qui longe le Parque Eduardo VII, on propose une bonne cuisine locale, simple et à petits prix (sole grillée à 8,50 €). Une bonne adresse avant de profiter de la verdure du parc.

Rua Castilho, 181 • Ⓜ Marquês de Pombal
213 829 509 • tlj sauf jeu 8h-23h

16. TASTE OF NEPAL

CUISINE INDIENNE ET NÉPALAISE

Ce restaurant de cuisine indienne et népalaise propose un buffet varié à volonté, tous les jours de la semaine au déjeuner pour 8,50 €. En plein Lisbonne, venez goûter au *daal* (curry de lentilles à la coriandre) ou à la salade aux concombres et aux carottes sauce sésame.

Vendredi et samedi menu dîner à 10,50 €.

Rua Latino Coelho, 10 A-B • Ⓜ Picoas
213 534 007 • tlj 12h-15h et 19h-23h

17. LA FINESTRA

CUISINE ITALIENNE

Le décor est assez surprenant : après un couloir un peu sombre où sont suspendus deux lustres assez kitsch, vous arrivez à une grande salle tout en angles droits et aux couleurs gaies. L'espace est fumeurs mais agréable. La pizza du jour est à 11,80 € et l'escalope de veau sauce au choix à 12,50 €. Bonne panacotta au chocolat en dessert pour 3,75 €.

Avenida Conde de Valbom, 52 A • Ⓜ São Sebastião
217 613 580 • lun-dim 12h-15h30 et 19h-1h

19. SARDINHEIRA

CUSINE PORTUGAISE

Dans cette cantine de quartier, on choisit son plat avant d'aller s'asseoir avec son plateau. Le midi, plat de viande ou de poisson avec 2 accompagnements (légumes et salades au choix), à 6,90 €. Délicieux scones tout chauds dès 15h. Adresse très prisée des habitants du quartier.

Rua Sampaio e Pina, 72 A-B
Ⓜ Marquês de Pombal
213 871 012
lun-ven 8h30-19h

18. CINCO JOTAS GOURMET

VERY CHIC

CUISINE ESPAGNOLE

Dans ce bar à tapas, situé au dernier étage du Corte Inglés, on choisit la taille de ses plats : tapas, demi-portion et portion entière. Les spécialités : le jambon cru haut de gamme de l'établissement ou la *tortilla* à la morue. Au comptoir ou à table, 4 assiettes de tapas à partager à 2 vous coûteront entre 20 et 30 €.

El Corte Inglés, Avenida António Augusto de Aguiar, 7e ét.• Ⓜ São Sebastião
213 868 656 • lun-ven 10h30-22h, sam 10h-23h, dim 10h-20h

AUTOUR D'UN VERRE...

20. LINHA D'ÁGUA

CAFÉ

Malgré la proximité d'artères passantes, ce café en forme de croissant de lune jouit d'une atmosphère calme. On vient y faire une petite pause au bord d'un bassin, au cœur du Jardim Amália Rodrigues – et à l'abri du vent.

Rua Marquês de Fronteira,
Jardim Amália Rodrigues
Ⓜ São Sebastião ou Parque
213 814 327 • tlj 10h-22h (20h en hiver)

21. FONTANA BAR

BAR LOUNGE

Profitez de l'ambiance relaxante du patio (chauffé en hiver), situé dans l'hôtel 4 étoiles Fontana Park. On se laisse aller dans de grands canapés blancs au son d'une cascade, haute de 5 m : il ne manque plus qu'un massage pour se croire au spa ! Porto à 5 €, cocktails à 6 €, hamburger au foie gras à 15 €.

Du lundi au vendredi happy hour entre 19h et 21h.

Fontana Park Hotel, Rua Engenheiro Vieira da Silva, 2 • Ⓜ Picoas
210 410 600• tlj 10h-1h

22. MOVIES CAFÉ

BAR

Ce café au 1er étage d'un centre commercial a une vue plongeante sur la place de Saldanha grâce à de grandes baies vitrées. Ce n'est pas tant l'ambiance ni la décoration que recherche ici la jeune clientèle, mais la variété de bières qu'on y trouve. En pression ou bouteilles. Une Leffe à 3,30 €, une Chimay à 3,40 €.

Edifício Monumental,
Avenida Praia da Vitória
Ⓜ Saldanha • 213 538 832 • tlj 12h-1h

23. METRO E MEIO

BAR

Ouvert en 1974, ce bar doit son nom à la hauteur de son pas-de-porte de 1,50 m ! Les différentes salles voûtées en sous-sol, avec piano et cheminée, en font un endroit parfait pour l'hiver. Bon choix de cocktails à 6,50 € à siroter sur fond de musique pop-rock.

Avenida 5 de Outobro, 174
Ⓜ Campo Pequeño
217 975 997 • lun-sam 17h30-3h

24. ESPAÇO 10

BAR

Ce bar, qui fait aussi restaurant à l'étage, a été ouvert par l'ancien joueur de foot, le célèbre Rui Costa. La décoration est moderne, tout en rouge et noir et la musique incite à danser. Bien sûr, il y a des écrans partout, pour suivre les matchs de foot du moment ! Karaoké tous les lundis.

En semaine, 6 mini-bières pression pour 6 €.

Avenida Casal Ribeiro, 63 A, Atrium Saldanha • Ⓜ Saldanha • 218 485 283
www.espaco10.pt • lun-ven 12h-2h, sam et jours fériés 18h-2h

25. PASTELARIA VERSAILLES

PÂTISSERIE

On vient dans cette établissement tant pour ses gâteaux que pour son intérieur grandiose. Orné d'un immense comptoir, d'une galerie de glaces, de stucs peints au plafond, c'est une institution à Lisbonne.

Avenida da República, 15 A
Ⓜ Saldanha
213 546 340
tlj 7h30-22h

26. MAGNOLIA CAFFÉ

CAFÉ

Ce sont les locaux d'un ancien garage qu'a investis le café Magnolia. Dans un vaste espace "urban chic", au design dépouillé, vous pourrez prendre possession d'un fauteuil rouge, d'un canapé noir, et d'une table tout de blanc revêtue. Au fond, vous trouverez un espace lounge, doté d'un petit jardin d'hiver. Le cappuccino est réputé (1,70 €), les jus de fruits sont très frais (2,35 €), et on peut y croquer des sandwichs, salades ou scones.

Le week-end et les jours fériés, brunch à 8 € de 11h à 12h30, 12 € jusqu'à 15h30.

Avenida Miguel Bombarda, 48 • Ⓜ Saldanha • 210 123 722• www.magnoliacaffe.com
lun-mer 8h-20h, jeu-ven 8h-23h, sam 10h-23h, dim et jours fériés 10h-20h

27. WHISKY & CO

VERY CHIC

WHISKY ET SPIRITUEUX

Espace unique au Portugal, ce magasin est dédié au whisky. Il possède 700 références, de toutes les origines, essentiellement du single malt écossais, mais aussi de l'irlandais et du japonais. Dans le petit musée attenant, 12 500 bouteilles sont réunies, représentant 30 ans de collection, de toutes formes (trains, Cadillac) et tous matériaux (verre, céramique). Pour des petits cadeaux rigolos, on trouve aussi du dentifrice au whisky et même des préservatifs goût whisky !

Rua Visconde Seabra, 12 C • Ⓜ Entrecampos • 217 932 655
lun-ven 9h-13h et 14h30-19h

UN PEU DE SHOP-PING

28. OS BURGUESES

MODE

Au deuxième sous-sol du Spazio Dual, un showroom de voitures italiennes, se sont installés des créateurs en tous genres au sein d'Art in Park. Parmi eux, les "Bourgeois" Mia et Eleutério possèdent leur atelier où ils vendent leurs vêtements dégriffés (-50 à -70%) et quelques pièces exclusives de l'édition limitée "t-stripe" de T-shirts à rayures. Prix oscillants entre 30 et 220 € mais, vous aurez l'assurance de repartir avec une pièce unique.

Spazio Dual, Avenida da República, 41, 2e ét.
Ⓜ Saldanha
217 930 179/915 970 323
www.osburgueses.com
lun-ven 11h-19h

29. SACOOR BROTHERS OUTLET

DESTOCK

Le nom à consonance britannique cache en fait une marque 100% portugaise. On trouve ici de la confection homme et femme à petits prix. Un costume homme à 225 € au lieu de 495 €, chemises, tailleurs pour femmes. Pour les adeptes du look chic à prix destockage.

Rua Pascoal de Melo, 127 • Ⓜ Arroios • 210 046 900
lun-sam 10h30-14h30 et 15h30-19h30

30. EL CORTE INGLÉS

VERY CHIC

GRAND MAGASIN

L'équivalent espagnol des Galeries Lafayette : vêtements de marques, notamment de la créatrice portugaise Fátima Lopes, jouets, papeterie, Hi-Fi, supermarché et magasin Gourmet avec bonne cave à vin. Le tout sur 7 niveaux.

Avenida António Augusto de Aguiar
Ⓜ São Sebastião • 213 711 700
www.elcorteingles.pt • lun-jeu 10h-22h,
ven-sam 10h-23h30, dim et jours fériés 10h-20h

31. GLOW

GADGETS

Cette boutique de gadgets vend beaucoup d'articles inspirés de l'Amérique des années 1950. On y trouve des juke-box (environ 100 €), mais aussi des rééditions d'antiques phonographes de marque Crosley (200 à 300 € voire plus, selon modèle). Pour les bourses moins garnies, on y trouve des T-shirts à messages drôles à 10 € et plein de cadres photos et autres articles de déco, utiles ou complètement inutiles.

Avenida Miguel Bombarda, 83 • Ⓜ Saldanha
937 625 904
lun-ven 10h-19h, sam 10h-13h

30.

31.

32.

32. OUTLET PULL & BEAR

DESTOCK

C'est le magasin outlet de la marque espagnole Pull & Bear. Pour homme et femme, on y déniche des T-shirts à partir de 3,99 €, des jupes, robes et chemisiers à partir de 9,99 €. Le rayon homme est également très bien garni.

Rua Morais Soares, 116 A • Ⓜ Arroios
218 120 065 • lun-sam 9h30-19h30

33. ZILIAN

CHAUSSURES

Cette marque portugaise de chaussures produites au Brésil a ouvert un grand espace au design dépouillé. Les quelque 4 000 chaussures exposées sont classées par taille et souvent déclinées en plusieurs couleurs. Des souliers pile-poil dans la tendance, avec des prix entre 90 et 140 €.

Avenida António Augusto de Aguiar, 29 D
Ⓜ São Sebastião • 213 878 455 • www.zilianchoose.com • lun-sam 10h-20h

34. LIVRARIA MUNICIPAL

LIBRAIRIE

Remarquez le sol du magasin, une véritable *calçada portuguesa* (p. 16). Cette librairie vend des beaux ouvrages sur l'histoire de Lisbonne, ainsi que des guides de quartiers, très détaillés et des livres décrivant des lieux emblématiques de la ville, comme la place Camões. Quelques titres en français. Vous pourrez y trouver un jeu de 54 cartes (15 € en portugais, 18 € en anglais) décrivant chacune une balades dans Lisbonne et ses environs, édité par Lisbon Walker (www.lisbonwalker.com/lisboaape.html).

La Nouvelle Librairie française (NLF), au sein de l'IFP tout proche, est la seule librairie généraliste en français (Avenida Luís Bívar, 91, 213 143 755, http://nlf-livraria.com, lun-ven 10h30-19h30, sam 10h-12h30).

Avenida da República, 21 A • Ⓜ Saldanha • 213 521 775 • lun-ven 9h30-17h

Parque das Nações

URBANISME MODERNE POUR UNE CITÉ NOUVELLE

L'Exposition universelle organisée à Lisbonne en 1998 a fondamentalement changé la physionomie de la partie orientale de la ville. À partir d'une zone industrielle, oubliée et délaissée, s'est construit un quartier moderne et ambitieux. L'Expo' 98 avait comme thème "Les Océans, patrimoine du futur", aussi l'architecture et la décoration des différentes constructions sont-elles liées à la mer, à l'image des tours jumelles entourant le centre commercial Vasco de Gama qui se dressent telles la proue d'un navire affrontant la mer. Le Parque das Nações est aujourd'hui un quartier vivant, loin d'être devenu une "mer Morte".

REPÈRES

ALAMEDA DOS OCÉANOS : l'artère principale du Parque das Nações, où se concentrent restaurants et magasins, notamment le Centro Comercial Vasco da Gama ainsi que le point information.
LA TORRE VASCO DA GAMA : la plus haute tour de Lisbonne délimite la zone nord du Parc, qui se situe d'ici au Pavilhão Atlântico.
LA TORRE GALP : cette "usine à gaz" est la limite sud du Parc, qui va de l'Océanarium à la Marina.
LE REPAIRE DES FÊTARDS : Rua da Pimenta, animée de jour comme de nuit.

ESSENTIELS

OCEANÁRIO/⊙1 : le second plus grand aquarium d'Europe (détails p. 161).
PONT VASCO-DE-GAMA/⊙6 : prouesse d'ingénierie civile à admirer depuis la terre ferme, en parcourant les bords du Tage, point idéal pour profiter de l'architecture du parc dans son ensemble (détails p. 163).
CENTRO COMERCIAL VASCO DA GAMA/25 : point névralgique du parc, toujours animé (détails p. 168).
LE TÉLÉPHÉRIQUE/⊙7 : belle balade à 20 m du sol qui rejoint l'Océanarium depuis la tour Vasco-de-Gama et inversement (détails p. 163).

Confidentiels

MISS SAIGON/13 : un déjeuner dans l'un des meilleurs restaurants végétariens de la ville (détails p. 164).
LES ESPACES VERTS/⊙9 : une promenade entre nature et architecture dans les jardins du parc (détails p. 163).
AFREUDITE/10 : un dîner dans ce restaurant pour une expérience sensuelle et originale (détails p. 164).
LE BAR DU CASINO/20 : poursuivre la soirée dans un espace tout en transparence (détails p. 166).

Ponte Vasco da Gama
6
Av. Infante Dom Henrique
Av. Dom João II
R. Ilha dos Amores
Passeio dos Heróis do Mar
Passeio do Tejo
9
10
Pas. das Garças
Alameda dos Oceanos
Av. de Moscavide
23
21
13
R. João Pinto Ribeiro
Av. da Boa Esperança
5
Rua da Pimenta
Av. do Atlântico
7
17
28
18
22
Passeio das Tágides
14
Alameda dos Oceanosa
9
Rua do Conselheiro Lopo Vaz
11
Via Recíproca
4
Oriente
8
25
12
Av. de Berlim
3
20
24
1
Av. de Pádua
16
2
15
7
9
Largo dos Arautos
26
N41
Porta do Mar
27
Passeio do Báltico
Av. Fernando Pessoa
Alameda dos Oceanos
Rua das Musas
Passeio do Neptuno
19
Av. Mal. Gomes da Costa
Tage
Visiter
À table
Autour d'un verre
Un peu de shopping
Sortir (voir chapitre spécifique p. 183)
500 m

VISITER

Le Parque Expo n' est pas le lieu idéal pour les meilleures sorties nocturnes, même si sa partie centrale reste animée en soirée. C' est surtout un lieu de promenade agréable. Longez le front de mer à pied ou en téléphérique, louez un vélo pour une heure, ou retombez en enfance et empruntez un kart à pédales ! Un site utile : www.portaldasnacoes.pt.

1. OCEANÁRIO DE LISBOA

Conçu par l'architecte américain Peter Chermayeff, et point d'orgue de la thématique "Les océans, patrimoine du futur" de l'Exposition universelle, l'Océanarium est le second plus grand aquarium d'Europe et l'attraction la plus courue de Lisbonne, avec 1 million de visiteurs par an. On peut admirer la faune et la flore marines des mers chaudes ou froides : requins, loutres de mer, et, nouveauté depuis mi-2011, un bâtiment couvert d'écailles accueille les tortues marines.

···› *Audioguide en français pour 2,50 €.*

Esplanada D. Carlos I • Ⓜ Oriente • 218 917 002 • www.oceanario.pt
été 10h-20h, hiver 10h-19h • 13 €, avec expo temporaire 16 €

2. PAVILHÃO DO CONHECIMENTO - CIÊNCIA VIVA

Primé deux fois pour son architecture, cet édifice construit pour l'Expo' 98, abritait une installation sur les relations entre les hommes et la mer ainsi que le modèle du sous-marin conçu par Léonard de Vinci. Sa reconversion en pavillon de la Science en 1999 est un franc succès. Tous les sens sont sollicités de façon ludique, ce qui en fait surtout le bonheur des enfants : Astronaute, funambule à vélo ou fakir, tous les rêves sont réalisables !

Alameda dos Océanos
Ⓜ Oriente • 218 917 100
www.pavconhecimento.pt
mar-ven 10h-18h, sam-dim et fériés 11h-19h • tarif plein/ réduit 7/3,50 €, gratuit 18 mai, 25 juil et 24 nov

3. PAVILHÃO DE PORTUGAL

Cette prouesse architecturale, une dalle de béton incurvée de 65 m de long sur 50 m de large, a abrité la présentation portugaise lors de l'Expo' 98. L'architecte, Álvaro Siza Vieira, a décroché le Prix d'architecture Valmor en 1998 (ex-aequo avec le Pavilhão do Conhecimento) pour cette réalisation, qui ne sert finalement plus que de décor à certaines cérémonies officielles.

Alameda dos Oceanos • Ⓜ Oriente

4. PAVILHÃO ATLÂNTICO

Admirez la forme de cette salle polyvalente, inspirée de celle d'un limule qui serait posé sous le niveau de la mer. Ce pavillon peut accueillir jusqu'à 20 000 spectateurs pour des concerts ou des événements sportifs. C'est la plus grande salle du Portugal.

Rossio dos Olivais, Lote 2.13.01 A
Ⓜ Oriente • 218 918 409 • www.pavilhaoatlantico.pt

5. TORRE VASCO DA GAMA

Du haut de ses 145 m, c'est la tour la plus haute du Portugal. Elle est composée d'une structure métallique en forme de voile de caravelle, en hommage aux navigateurs qui empruntaient ces navires pour découvrir l'outre-mer. Elle est actuellement en travaux pour accueillir en 2013 un hôtel de luxe. À l'origine, un restaurant panoramique s'était installé au sommet de la plate-forme à 120 m. Il devrait rouvrir en même temps que le futur établissement hôtelier.

Cais das Naus • Ⓜ Oriente

6. PONTE VASCO DA GAMA

Le Parque das Nações est l'endroit idéal duquel admirer ce pont. Ce viaduc à haubans, inauguré juste avant l'ouverture de l'Expo' 98, franchit l'une des parties les plus larges de l'estuaire du Tage : ses 17,2 km en font le plus long d'Europe. Bien pensé, il a été construit en fonction de la courbure de la terre et il est capable de résister à un séisme 4,5 fois plus important que celui de 1755 et à des vents de plus de 250 km/h.

7. TELEFÉRICO

C'est, bien sûr, la dernière chose que l'on s'attend à voir à Lisbonne : un téléphérique ! Construit pour l'Expo' 98, il longe le Tage sur un peu plus de 1 km, et offre une vue panoramique sur le Parque das Nações. Il relie le Jardim das Ondas à la tour Vasco-de-Gama. Insolite, mais un peu cher le voyage !

Ⓜ Oriente • tlj 10h-20h30
aller 3,96 €, aller-retour 6,05 €

8. ESTAÇÃO DO ORIENTE

La gare Oriente, conçue par l'architecte espagnol Santiago Calatrava, est une construction surprenante alliant acier, verre et béton, dont les piliers sont en forme de palmiers et le toit imite les vagues. À l'intérieur, les azulejos sont décorés de thèmes marins, et ont été réalisés par des artistes issus des cinq continents.

Ⓜ Oriente

9. LES JARDINS DU PARC

Les urbanistes du Parque das Nações n'ont pas négligé les jardins. Ils sont tous différents, et originaux ! Le Jardim das Ondas, entre l'Océanarium et le théâtre Camões, reproduit des vagues en gazon de façon très réaliste. Le Jardim Garcia de Orta, qui longe la Rua da Pimenta, rend hommage à ce célèbre botaniste et médecin portugais du XVIe siècle (1499-1568), recréant des ambiances florales du Brésil, d'Afrique, de Chine, des Açores et de Madère. Entre les deux, le Jardim Musical vous propose des instruments à l'air libre, et percussions en tous genres. Enfin, au-delà de la tour Vasco-de-Gama, partez à la découverte du Parque do Tejo jusqu'au pont Vasco-de-Gama.

Ⓜ Oriente

À TABLE !

10. AFREUDITE

VERY CHIC

CUISINE INVENTIVE

Voici un restaurant original à Lisbonne, plutôt excentré, mais dont le succès perdure depuis une douzaine d'années. Ici, la cuisine comporte des ingrédients aphrodisiaques et les plats sont présentés parfois de manière très suggestive. L'un des rares endroits où vous offrir un dîner intime au Parque das Nações, avec lumière tamisée et fond musical d'inspiration orientale. Comptez 20 à 30 € pour un dîner très spécial !

Passeio das Garças, Lote 8 B (Zone Nord) • Ⓑ 708 • 218 940 660
lun-sam 20h-minuit

11. CAPRICCIOSA

CUISINE ITALIENNE

Capricciosa vous propose de bonnes pizzas à la pâte fine et de belles salades. Le concept est bon marché et attire un public varié dans une décoration lumineuse et simple, composée de tables en bois blanc jouant avec le rouge des chaises.

Passeio das Tágides, Lote 2.26.01
Ⓜ Oriente • 218 922 595
www.grupodocadesanto.com.pt
tlj 12h30-15h30 et 19h30-minuit, jusqu'à 1h le week-end

12. ORIZON

CUISINE BRÉSILIENNE

Cette chaîne de restaurant est spécialisée dans le *rodízio*, un système de restauration typiquement brésilien (proche des formules "à volonté") où après avoir payé un prix fixe (ici, 12 € ou 16 €), le client se voit apporter des spécialités de l'établissement (ici, des brochettes de viande). Quand vous n'en pouvez plus, rendez votre drapeau ! Les brochettes de viande brésilienne sont accompagnées de riz, de haricots noirs et de bananes frites. Vous pourrez composer vous-même votre entrée au buffet.

Du lundi au vendredi, menu à 5,98 € (plat du jour + boisson + café), ou buffet libre à 7,50 € au déjeuner, 11,90 € au dîner.

Passeio das Tágides • Ⓜ Oriente
218 968 069 • tlj midi-minuit

13. MISS SAIGON

CUISINE VÉGÉTARIENNE

À proximité de la tour Vasco de Gama, ce petit espace lumineux s'inspire de la cuisine du monde et la transforme en de belles assiettes végétariennes et végétaliennes. Au déjeuner, 3 choix de plats principaux d'influences très variées : couscous aux légumes, courgettes farcies au soja façon turque, moussaka végétarienne, voire *pabellón*, spécialité du Venezuela revisitée. Le décor est sobre, alliant le blanc au bois avec quelques touches "polystyrène" du canapé multicolore à l'entrée ou des étagères. Sur une musique jazzy, les clients, majoritairement des femmes, font une pause déjeuner *light*.

Rua Cais das Naus, Lote 4.01.01 (zone nord)
Ⓜ Oriente • 210 996 589 • www.miss-saigon.pt
lun-ven 10h30-19h30 et sam 10h30-18h

14. BOTA FEIJÃO

SPÉCIALITÉ DE COCHON DE LAIT

Cette adresse, malheureusement un peu excentrée dans une zone résidentielle, vaut tout de même le déplacement. C'est un délice... Comptez 15 € en moyenne pour un déjeuner, mais attention ! le restaurant est ouvert seulement en semaine de 12h à 15h.

Rua Conselheiro Lopo Vaz, 5 • Ⓜ Oriente • 218 532 489
lun-ven 12h-15h, le soir uniquement sur réservation pour groupes à partir de 10 personnes

15. CAFÉ CIÊNCIA

CAFÉTÉRIA

C'est la cafétéria du pavillon de la Science (Pavilhão do Conhecimento), dont la décoration, composée de pièces des designers Konstantin Grcic et Marcel Wanders, est inspirée de la cafétéria du MoMa de New York. C'est un des seuls établissements des environs où l'on peut bruncher le dimanche (18 €). En semaine, des petits-déjeuners sont disponibles (1,50 à 4 € selon la consistance). Stand de glaces Artisani sur place.

Le midi, formule à 10 € soupe + plat + dessert.

Alameda dos Oceanos, Pavilhão do Conhecimento, Lote 2.01.01 • Ⓜ Oriente • 918 105 250
lun-sam 10h-18h, dim et jours fériés11h-19h

VERY CHEAP

17. STATUS

CUISINE ITALIENNE ET INTERNATIONALE

Difficile de faire un choix entre les différents restaurants de la Rua da Pimenta. Celui-ci se distingue par ses prix. Status propose 2 plats du jour à 5,90 €. Les assiettes sont moins gourmandes que dans les cantines de quartier, mais c'est bon. Aussi, bonnes pizzas et salades variées.

La nuit venue, le restaurant se transforme en bar-discothèque.

Rua da Pimenta, 71-73
Ⓜ Oriente • 218 951 966
www.status.com.pt • mar-dim
12h30-15h30 et 19h30-minuit

16. LA BRASSERIE DE L'ENTRECÔTE

VERY CHIC

SPÉCIALITÉS DE VIANDES

La Brasserie de l'Entrecôte est un concept suisse, avec des touches *very* parisiennes. Si vous voulez changer du poisson et manger un bon steak, vous serez accueilli dans un espace sur plusieurs niveaux ou sur une belle terrasse vitrée, avec effet coupe-vent garanti. La zone est assez animée le soir, car proche du casino. Ici, le menu est unique : soit vous optez pour l'entrecôte accompagnée de salade verte et de pommes allumettes (17,95 €), soit vous choisissez le steak végétarien (seitan) pour 15,95 €. Les plats sont énormes et les frites à volonté ! Enfin, le prix du vin est raisonnable, comptez 10 à 12 € pour une bouteille de rouge Alentejo portugais.

Alameda dos Oceanos, Lote 1.02.1.2 A • Ⓜ Oriente • 218 962 220
www.brasserieentrecote.pt • tlj 12h30-15h (16h le week-end) et 19h30-23h30

AUTOUR D'UN VERRE...

18. IRISH & CO

PUB

Ce pub irlandais est idéal pour boire une Guinness (4,60 €) dans un cadre convivial et boisé. Très aéré, ouvert sur deux côtés en été, il est surtout fréquenté par les touristes (beaucoup d'anglophones) ou les Lisboètes désireux de changer un peu d'ambiance ! Écran géant pour les amateurs de foot.

Happy hour de 17h à 19h.

Rua da Pimenta, 57-61
Ⓜ Oriente • 218 940 558
tlj 12h30-1h, ven-sam jusqu'à 4h

19. LIGHTHOUSE

CAFÉ-RESTAURANT

Dans la zone sud du Parque das Nações, face à la Marina, vous pouvez prendre un pot en toute tranquillité soit en terrasse, soit au creux d'un fauteuil cosy, dans un intérieur où le rouge et le blanc dominent. Musique variée, public hétéroclite, l'ambiance s'agite les soirs où les matchs sont retransmis sur un écran.

Passeio do Neptuno, Marina da Expo,
Loja 25-26 (zone sud) • Ⓑ 28, 781
919 998 800 • www.lighthouse.pt
tlj 11h30-1h30, jusqu'à 2h30 du jeu au sam

20. ARENA LOUNGE

VERY CHIC

BAR

Cet établissement est situé dans le casino de Lisbonne, dont l'architecture allie acier, verre et jeux de lumières. L'endroit est un espace démocratique, animé par 4 restaurants et 3 bars, dont l'Arena Lounge, dans la partie centrale au rez-de-chaussée : 3 anneaux sur 3 niveaux en rotation permanente, jeux de lumières entre rouge, bleu, violet et noir. Le bar propose les soirs de week-end des concerts gratuits et des DJ sets. Grand choix de cocktails réalisés selon les techniques de cuisine moléculaire. C'est l'occasion d'aller faire un tour au casino, où les machines à sous pullulent sur 3 étages. Vous pourrez y jouer à la roulette ou au blackjack au dernier étage.

Casino, Alameda dos Oceanos, Lote 1.03.01 • Ⓜ Oriente • 218 929 000
www.casino-lisboa.pt • lun-jeu et dim 15h-3h, ven-sam 16h-4h, fermé le 24 déc

21. ESPLANADO

CAFÉ

Situé au-delà de la tour Vasco-de-Gama, ici, le concept du kiosque est revisité : vous passerez un long moment de calme installé sur l'une des chaises colorées, face au Tage. Au menu : verres de vin blanc ou rouge (1 € !), assiettes de charcuterie et de fromages, sandwichs ou salades. Les sportifs du week-end, les touristes ou les familles viennent facilement s'attabler ici pour quelques instants privilégiés.

Location de vélo à l'heure à Tejo Bike (www.tejobike.pt).

Passeio dos Herois do Mar,
Praça do Tejo
Ⓑ 708
tlj 10h-21h

22. PETER CAFÉ SPORT

CAFÉ-RESTAURANT

Pour rester dans le thème maritime originel du Parque das Nações, une baleine géante vous accueille. Inspiré du Café Sport d'Horta aux Açores, meilleur bar du monde selon la revue *Newsweek* en 1986, le Peter Café se pare d'une décoration boisée, avec deux couleurs prédominantes, le bleu et le blanc de la mer. C'est à la fois un pub et un restaurant. Le public se partage entre touristes (la majorité) et Lisboètes, qui apprécient non seulement sa terrasse mais aussi son ambiance.

Rua da Pimenta, 39
Ⓜ Oriente • 218 950 060
mar-dim 12h-1h
et ven-sam 12h-2h

23. GELADARIA EMANHA

GLACIER

Emanha est le nom d'une ville en Angola, d'où sont originaires les propriétaires de ce glacier artisanal. Glaces à l'italienne, avec pas mal de saveurs originales, comme par exemple *carapinhão* (caramel et pignon de pin), ou *caipirinha* ! Vous choisirez entre l'intérieur ambiance africaine avec ses dossiers de chaises en forme de cœur, ou entre la vaste terrasse délimitée par des plantes.

Rua Ilha dos Amores,
Lote 4.08.01
Ⓜ Oriente
218 936 060
tlj 9h-minuit

24. LX DESIGN

DÉCORATION

Cette belle boutique présente une large gamme d'accessoires de décoration raffinés de marque Flos (avec des créations de Philippe Starck), des tissus Designers Guild et Ralph Lauren, de la vaisselle Bodum, ainsi que des pièces de céramique de l'artiste portugais Rafael Bordalo Pinheiro (hirondelles, grenouilles, poisson). En cherchant bien, on trouve toujours un petit quelque chose accessible à toutes les bourses.

Alameda dos Océanos, Lote 1.2-1.02 D • Ⓜ Oriente
218 942 118 • mar-sam 11h-14h30 et 15h30-20h

UN PEU DE SHOP-PING

25. CENTRO COMERCIAL VASCO DA GAMA

C'est le moteur du Parque das Nações ! Grâce à sa présence, la zone de l'Expo' 98 reste vivante et animée, même le soir. La conception de ce centre commercial reprend, bien sûr, la thématique du parc, et c'est très réussi ! De l'eau ruisselle sur des parois vitrées, c'est du plus bel effet. Côté commerces, vous trouverez ici environ 120 magasins, des salles de cinéma et de nombreux restaurants. D'ailleurs, la zone de restauration possède une belle terrasse dominant l'Alameda dos Océanos et le Tage, bien agréable à la belle saison pour éviter les intérieurs bruyants.

Avenida D. João II, Lote 1.05.02
Ⓜ Oriente
218 930 600
www.centrovascodagama.pt
tlj 9h-minuit

26. MF DESIGN

GADGETS

Le Parque das Nações n'est pas l'endroit idéal pour du lèche-vitrine, cependant cette boutique de gadgets et d'accessoires pour la maison est plutôt sympa. On y trouve des ustensiles de cuisine en tous genres, des sacs, des cabas, des objets utiles ou inutiles... Les motifs sont variés, colorés et gais.

Largo dos Arautos, Lote 2.06.05 (zone sud) • Ⓜ Oriente
966 563 486 • www.mfdesign.pt • lun-sam 10h-19h

27. ARTE ASSINADA

VERY CHIC

DESIGN D'INTÉRIEUR

Dans un espace avec mezzanine, voici un magasin consacré au beau design, "d'auteur" comme son nom l'indique. Tout est importé, les créations proviennent des divers pays d'Europe. La gamme est vaste et couvre meubles contemporains, luminaires haut de gamme de la marque hollandaise Brand Van Egmond, parfums (Acqua di Parma) et arômes d'ambiance, bougies se consumant en huiles de massage, ainsi que des bagages et accessoires de la marque allemande WNZL. Pour une folie ou juste pour les yeux !

Porta do Mar, Lote 3.11.09 (Torre Galp)
Ⓜ Oriente
218 948 047
www.arteassinada.pt
mar-ven 14h-20h, sam 14h-19h

28. BOUTIQUE DO RIO

VERY CHIC

MULTIMARQUES

Cette boutique plutôt discrète promeut des vêtements et des chaussures originaux et de grande qualité : chaussures de marques internationales (Jeffrey Campbell, Hunter), ou nationales, comme les Xuz, bottes ou sandales-sabots très tendance, en cuir et made in Portugal (environ 100 € la paire). Côté vêtements, des robes, des tops ou des ensembles portugais Rüga, ou encore des maillots de bain colombiens Phax.

Alameda dos Oceanos, loja 7
Ⓜ Oriente,
91 664 6434/91 229 3822
lun-ven 10h-19h, sam et fériés 10h-18h
http://boutiquedorio.blogs.sapo.pt

Environs de Lisbonne

MONUMENTS ET PLAGES

Incontournable pendant votre séjour lisboète, un tour rive gauche du Tage vous permettra de contempler la ville dans toute sa splendeur. Ne ratez pas non plus une escapade à Sintra, ville romantique et mystérieuse. Patrimoine mondial de l'Unesco, le site recèle des palais plus exubérants les uns que les autres. Vous pourrez ensuite regagner la plage pour une pause bien méritée, à moins que vous ne préfériez poser votre serviette sur le sable de Cascais et Estoril, les deux stations balnéaires phares de la Riviera portugaise. À 25 km seulement de Lisbonne, mais à mille lieues de sa (relative) agitation, les ex-villégiatures royales, célèbres pour leur casino, leur circuit automobile et leur festival de jazz, ont toujours la cote !

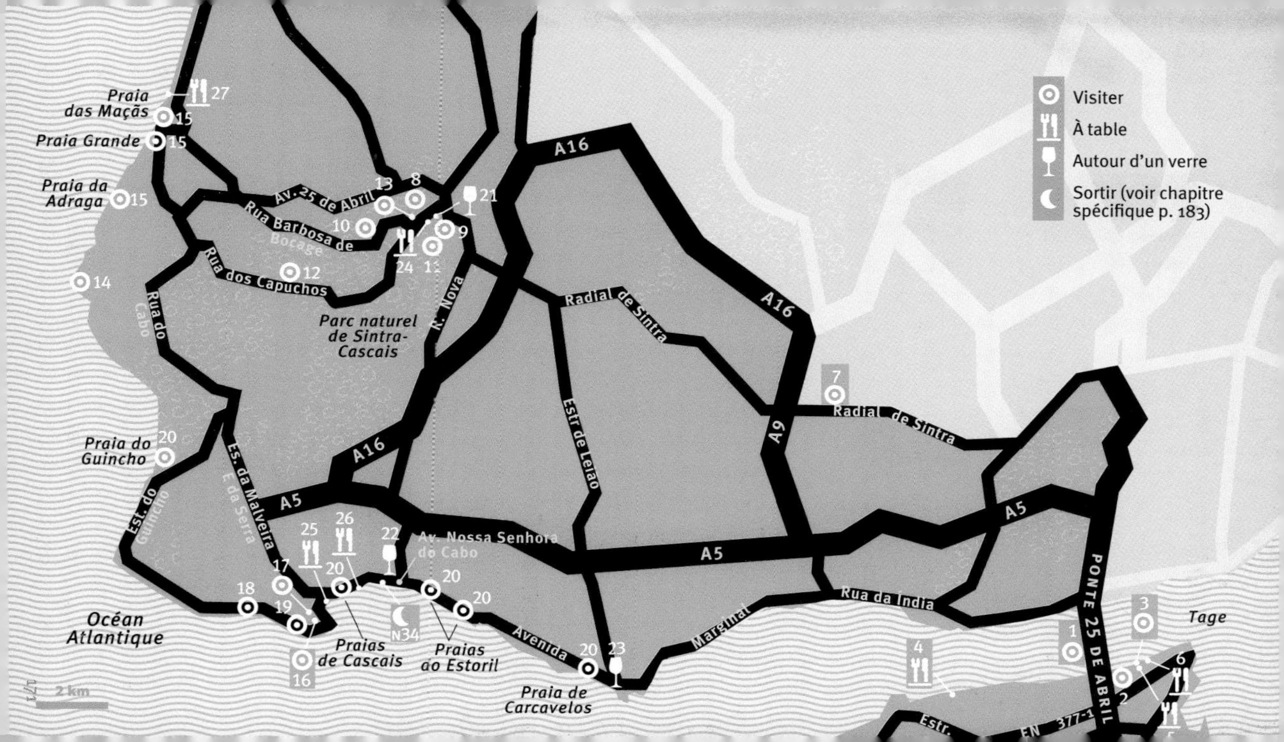
Visiter
À table
Autour d'un verre
Sortir (voir chapitre spécifique p. 183)
Praia das Maçãs
Praia Grande
Praia da Adraga
Praia do Guincho
Océan Atlantique
Praias de Cascais
Praias ao Estoril
Praia de Carcavelos
Tage
Parc naturel de Sintra-Cascais
Av. 25 de Abril
Rua Barbosa de Bocage
Rua dos Capuchos
Rua do Cabo
R. Nova
Radial de Sintra
Estr de Leiao
Es. da Malveira E da Serra
Est. do Guincho
Av. Nossa Senhora do Cabo
Avenida Marginal
Rua da India
Ponte 25 de Abril
EN 377-1
Estr.
A16
A5
A9
N34
2 km

VISITER

RIVE GAUCHE DU TAGE

Il suffit d' une minicroisière en ferry de dix minutes pour traverser le Tage depuis les gares fluviales de Cais do Sodré ou de Belém, et rejoindre Cacilhas puis Almada d' une part, ou Porto Brandão et Trafaria de l' autre. Pour effectuer la traversée, les ferries Transtejo partent environ toutes les 20 minutes de Cais do Sodré (1,05 € l' aller). www.transtejo.pt.

1. PONTE 25 DE ABRIL

Il ne se visite pas, vous le comprendrez aisément, mais il se voit de partout. Construit sur le modèle du Golden Gate Bridge de San Francisco entre 1962 et 1966, il mesure 3,2 km de long, et culmine à 70 m de hauteur. Deux tabliers le composent : la partie supérieure est réservée aux voitures, le pont inférieur aux trains. Depuis la fin de la dictature, le pont Salazar a été rebaptisé pont du 25-Avril, en mémoire du jour de la “révolution des œillets” qui restaura la démocratie parlementaire au Portugal.

Une fois par an, fin mars, le pont est ouvert aux coureurs lors du semi-marathon de Lisbonne.

2. CRISTO REI

Face à Lisbonne, à proximité du pont du 25-Avril, la statue monumentale du Christ est un sanctuaire religieux. Inauguré en 1959, il est une réplique miniature du Christ du Corcovado de Rio de Janeiro. Il mesure 113 m, dont 28 pour la statue.

Si vous ne souhaitez pas prendre le bus depuis Cacilhas, longez les quais, dépassez l'ascenseur Boca do Vento, entrez dans un vieux palais en ruine et son jardin, continuez autant que possible, et il vous restera une belle grimpette bien raide jusqu'au Cristo Rei !

Santuário de Almada, Almada
Ⓑ 101 à partir de la gare fluviale de Cacilhas • 212 751 000
www.cristorei.pt
tlj hiver 9h30-18h15, été 9h30-18h30 lun-ven, jusqu'à 19h week-end
montée sur la plateforme 4 €

3. ELEVADOR BOCA DO VENTO

Une curiosité ! Depuis l'an 2000, cet ascenseur panoramique permet de rejoindre sans peine Cacilhas à Almada. Mais l'intérêt du site réside dans la vue qu'il procure sur Lisbonne. N'oubliez pas votre appareil photo !

Des travaux sont en cours pour rénover les escaliers qui permettent de rallier les quais au Largo Boca do Vento. Ce sera parfait pour la redescente !

Ⓑ 101 à partir de la gare fluviale de Cacilhas
tlj 8h-minuit • **aller-retour 1 €**

À TABLE !

4. A DOCA DO PORTO BRANDÃO

GRILLADES

On vous apporte sur la table le petit barbecue sur lequel vous grillez vous-même poisson ou viande. La *carvoada* pour 2 personnes au porc et poulet est à 25,90 €, au sanglier à 29,90 €, à la lotte et au veau à 35,80 €. Les autres spécialités sont moins onéreuses : *cataplana* (étouffée de poisson dans un récipient en cuivre) pour 2 personnes à 17,90 €, et le plat typique de la Costa da Caparica, la *caldeirada* (marmite de poissons) pour 2 à 3 personnes coûte 20,50 €.

Rua Bento Jesus Caraça, 2, Brandão
accès par bateau depuis la station fluviale de Belém, direction Trafaria • 212 942 810
mer-lun 12h-15h et 19h-23h

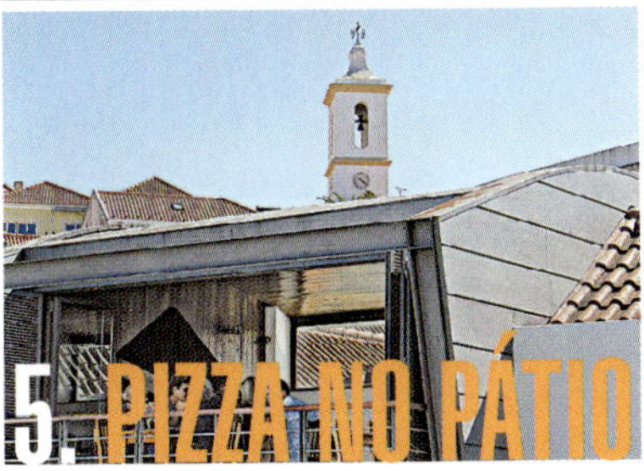

5. PIZZA NO PÁTIO

CUISINE ITALIENNE

Après la traversée du Tage direction Cacilhas, une balade de 15 minutes sur les quais vers le pont du 25-Avril, une montée par l'ascenseur panoramique, vous arriverez sur le Largo Boca do Vento et viendrez vous réfugier dans cette pizzeria avec vue incomparable sur Lisbonne. Bonnes pizzas à pâte fine (7,50 à 10 €) et lasagnes de *bacalhau* (9,50 €), que vous pourrez accompagner de vin vert en pression (3,50 € le pichet de 50 cl). Et, pour finir, un bon tiramisu maison (3,25 €).

Largo da Boca do Vento • 210 848 909
mar-dim 12h30-15h et 19h30-22h30,
jusqu'à minuit sam, fermé lun et mar midi

VERY CHIC

6. ATÍRA-TE AO RIO !

CUISINE INTERNATIONALE

Sur les quais en aval de Cacilhas, juste avant l'ascenseur panoramique, vous trouverez ce restaurant aux influences brésiliennes. "Jette-toi dans le fleuve !" C'est le nom du restaurant, rassurez-vous, personne ne vous pousse à l'eau ! Venez ici le soir, pour le coucher du soleil, installez-vous en terrasse et admirez Lisbonne de l'autre côté, en écoutant le bruit des vagues. Vous avez tout votre temps, comme les serveurs ! Comptez au minimum 20 € par personne.

Cais do Ginjal, 69/70
21 275 13 80 • mar-dim
www.atirateaorio.pt

SINTRA ET QUELUZ

VISITER

Pour vous rendre à Sintra, prenez le train à la gare du Rossio (2,45 € l' aller). Option plus économique si vous comptez beaucoup vous déplacer durant la journée, le billet de train + bus à 12 €. Se déplacer à pied à Sintra est possible si vous prévoyez de bonnes chaussures de marche. Sinon, optez pour le vélo électrique, loué à la belle saison près de l' office du tourisme (30 €/jour) ou le bus avec le billet valable 24 heures. L' organisme Parques de Sintra gère le Castelo dos Mouros, les Palácios da Pena et de Monserrate ainsi que le Convento dos Capuchos, et propose des billets combinés (billet pour les 4 sites à 17 €, valable 30 jours ; www.parquesdesintra.pt). Un bureau de l' office du tourisme se trouve à la gare de Sintra (tlj 10h-12h30 et 14h30-18h).

7. PALÁCIO NACIONAL DE QUELUZ

À mi-chemin entre Lisbonne et Sintra, ce palais du XVIIIe siècle fut la résidence d'été du roi Pedro III (1717-1786). Ses façades rococo rose pâle, ses intérieurs richement décorés (salle des azulejos, salon des Ambassadeurs) et ses splendides jardins à la façon de Le Nôtre font tout l'intérêt de la visite.

Les jardins abritent l'École d'art équestre portugais, célèbre pour l'art du dressage et ses pur-sang lusitaniens. Spectacles mer et sam à 11h, de mai à octobre (http://cavalonet.com/epae ; 10 à 15 €).

Largo do Palácio, Queluz • gare Queluz/Belas • 214 343 860 • www.pnqueluz.imc-ip.pt
palais mer-lun 9h-17h, **jardins** mer-sam 9h-17h jan-avr et oct-déc, 9h-18h mai-sept (dernière admission à 16h30) • **palais + jardins 7 €, jardins 3 €, gratuit avec la Lisboa Card et dim jusqu'à 14h**

8. PALÁCIO NACIONAL DE SINTRA

Emblème de Sintra visible de loin grâce à ses deux cheminées de 33 m, le palais national, ancienne résidence d'été de la cour, est l'unique survivant des palais royaux médiévaux. Ne manquez pas la salle des blasons, les azulejos hispano-mauresques et la collection d'arts décoratifs des XVIe et XVIIIe siècle. Les cuisines impressionnent par la hauteur des plafonds. Avec 400 000 entrées par an, c'est l'un des monuments les plus visités du Portugal.

Largo da Rainha D. Amélia • 219 106 840 • http://pnsintra.imc-ip.pt
jeu-mar 9h30-17h30 • tarif plein/réduit 7 €/2,80 €, gratuit avec la Lisboa Card et dim et jours fériés 9h30-14h

9. CASTELO DOS MOUROS

L'ancienne muraille maure du IXe siècle sera délaissée après la Reconquête, jusqu'au règne de Fernando II qui entame sa restauration en 1839. Si vous n'avez pas le vertige, baladez-vous sur le chemin de ronde qui relie les 5 tours. La vue est saisissante sur le centre historique de Sintra et ses environs.

Estrada da Pena • Ⓑ 435, à 3,5 km du centre-ville • 219 237 300
www.parquesdesintra.pt
tlj 1er avr-15 oct 9h30-20h, 16 oct-31 mars 10h-18h • tarif plein/réduit et avec la Lisboa Card 5/3 €

10. PALÁCIO ET PARQUE DE MONSERRATE

Francis Cook (1817-1901), riche commerçant anglais de textile, transforme en 1856 un manoir néogothique en palais d'influences arabe et indienne (coupoles, panneaux sculptés en albâtre). Le parc est une merveille qui abrite 3 000 espèces de plantes exotiques.

En chemin, remarquez l'Hotel Palácio de Seteais (Rua Barbosa du Bocage, 8), ancienne demeure du consul de Hollande au XVIIIe siècle et désormais reconverti en hôtel de luxe (www.tivolihotels.com).

Estrada de Monserrate • Ⓑ 435, aller-retour 2 €, à 5 km du centre-ville • 219 237 300
www.parquesdesintra.pt • tlj oct-mars 10h-18h, avr-sept 9h30-20h
tarif plein/avec la Lisboa Card 5/3 €

11. PALÁCIO DA PENA

Au sommet de la Serra (530 m), ce palais est un vrai délire architectural ! Pourtant, c'est le roi du Portugal Fernando II (1819-1885), qui en fut l'instigateur en 1840. L'architecte allemand von Escwhege bâtira un nouveau palais sur les fondations d'un monastère abandonné. Le résultat est exubérant : couleurs vives, mélange des styles gothique, manuélin et mauresque... À l'intérieur, on parcourt les appartements royaux, notamment la salle de bains Jules-Verne dans la chambre de Carlos Ier. Ne manquez pas le parc romantique planté d'espèces de toutes origines. Petit manoir construit à la manière d'un chalet d'alpages, le chalet de la comtesse d'Edla, seconde épouse de Fernando II, où elle recevait peintres et artistes se visite aussi.

Calçada da Pena • 219 105 340 • www.parquesdesintra.pt
tlj oct-mars 10h-18h, avr-sept 9h30-20h • **tarif plein/avec la Lisboa Card : parc 5/3 €, palais 9/6 €**
palais + chalet da Condessa 10 €

12. CONVENTO DOS CAPUCHOS

Après l'exubérance de richesses, retrouvez un peu d'humilité dans cet ancien couvent de capucins du XVIe siècle, occupé jusqu'au milieu du XIXe par 8 moines franciscains. Les cellules étaient protégées du froid par des panneaux de liège, excellent isolant.

EN- 247-3, à 9 km du centre-ville
219 106 650
www.parquesdesintra.pt
avr-sept tlj 10h-20h, oct-mars 10h-18h
tarif plein/avec la Lisboa Card 5/3 €

13. QUINTA DA REGALEIRA

Carvalho Monteiro, entrepreneur né à Rio de Janeiro en 1838, a englouti sa fortune dans cette folie architecturale. Le palais, dans un style néogothique et néomanuélin, est entouré de jardins d'inspiration romantique et spirituelle, à l'instar du "puits initiatique", de 27 m de profondeur. Des chemins et des tunnels relient les différents points d'intérêt. Délirant !

··· ***Lampe de poche conseillée pour explorer les tunnels !***

Rua Barbosa du Bocage • 219 106 656 • www.regaleira.pt
jan, nov, déc 10h-17h30,
fév, mars, oct 10h-18h,
avr-sept 10h-20h
tarif plein/réduit 6/4 €

14. CABO DA ROCA

Pour citer Camões : "la pointe où finit la terre et commence la mer". On est ici au point le plus occidental de l'Europe continentale. C'est l'aboutissement de votre voyage, ou le départ vers le Nouveau Monde ? L'office du tourisme vous délivrera un certificat de passage.

Ⓑ 403 depuis Sintra ou Cascais, 4 € l'aller

15. PLAGES

Entre la **Praia Grande**, où les dinosaures ont laissé des traces, et la **Praia das Maçãs**, la plus accessible, car reliée par le tramway et le bus depuis Sintra, vous n'aurez que l'embarras du choix. La **Praia da Adraga** et ses falaises rappelant un peu Étretat est plus difficile d'accès, sauf si vous avez loué une voiture (accès par le charmant village d'Almoçageme).

··· ***À Colares, sur la route du tram, la visite de la cave à vin Adega regional de Colares est gratuite (tlj 9h-13h et 14h-18h ; www.arcolares.com).***

Ⓑ 441 jusqu'à Portela depuis Sintra, 4 €
Ⓣ Sintra-Praia das Maçãs, mi-juin à fin sept (ven-dim, départs toutes les 45 min, de derrière le Centro de Arte Moderna (p. 150).
Dernier tram depuis la plage à 19h. Bien vérifier les horaires affichés à l'arrivée et au départ : www.cm-sintra.pt/Artigo.aspx?ID=3193 • 2 € l'aller

CASCAIS, ESTORIL ET LES PLAGES

VISITER

Depuis la gare de Cais do Sodre, prenez le train en direction de Cascais et Estoril (aller 1,70 €). Pour se déplacer, la ville possède un système de location de vélo gratuit, BiCas, idéal, pour parcourir la piste cyclable en bord de mer, depuis la Marina de Cascais jusqu' à la Praia do Guincho. Il existe trois points de location. Un face à la gare de Cascais, l' autre à l' entrée nord du parc Marechal Carmona, et le dernier devant la Casa da Guia (tlj 8h-19h, dernière location à 18h). Prévoyez une pièce d' identité ! Deux offices du tourisme vous seront sûrement utiles. Celui de Cascais, Rua Visconde da Luz, 14 (tlj 10h-13h et 14h-18h) et celui d' Estoril, Avenida Marginal (tlj 10h-13h et 14h-18h).

GRATUIT

16. PARQUE MARECHAL CARMONA ET MUSEU CONDES CASTRO DE GUIMARÃES

Au sein du beau parc Marechal Carmona, on peut visiter gratuitement le musée Condes de Castro Guimarães. La demeure est un véritable château qui domine la mer et dont l'architecture allie tour médiévale, décorations manuélines, fenêtres en ogive et voûtes byzantines. Postes Wi-Fi aux entrées du parc.

À proximité, le Centro Cultural de Cascais, installé dans un ancien couvent rénové de manière originale, propose des expositions gratuites de peintures ou de sculptures. Avenida Rei Humberto II de Itália, mar-dim 10h-18h, www.cm-cascais.pt.

Accès par la Praceta Domingos d'Avillez donnant sur l'Avenida da República, ou par l'Avenida Rei Humberto de Itália • **parc** été 8h30-19h45, hiver 8h30-17h45 **musée** mar-ven 10h-17h, sam-dim 10h-13h et 14h-17h

17. CASA DAS HISTÓRIAS PAULA REGO

Le bâtiment avec ses deux pyramides et son béton pigmenté de rouge se voit de loin. Cet espace est dédié à l'artiste contemporaine Paula Rego et regroupe des peintures (parfois très crues), dessins et gravures de l'artiste et de son mari Victor Willing (1928-1988).

Avenida da República, 300
214 826 970 • www.casadashistoriaspaularego.com
tlj 10h-20h

18. CASA DA GUIA

Sur la route de la Praia do Guincho depuis Cascais, l'enceinte d'un ancien palais du XIXe siècle, couvert d'azulejos, est devenu un lieu de vie et de loisirs. On y trouve des magasins, des cafés et des restaurants comme Grelhas ou La Crêperie.

Si le stock de biCas est épuisé, Explora Caminhos loue vélos, karts et gyropodes : 3 € l'heure de vélo, 10 € la demi-journée.

Avenida Nossa Senhora do Cabo, 101
www.casadaguia.com

19. BOCA DO INFERNO

La "bouche de l'enfer" ! Au bord de la piste cyclable qui mène de Cascais à Guincho, l'assaut répété des vagues a creusé un trou dans la falaise, créant ainsi une faille qui fait rugir les vagues qui s'y engouffrent.

20. PLAGES

Lisbonne a ce privilège d'être l'une des rares capitales en bordure de l'océan. Les plages se succèdent tout le long de la "Linha", la voie ferrée qui borde la mer. Les plus à l'abri des courants marins sont aussi les plus faciles d'accès : Estoril, Monte Estoril (Praia do Tamariz, Praia das Moitas) ou Cascais, le terminus. Carcavelos est l'une des plages les plus populaires. C'est aussi un spot réputé pour la pratique débutante du surf, avant de s'attaquer aux rouleaux de la plage des pros, le Guincho, à l'extrémité ouest.

Pour ceux qui veulent s'essayer au surf, deux loueurs sur la plage de Carcavelos : Angels (Marcos Anastasio, tél. 962 681 113) ou Luso surf (Marcelo Campos, tél. 911 129 167).

À TABLE ET AUTOUR D'UN VERRE

21. CAFÉ SAUDADE

CAFÉ

SINTRA

À deux pas de la gare, cette ancienne fabrique de *queijadas de Sintra* s'est transformée en café à l'ancienne, magasin d'artisanat et petit centre culturel décoré de meubles de récup'. Pour une pause gourmande devant un scone géant ou les pâtisseries locales. Un plein d'énergie avant d'attaquer les visites !

Avenida Dr Miguel Bombarda, 6
212 428 804 • lun-sam 8h-minuit, dim 9h-19h

22. DECK BAR

BAR-RESTAURANT

ESTORIL

Le Deck, c'est *le* bar où se retrouvent les jeunes (et moins jeunes) pour prendre un pot et discuter jusque tard dans la nuit. À proximité de la plage du Tamariz, il est bien fréquenté et ne désemplit pas.

Rua Arcadas do Parque, 21-22
214 680 366 • mar-dim 8h-2h

23. BAR OS GÉMEOS

BAR - CARCAVELOS

Ce petit chalet posé au bord de la mer, est aussi agréable en été qu'en hiver. L'intérieur cosy est en bois et la terrasse agréable. Matériaux naturels et recyclage sont de mise. Bon chocolat chaud, toasts, hamburgers et sandwichs.

Praia da Mó • 214 579 274 • mai-sept mar-ven 12h-1h, sam 11h-1h, dim 11h-20h, oct-avr mer-jeu midi-minuit, ven 12h-1h, sam 11h-1h, dim 11h-20h

24. PENDOA

VERY CHEAP

CUISINE PORTUGAISE

SINTRA

C'est un magasin d'artisanat, qui vend céramiques, vêtements et chaussettes de laine faits main... pas complètement inutiles durant l'hiver (voire l'été...), à cause du microclimat de Sintra ! Le restaurant s'est installé au milieu de l'artisanat, ici pas de chichis, la cuisine est simple et généreuse, longe de porc (5 €), calamars (8,5 €), brandade de morue (6 €). Le service est maternel et souriant !

Rua da Pendoa, 14
219 244 614 • tlj le midi

VERY CHEAP

25. POP SANDWICH

SANDWICHS À EMPORTER

CASCAIS

Pop Sandwich vous propose des *sandes* très frais ou des pizzas à emporter. Pour un budget entre 2,50 et 4 €, croquez dans votre pain sur la petite terrasse qui domine la croquignolette Praia da Rainha, à deux pas de là.

Rua Fredérico Arouca, 75 • jeu-mar 9h-20h

26. BAIUCA BAR

CUISINE PORTUGAISE

CASCAIS

Donnant sur la Praia das Moitas, entre Estoril et Cascais, la qualité des plats est irréprochable : superbe brochette de calamars (12 €) ou belle pièce d'espadon grillée (10 €). Très bonne adresse, avec intérieur zen décoré de bambous et une belle terrasse !

→ ***Menu complet le midi à 13,95 €.***

Praia das Moitas • 214 862 237 • www.baiukabar.com
été tlj 9h-20h, hiver mar-dim 9h-19h

27. NAUTILUS

POISSON ET FRUITS DE MER

SINTRA

Un peu à l'écart du bord de mer, très bon rapport qualité/prix pour ce restaurant familial qui dispose d'une terrasse protégée du vent : poisson frais, portions gourmandes. Le plat de palourdes (*ameijoas*, 12,80 €) est généreux, le plateau de grillades de poissons se partage à deux (22,80 €).

Praia das Maçãs
Rua Gonçalves Zarco, 1
tlj jeu-mar 9h-minuit

SORTIR

Lisbonne est devenue une référence pour sa vie nocturne qui a littéralement explosé en deux décennies. Les options de sorties se sont multipliées et diversifiées au-delà des ruelles semi-piétonnes du Bairro Alto, repaire traditionnel des noctambules, pour envahir les bords du Tage dans les quartiers de Santos, de Santa Apolónia, côté ville ou côté docks : ici, d'anciens entrepôts désaffectés ont été complètement réaménagés et transformés en lieux de sortie. Avantages indéniables par rapport aux clubs du Bairro Alto : les espaces sont moins étriqués, l'architecture est plus inventive et joue sur plusieurs ambiances, et ici, les sorties bruyantes au petit matin ne dérangeront personne, à part les mouettes ! Les meilleurs spots sont en bordure du Tage, où l'on danse jusqu'à ce que les premiers rayons du soleil caressent la mer de Paille. Côté "dress code", peu de contraintes à part dans quelques établissements un peu plus sélects. Selon vos envies, vous choisirez entre la zone sympa du Bairro Alto, où les touristes sont la majorité, ou des options un peu plus excentrées (tout est relatif, Lisbonne n'étant pas une grande ville), où sortent volontiers les Lisboètes. Ne vous fiez pas toujours aux horaires indiqués, si certains bars sont ouverts tôt, ils ne se remplissent que lorsque d'autres se vident... suivez le mouvement ! En règle générale, l'heure de pointe se situe entre 23h et 2h (jamais avant 2h pour les clubs). Côté prix, l'entrée en boîte de nuit est souvent gratuite avant minuit, ensuite on vous fera payer selon l'affluence entre 10 et 12 € (avec conso incluse). Une nuit à Lisbonne ne revient donc pas très cher... sauf abus !

SORTIR

Concerts

01 ZÉ DOS BOIS

Cette association à but non lucratif, promeut l'art contemporain. Au cœur du Bairro Alto, ZDB organise des expos ainsi que des concerts d'artistes innovants ou alternatifs. À l'étage, un bar avec Wi-Fi gratuit donne sur une terrasse dominant le quartier, où sont parfois projetés des films. Les billets sont en vente le soir de la performance.

Rua da Barroca, 59
Bairro Alto (carte p. 74)
Ⓜ Baixa-Chiado, Ⓣ 28
213 430 205 • **expos** mar-sam 18h-23h, **concerts** 22h en semaine, 23h ven et sam, la billetterie ouvre 1 heure avant
www.zedosbois.org/zdb/informacao

02 CATACUMBAS JAZZ BAR

Plutôt fréquenté par des jeunes branchés, cette boîte de jazz propose un concert tous les soirs. On y entend souvent des formations spontanées, et tous les quinze jours, les musiciens diplômés de la Hot Club Music School, l'école de jazz lisboète, viennent y jouer... car le club mythique de Lisbonne, le Hot Club, a brûlé il y a quelque temps. Le Catacumbas est un lieu culte aux yeux des amoureux de jazz !

Travessa Agua da Flor, 43
Bairro Alto (carte p. 74)
Ⓜ Baixa-Chiado, Ⓑ 202, 758
213 463 969 • lun-sam 22h-3h

03 ONDA JAZZ

Thierry et Corinne (frère et sœur) ont fait de cet ancien comptoir de café un must à Lisbonne ! Thierry, musicien, s'occupe de la programmation, et accompagne parfois au piano les invités des “scènes ouvertes aux nouveaux talents” organisées tous les mercredis. Des artistes connus passent par là et certains soirs, la gamme s'élargit vers le fado, flirte parfois avec le tango ou s'échappe vers la poésie. De belles voûtes donnent une bonne acoustique à ce lieu de rencontres culturelles.

→ ***Restaurant avec plats autour de 15 €.***
Arco de Jesús, 7 • **Alfama** (carte p. 38)
Ⓜ Terreiro do Paço, Ⓣ 18, 25
218 883 242 • www.ondajazz.com
mar-jeu 20h-2h et ven-sam 20h-3h
entrée libre ou payante (jusqu'à 15 €)

04 TMN AO VIVO

Cet ancien entrepôt réaménagé sur les rives du Tage propose, le jour, une terrasse ouverte où l'on sirote un verre en regardant passer les bateaux (lun-sam 11h-2h, dim 11h-21h). Le soir, l'endroit se transforme en salle de concerts de tous acabits : rock, jazz, world music ou musique du monde, championnat national de DJ... Jusqu'à 1 200 spectateurs peuvent assister à la performance d'artistes portugais ou d'envergure internationale.

Rua da Cintura do Porto, 65, Armazém F, Cais do Sodré • **Cais do Sodré** (carte p. 72)
Ⓜ Cais do Sodré • 213 471 135
www.musicanomaximo.tmn.pt
jeu-sam 21h-4h • Billets en vente sur www.ticketonline.pt

05 CAFÉ TEATRO SANTIAGO ALQUIMISTA

Cette ancienne fabrique abrite une école de formation théâtrale, à laquelle Santiago Alquimista offre une scène. Ici le mot d'ordre est de promouvoir les idées novatrices, dans les domaines musicaux ou artistiques en général. Dans un espace sur deux niveaux, dominé par sa belle galerie en mezzanine, on fait du théâtre d'improvisation, et on accueille des concerts d'envergure internationale (Asian Dub Foundation par exemple), ou des artistes portugais qui se lancent.

→ ***Les soirées d'Halloween y ont toujours un franc succès ! (10 €).***

Rua de Santiago, 19 • **Castelo** (carte p. 38)
Ⓑ 208, 210, 737, Ⓣ 12, 28
218 820 259 • www.santiagoalquimista.com
dim-jeu 22h-2h, ven-sam 22h-4h
entrée libre ou payante, jusqu'à 20 €,
billetterie ouverte 1 h avant les concerts

06 MUSIC BOX

Dans le quartier un peu "chaud" de Cais do Sodré, en passe de réhabilitation et de dynamisation, Music Box propose depuis 2006 des animations tous les soirs : musique live de groupes locaux ou internationaux, DJ sets, projections audiovisuelles... C'est ici qu'est aussi organisé le Jameson Urban Routes, un festival *indoor* depuis 5 ans. Les tendances musicales varient de la pop au reggae. Sous des arcs de pierre, l'acoustique est impeccable. On y reste jusqu'à l'aube pour danser !

Rua Nova do Carvalho, 24
Bairro Alto (carte p. 74)
Ⓜ Cais do Sodré,
Ⓑ 36, 44, 202, 205, 206, 207, 208, 210, 706, 735, 740, 758, 781, 782, 790
213 430 107
mar-jeu 22h-4h,
ven-sam 22h-6h
www.musicboxlisboa.com

07 SPEAKEASY

Dans une décoration chaleureuse alliant briques et bois, des concerts ou spectacles variés sont organisés tous les soirs (sauf dimanche et lundi) à partir de 23 h : flamenco, hard rock, en passant par le funk, le jazz et le blues. Le Speakeasy met en scène essentiellement des groupes portugais. Le public est très hétéroclite, un bon nombre de tranches d'âges sont représentées.

Cais das Oficinas, Armazém 115
Santos (carte p. 116) train gare Santos,
Ⓣ 15, 18, Ⓑ 201, 714, 720, 732, 738
213 964 257
mar-mer 20h-3h, jeu-sam 20h-4h
www.speakeasy-bar.com

SORTIR

Bars

08 BAR LOUNGE

Le propriétaire allemand, Georg Pfaff, a souhaité reproduire l'ambiance un peu underground du bar qu'il possédait à Hambourg. Au programme : décoration rétro et intime, musique éclectique avec tous les soirs du mercredi au dimanche, des DJ variés passant rock, hip-hop, afrobeat, electro-indie ou une musique un peu plus *mainstream*. C'est l'un des incontournables de Lisbonne !

Rua da Moeda, 1 • **Cais do Sodré**
(carte p. 74) • Ⓑ 202, 205, 206, 207, 208, 210, 760, 794, Ⓣ 25
213 973 730 • mar-dim 22h-4h
www.loungelisboa.com.pt
http://barlounge.blogspot.com

09 CINCO LOUNGE BAR

VERY CHIC

Le décor de la salle est un peu dépouillé le long de sa grande baie vitrée. Ici, c'est le bar qui joue les vedettes grâce à un beau jeu de lumières. On ne remarque d'ailleurs que cela de la rue ! Cinco Lounge est le meilleur bar à cocktails de Lisbonne. La musique y est captivante.

Le bar organise des ateliers, où l'on apprend à réaliser 4 cocktails différents. Sur réservation.

Rua Ruben A. Leitão 17 A • **Príncipe Real**
(carte p. 90) • Ⓑ 202, 758, 773, 790
914 668 242 • http://cincolounge.com
mar-sam 21h-2h

10 BALI

C'est un bar de surfeurs, au milieu du Bairro Alto. On se croirait au bord de la mer, ambiance décontractée, cheveux décoiffés. Il ne manque plus que l'air du grand large et le sable. Grand choix de cocktails et de snacks toute la journée. Le bar est vite plein le soir venu et la jeune clientèle de beaux blonds Lisboètes investit le trottoir !

Bali a aussi une partie magasin et vend des planches de surf, combinaisons et autre matériel technique.

Rua do Norte, 117
Bairro Alto (carte p. 74)
Ⓜ Baixa-Chiado, Ⓑ 202, 758
918 576 490 • tlj midi-2h

11 ESTADO LÍQUIDO

VERY CHIC

C'est un des bars les plus cools de Lisbonne. Le design est dépouillé, on joue ici sur les couleurs, rouge et rose en tête d'affiche... et les odeurs, puisque les créateurs ont inventé leur propre marketing olfactif, un mélange aromatique à base d'orange et de cannelle. Le bar se remplit après 23h d'une clientèle de trentenaires. Restaurant de sushis fusion, très renommé, au rez-de-chaussée et un bar à sushis plus traditionnel à l'étage.

la bière pression est à 2 €.

Largo de Santos, 5 A • **Santos** (carte p. 116) • Ⓑ 201, 713, 727, 760, Ⓣ 15, 18
213 972 022 • www.estadoliquido.com
dim-mer 20h-2h, jeu 20h-3h, ven-sam 20h-4h

12 BICAENSE

À proximité des rails du funiculaire de Bica (attention à la sortie !), ce bar phare du quartier attire jeunes branchés, artistes ou journalistes. Cette ancienne taverne au comptoir en marbre a été totalement relookée. Des réveils, des caméras de projection et des lumières multicolores composent le décor. Selon les soirs, concerts live ou DJ, hip-hop ou soul.

Rua da Bica Duarte Belo, 38-42
Bairro Alto (carte p. 74)
Ⓜ Baixa-Chiado, Ⓣ 28,
Elevador da Bica • 213 257 940
mar-jeu 20h-2h, ven-sam et veilles de fêtes 20h-3h

13 HEIDI BAR

Dans ce bar suisse, le décor boisé est chaleureux, le kitsch poussé à l'extrême. Autour de l'arbre planté au beau milieu, on y boit un cocktail Heidi, et l'on peut aussi y manger du fromage suisse. Des DJ s'installent pour la soirée et, sur le coup de 1h du mat', Heidi vous propose un cocktail rafraîchissant à base de vodka et de concombre pour prolonger la nuit en douceur (ou brouiller encore plus les esprits...).

Rua da Barroca, 129
Bairro Alto (carte p. 74)
Ⓜ Baixa-Chiado, Ⓑ 202, 758
www.heidibar.com
lun-jeu 18h-2h, ven-sam 18h-2h45, dim 21h-2h45

14 NUMBER 2

Petit frère d'un lieu hyper couru sur l'île de Madère, c'est l'un des bars à la mode à Lisbonne. Les salles voûtées alliant pierre et brique attirent les jeunes de 25-35 ans majoritairement. L'ambiance est décontractée, on y écoute de la musique pop-rock ou électro, house et dance. Tout commence vraiment vers minuit et il faut attendre 1h pour plus d'animation. On y boit, entre autres, le fameux *poncha*, le punch de Madère.

Avenida de 24 de Julho, 82 B • **Santos**
(carte p. 114) • Ⓑ 28, 201, 714, 732,
Ⓣ 15, 18 • 21 354 45 67
www.barnumber2.com
tlj sauf dim 22h-4h • **entrée 5 €**

15 BAR 106

Ce petit bar de Príncipe Real a fêté ses 20 ans d'existence. En toute discrétion, ses portes sont fermées, comme la plupart des bars établis depuis longtemps dans le coin. Il faut sonner pour entrer. Le dimanche vers 23 heures, les soirées Message Party, qui semblent un peu has been dans les autres capitales européennes, font le plein. L'endroit, vite bondé, attire une clientèle de tous âges.

Happy hour de 21h à 23h30, 2 boissons pour le prix d'une.

Rua de S. Marçal, 106
Príncipe Real (carte p. 90)
Ⓜ Rato, Ⓑ 202, 758, 773
213 427 373 • www.bar106.com
tlj 21-2h

SORTIR

16 FRIENDS BAIRRO ALTO

Ce bar branché à la façade vitrée est plein de jeunes gays lisboètes, mais les hétéros viennent y faire souvent un tour tant l'ambiance y est sympa et accueillante ! L'après-midi, on peut y bouquiner un des livres à disposition sur les étagères, ou naviguer gratuitement sur la toile. La nuit venue, musique house ou plus commerciale, les soirées sont animées soit par un DJ ou par des musiciens en live. Archiplein entre minuit et 2 h.

Rua da Rosa, 99
Bairro Alto (carte p. 74)
Ⓜ Baixa-Chiado, Ⓣ 28 • 213 432 419
lun-jeu 12h-2h, ven-sam 12h-3h, dim 12h-2h

17 WOOFLX

À l'instar de son voisin Três (voir p. 97), le Woof Lx est dédié à la communauté Bear. Partis pour ouvrir un bar à Londres, ses sympathiques propriétaires portugais ont finalement lancé le WoofLx à Lisbonne, près du club mythique Finalmente. Contrairement aux autres bars gays du coin, l'entrée est ici grande ouverte sur la rue ! Dans une ambiance très virile, sont organisées des soirées thématiques (Kilt parties , Cuir...). Une fois par an, on procède à l'élection de Mr Woof.

···› ***À proximité, les mêmes gèrent le WoofX, une salle obscure très spécialisée (Rua Manuel Bernardes, 2 A, tlj 22h-4h).***

Rua da Palmeira, 44 B • **Príncipe Real** (carte p. 89) • Ⓑ 202, 773, 790 • 213 468 418 • www.wooflx.com • tlj 21h-4h

Clubs

18 FRÁGIL

En piste depuis les années 1980, la plus gay des discos est devenue le club le plus hétéro-friendly et le plus branché du Bairro Alto ! Deux pistes de danse avec sonorités house, six DJ se produisant en alternance pour des nuits longues et chaudes. C'est bondé le week-end (file d'attente). Entrée + 1 boisson : 10 €.

···› ***Le propriétaire possède aussi la boîte Lux Frágil, qui fait un tabac sur les rives du Tage (voir ci-contre).***

Rua Da Atalaia, 126 • **Bairro Alto** (carte p. 74) • Ⓜ Baixa-Chiado
www.fragil.com.pt • mer-sam 23h30-4h

19 FINALMENTE

C'était le premier club gay à ouvrir ses portes sous la dictature de Salazar. Il attire toujours autant de monde, hétéros compris, puisque les noctambules remplissent ce petit espace sans déco originale, notamment aux alentours des 3 heures du matin, à l'heure du Travesti show. La musique est variée, de la disco à la pop, en passant par les tubes années 1980.

Rua da Palmeira, 28 • **Príncipe Real** (carte p. 90) • Ⓑ 202, 758, 773, 790
213 479 923 • tlj 23h-6h

20 LUX FRÁGIL

VERY CHIC

Composée de deux pistes de danse, avec un sous-sol obscur fréquenté par une clientèle gay, un rez-de-chaussée coloré qui s'ouvre sur le Tage, avec jeux de lasers et une musique électro-house, et au 1er étage, sur une terrasse immense, un public hétéroclite dansant sur de la musique plus commerciale. On s'habille assez chic pour y entrer, ce qui est rare à Lisbonne. Public de tous âges.

Avenida Infante Dom Henrique,
Armazém A, Cais da Pedra
Santa Apolónia (carte p. 38)
Ⓜ Santa Apolónia • 218 820 890
www.luxfragil.com • jeu-sam 22h-6h
entrée 10 € avec 2 consos

21 URBAN BEACH

VERY CHIC

Au bord du Tage, on monte sur une passerelle entourée de lanternes. L'intérieur, spacieux, possède une partie à l'air libre, avec baldaquins de bois et banquettes de cuir blanc comme posés sur l'eau. L'ambiance est digne d'un palais des *Mille et Une Nuits*. Trois pistes de dance : musique des années 1980, électro-house, et *mainstream*.

Avenida de Brasília (derrière le resto Kais)
Santos (carte p. 116) • gare Santos,
Ⓑ 12, 28, 201, 714, 732 213 957 101
www.grupo-k.pt • entrée gratuite jusqu'à minuit, puis 10 ou 12 € (avec consos)
mar-sam 20h-6h

22 SILK

C'est la boîte hype par excellence, mais aussi sélect. Il faut être inscrit sur les listes pour y avoir accès. Ici, la tenue classe est de rigueur. Outre ses cocktails délicieux, sa vue à 200 degrés sur Lisbonne (il est aux 6e et 7e étages d'un immeuble) lui confère un plus indéniable.

···› ***Envoyez un SMS au 913 009 193, en indiquant nom et prénom, ainsi que le nombre de personnes. Un SMS de confirmation sera votre sésame !***

Rua da Misericórdia, 14
Chiado (carte p. 54)
Ⓜ Baixa-Chiado, Ⓣ 28, Elevador da Glória
913 009 193 • www.silk-club.com
mer 22h30-1h30, jeu-sam 22h30-4h

23 BEDROOM

VERY CHIC

Avec sa large banquette en cuir noir en guise de lit, de belles tapisseries au mur, des lustres en cristal au plafond, c'est un des bars-clubs les plus courus du Bairro Alto ! On y passe de la musique électro, du hip-hop, mais aussi des tubes des années 1980 et 1990. La petite piste de danse attire ceux qui sont encore capables de se lever du lit !

Rua do Norte, 86
Bairro Alto (carte p. 74)
Ⓜ Baixa-Chiado • 213 431 631
lun-sam 23h-4h

SORTIR

24 CLUB CARIB

Ce petit bar-club ne se remplit pas avant minuit. C'est l'endroit idéal au Bairro Alto pour danser la salsa, le reggaeton, voire le tango argentin ! Les sons varient tous les jours. L'ambiance est chaleureuse comme les rythmes latins, les DJ et les barmen sont toujours de bonne humeur ! Un des rares endroits au centre de Lisbonne pour danser sur de la musique des Caraïbes.

Rua da Atalaia, 78
Bairro Alto (carte p. 74)
Ⓜ Baixa-Chiado
Ⓑ 202, 758
http://clubcarib.blogspot.com
tlj 18h-3h30

25 BRIC

Mythique, il fait partie des premiers clubs gays à avoir ouvert à Lisbonne. L'ancien Bric-à-bar a été récemment repris et rénové. Il faut l'appeler Bric tout court désormais. Il est toujours l'un des incontournables du quartier, en plus d'être un haut lieu de drague. Sur deux niveaux, on y entend surtout de la house music. Des spectacles sont organisés ponctuellement. L'entrée donne droit à 2 boissons, et, tous les vendredis c'est l'Open Bar Party pour 10€. Animé à partir de 2 h du matin, quand les autres bars du coin ferment.

Dark-room après 1h.

Rua Cecílio de Sousa, 82-84 • **Príncipe Real** (carte p. 90) • Ⓜ Rato, Ⓑ 202, 758, 773, 790 • 213 428 971 • lun, mer-sam 23h-5h

26 INCÓGNITO

Ici, pas d'enseigne, il faut sonner à la porte. Fondé en 1988, ce club fait partie de ceux qui durent, et sa musique a finalement peu évolué depuis ! Toujours dans la mouvance des années 1980-1990 (soirées Rock, New Wave, Punk...), avec quelques touches de techno et d'indie, en fonction des DJ invités. Au premier niveau, un bar loft permet d'échapper à la piste endiablée du sous-sol. La clientèle est très variée.

Rua dos Pioais de São Bento, 37
Bairro Alto (carte p. 74)
Ⓑ 706, 727, Ⓣ 28 • 213 610 310
www.incognitobar.com

27 TRUMPS

Créé en 1984, c'est l'autre club mythique de Príncipe Real. C'est aussi l'un des plus grands clubs gay, hétéro-friendly, avec trois bars et deux pistes de danse : pop et musique brésilienne sur la plus petite, house et techno sur l'autre. Pas mal de célébrités locales le fréquentent. Shows les vendredis à 2 h : musicaux, drag ou transformistes. Le Trumps fait le plein à l'heure des spectacles et quand les autres bars du quartier ferment ! L'entrée + 1 boisson est à 10 €.

Rua Da Imprensa Nacional, 104 B
Príncipe Real (carte p. 90) • Ⓜ Rato, Ⓑ 202, 758 • 213 951 135 • www.trumps.pt
ven, sam et veilles de jours fériés 23h45-6h, dim en décembre 23h45-4h

28 JAMAICA BAR

Jamaica Bar vient de fêter ses 40 ans ! Et depuis ce temps, le club sous forte influence reggae ne désemplit pas. La boîte organise également des DJ sets, soirées à thèmes, mais sans jamais s'éloigner de la musique du roi Bob. Il faut arriver tôt les vendredis et samedis soir pour être admis et se frayer un chemin jusque sur la piste !

Rua Nova do Carvalho, 6
Bairro Alto (carte p. 74)
Ⓜ Cais do Sodré, Ⓑ 201, 202, 205, 206, 207, 208, 210, 760, 794, Ⓣ 25
213 423 537
www.jamaica.com.pt
mar-sam minuit-6h

29 KAPITAL

Séparé du restaurant Kais par la ligne de chemin de fer, Kapital est une boîte plutôt sélect, où l'entrée est rigoureusement filtrée. Looks négligés s'abstenir. À la mode, elle possède trois pistes de danse, une première dédiée à la musique électro, une seconde plus commerciale, et la troisième plus tendance années 1980. La piste à l'étage supérieur possède une grande baie vitrée et un balcon avec vue... sur le Tage ! Tous les âges, tous publics.

Avenida 24 de Julho, 68
santos (carte p. 116)
Ⓑ 28, 201, 714, 732, Ⓣ 15, 18
213 957 101• www.grupo-k.pt
entrée 6 € femme, 12 € homme

30 KREMLIN

Il y a quelques années, Kremlin était classé meilleur club dans la catégorie house music en Europe et figurait dans le Top 10 du classement des DJ. Désormais un peu relégué, il reste tout de même le temple de la house à Lisbonne, dans un décor d'inspiration orientale. Son public est très varié puisqu'il voit défiler aussi bien des gays, hétéros, mannequins ou jeunes cadres dynamiques. Soirée gay les 1ers dimanches de chaque mois.

Rua Escadinhas da Praia, 5
Santos (carte p. 116) • Ⓑ 28, 201, 714, 732, Ⓣ 15, 18 21 395 71 01 • www.grupo-k.pt
ven-sam et veilles de jours fériés minuit-8h

31 PLATEAU

Plateau, c'est le voisin immédiat du Kremlin ! Beaucoup moins exubérant, la clientèle est assez différente également : ici, c'est la boîte des fans des années 1980 ! On danse aussi au son du bon vieux disco ou de la pop des années 1970. L'endroit n'est pas grand, mais il se remplit vite sur le coup des 2/3 h du matin. À 2h, on a une chance de rentrer, à 3 h il est difficile de se faire une place sur la piste.

→ ***Ladies Night le mercredi.***

Rua Escadinhas da Praia, 7 • **Santos** (carte p. 116) • Ⓑ 28, 201, 714, 732, Ⓣ 15, 18 •21 396 5116
mer, ven, sam et jours fériés 22h-6h

SORTIR

32 NOVA ALCÂNTARA

Anciennement connue sous le nom d'Alcântara Mar, à l'image de la gare toute proche, la boîte a été entièrement rénovée. Tous les jeudis soir, elle accueille des DJ qui font des performances de musique trance, émanation de la techno et de la house, capable selon certains de vous transporter dans un état de transe... Les vendredis, soirées à thèmes et les samedis, on vibre sur de la techno.

Rua da Cozinha Economica, 11
Alcântara (carte p. 116)
Ⓑ 12, 28, 201, 714, 720, 732, 738, 742,
Ⓣ 15, 18
www.alcantara-mar.com
mer-sam et veilles de jours fériés
minuit-9h

VERY CHIC

33 BBC (BELÉMBARCAFÉ)

Le Belém Bar Café est un café-restaurant très chic en journée et qui se transforme en boîte branchée la nuit venue. Jeux de lumières sur des parois de brique, design sophistiqué, ce bar discothèque a un grand plus : en été, un bar et une piste sont ouverts à l'extérieur, on danse alors au bord du Tage et sous les étoiles ! Le public est éclectique, l'ambiance bon enfant.

Avenida de Brasília, Pavilhão Poente
Belém (carte p. 132)
Ⓑ 28, 201 • 213 624 232
www.belembarcafe.com
club : mar-mer 20h-2h, jeu 20h-3h,
ven-sam 20h-5h
entrée : 6 € femme, 10 € homme
restaurant mar-sam 20h-minuit

34 TAMARIZ

VERY CHIC

C'est *la* boîte branchée sur la plage à Estoril ! On y vient pour voir et être vu... Ouverte en été uniquement, on y danse à l'air libre, quasiment sur la plage. Le pont supérieur attire un public de 30 à 50 ans sur une musique plutôt commerciale, alors que la piste du bas séduit plus les vingtenaires par sa musique electro et house. Vous pourrez y danser jusqu'à l'aube et rejoindre Lisbonne par le premier train (5h30).

Praia do Tamariz, Estoril (sur le remblai)
Estoril (carte p. 171)
gare d'Estoril • 214 661 926 • www.tamarizestoril.com
mi-juin à mi-sept mar-sam 23h-6h • **entrée 10 euros avec 1 conso**

Fado

VERY CHIC

35 PARREIRINHA DE ALFAMA

Cet établissement de fado appartient à Argentina Santos, chanteuse qui a elle-même débuté ici dans les années 1950. Parreirinha signifie "petite treille", en souvenir de celle qui était à l'époque plantée contre la maison. On y mange bien (très bonne *cataplana*). Comptez 35 €/ personne, spectacle compris. Vous vous surprendrez à reprendre en chœur *Cheira bem, cheira a Lisboa* !

Beco do Espírito Santo, 1 • **Alfama** (carte p. 38)
Ⓜ Santa Apolónia • 218 868 209
tlj 20h-2h

36 A TASCA DO CHICO

VERY CHEAP

Dans ce bistrot simple et chaleureux, on écoute le *fado vadio*, littéralement "fado vagabond", le plus pittoresque, car spontané. Le dîner n'est pas obligatoire. La salle est souvent comble, mais de la rue, vous pourrez entendre les chanteurs et entrer dès qu'une place se sera libérée. Le public est plutôt jeune, composé d'étrangers mais aussi de Lisboètes.

Rua Diário de Noticias, 39
Bairro Alto (carte p. 74)
Ⓜ Baixa-Chiado • 213 431 040
fado mer et ven 20h-1h, ferme à 2h

VERY CHEAP

37 CANTINHO DA AMIZADE

Ce petit restaurant traditionnel, ouvert en semaine seulement pour le déjeuner, propose entre autres des plats exotiques provenant du Brésil ou des anciennes colonies (prix moyen : 12 €). Mais on peut y venir les vendredis soir, quand on sort la guitare portugaise pour des tours de chant de fado.

➔ ***Si le vendredi est férié, la soirée fado est avancée au jeudi soir.***

Rua da Cruz da Carreira, 38
Sant'Ana (carte p. 102)
Ⓑ 30, 74, 205, 207, 723, 790
910 734 522 • lun-jeu 12h-15h, ven 12h-15h et 20h-3h, fermé sam-dim

38 TASCA DO JAIME

VERY CHEAP

Sur la route du mythique tramway 28, la Tasca do Jaime est une adresse authentique et populaire. Entre azulejos et photos d'artistes de fado, on y sert, entre autres, de bons plats de morue. Les week-ends, entre 16h et 20h, on y écoute du fado. Le reste de la semaine, c'est ouvert pour des déjeuners et *petiscos* jusqu'à 21h. Vous n'y entendrez pas les meilleurs fadistes de Lisbonne (parfois des clients se lèvent pour chanter), mais vous y vivrez un instant rare. Le prix d'un menu ne dépasse pas les 10 €.

Rua da Graça, 91 • **Graça** (carte p. 38)
Ⓑ 34, Ⓣ 28 • 218 881 560
tlj jusqu'à 21h

SORTIR

Salles de spectacles

39 TEATRO NACIONAL DE SÃO CARLOS

Inaugurée en 1793, la grande salle au cœur du Chiado était à l'origine consacrée uniquement à l'opéra. Elle accueille désormais à la fois les spectacles lyriques et symphoniques, ainsi que les ballets.

Le théâtre se visite sur rendez-vous téléphonique 9h-13h et 14h-18h, tarif plein/réduit 5/2 €.

R. Serpa Pinto 9
Chiado (carte p. 54)
Ⓜ Baixa-Chiado, Ⓑ 202, 758, 790,
Ⓣ 28 • 213 468 082
www.saocarlos.pt
billetterie lun-ven 13h-19h,
les jours de spectacle 13h jusqu'à 30 min avant la représentation

40 COLISEU DOS RECREIOS

Ouvert en 1890, le théâtre a été salué pour son architecture novatrice, sa coupole octogonale en fer, et sa grande scène qui a permis d'en faire un opéra comique pendant des années. Rénové en 1994, la salle de 4 000 places accueille désormais des spectacles populaires (cirque), des concerts symphoniques, de gospel mais aussi des groupes ou chanteurs comme James Blunt ou Buraka Som Sistema.

Rua das Portas de Santo Antão, 92
Restauradores (carte p. 102)
Ⓜ Restauradores, Ⓑ 36, 44, 205, 207, 709, 711, 732, 745, 213 240 580
www.coliseulisboa.com
billetterie lun-sam 13h-19h30
ou par tél : 213 240 585

41 TEATRO LUÍS DE CAMÕES

C'est la salle dédiée aux spectacles de danse, classique ou contemporaine de la CNB (Companhia Nacional de Bailado). Quelque 1 000 places assises pour des représentations dont les prix varient de 5 à 20 €. Les réservations peuvent se faire sur place, jusqu'à 30 minutes avant le début du spectacle, par téléphone (218 923 477) ou par internet via le site www.ticketline.pt.

Passeio do Neptuno • **Parque das Nações** (carte p. 160) • Ⓜ Oriente, Ⓑ 25, 28, 44, 208, 210, 705, 708, 750, 759, 782, 794 • 218 923 470 • www.cnb.pt
billetterie 1er jan-30 avr mar-dim 13h-18h, 1er mai-31 oct 14h-19h

DORMIR

Lisbonne est entrée dans le "Top Ten" des destinations de tourisme d'affaires, avec une 8e place en 2010. De nombreux hôtels 4 et 5 étoiles, ayant ouvert récemment, affichent complet grâce aux séminaires et aux congrès. L'offre touristique de loisirs n'est pas en reste et la ville s'est dotée en quelques années d'établissements à des prix abordables, voire low cost, à partir de 13 € la nuit. Ainsi, une quarantaine d'*hostels* et auberges de jeunesse privées sont désormais disponibles à Lisbonne. Sachez cependant que leurs tarifs peuvent être parfois très proches des chambres standard dans des hôtels 2 à 3 étoiles, sans le confort d'une salle de bains privative ni l'assurance de nuits calmes ! Alors, n'hésitez pas à comparer ni à négocier, surtout en basse saison, d'autant plus si vous êtes nombreux. D'autre part, les prix font parfois le grand écart en fonction des saisons. Si vous partez à la belle période, réservez votre chambre le plus tôt possible. Enfin, en hiver, demandez "l'option chauffage", Lisbonne étant très humide. Lisbonne a le gros avantage d'être une petite ville et, même en logeant dans un quartier un peu excentré, vous n'aurez pas de mal à regagner les secteurs historiques. Cependant, les quartiers centraux de Baixa, de Rossio ou du Chiado vous permettront d'aller partout, à pied et en un minimum de temps. Résider dans les ruelles animées du Bairro Alto est une bonne option pour les fêtards, gare aux nuisances sonores pour les autres. Baixa est désertée le soir venu, mais c'est la garantie de nuits paisibles. Autour de l'Alfama et du Castelo, les hébergements sont moins bien desservis par les transports en commun, et la grimpette est assurée ! Du côté de Marquês de Pombal ou de Saldanha, beaucoup de solutions s'offrent à vous, mais ne sous-estimez pas le bruit de ces grandes avenues passantes. Bref, faites surtout en fonction de vos objectifs de séjour !

CAMPING

PARQUE MUNICIPAL DE CAMPISMO DE MONSANTO

Estrada da Circunvalação
Ⓑ 202, 750
217 628 200
www.lisboacamping.com
tente (6 m², au-delà + 1 €) : 4,50-6,50 €
Bungalow : 40-67 €€2 pers,
voiture : 3,50-4,50 €

À l'extrémité ouest du parc floral de Monsanto, ce camping de 36 ha offre des emplacements pour les tentes sous les pins et des bungalows confortables. Bien équipé (piscine, minigolf, tennis, épicerie et restaurant), il est pris d'assaut l'été. Réservez bien à l'avance. Demandez de préférence un emplacement éloigné de l'autoroute.

Si vous êtes motorisé, vous pourrez opter pour le camping de Guincho ou celui de la Costa da Caparica. Informations sur le site : www.orbitur.pt.

AUBERGES DE JEUNESSE

AJ DE LISBONNE

Rua Andrade Corvo, 46
Saldanha
Ⓜ Picoas
213 532 696
http://microsites.juventude.gov.ptPortal/pt/default.htm
chambre double avec WC 43-46 €,
chambre 4 pers 52,50-63 €
dortoir 15-18 €/pers

L'auberge de Jeunesse de Lisbonne a investi une ancienne demeure bourgeoise en plein centre-ville. Un peu en retrait de l'avenue, le calme est assuré, d'autant que les fenêtres sont équipées de double vitrage. Les chambres sont simples et fonctionnelles, les salles de bains, immenses et bien conçues pour éviter la queue le matin (lavabos au centre, toilettes d'un côté, douches de l'autre). Billard et Wi-Fi payant (1h : 0,50 €, 4h : 2 €).

Carte FUAJ et cadenas indispensables.

AJ DU PARQUE DAS NAÇÕES

Rua de Moscavide, Lote 47-101
Parque das Nações
Ⓑ 5, 25, 44, 708
218 920 890
http://microsites.juventude.gov.pt/Portal/pt/default.htm
chambre double avec WC 34-40 €
chambre 4 pers 14-16/pers

Située dans la partie nord du Parque das Nações, cette auberge de jeunesse a été construite en 1998 à l'occasion de l'Exposition universelle. Bien tenue, spacieuse, avec des parties communes design, des chambres fonctionnelles, elle possède un grand avantage par rapport à son homologue du centre-ville : une terrasse !

Carte FUAJ et cadenas indispensables.

Vous pouvez aussi réserver votre hébergement sur www.cheapandchic-lesguides.fr

APPARTEMENTS

MERCADOR

VERY CHIC

Rua de São José, 164
Liberdade
Ⓜ Avenida
912 269 865
www.mercador.com.pt
109 €/2-3 pers, 129 €/4 pers

Dans une rue parallèle à l'Avenida da Liberdade, trois appartements luxueux se louent dans un ancien palais de 1565 (Palácio do Mercador), décoré dans le style rococo portugais : azulejos, stucs, peintures ornementales. Choisissez votre thème : baroque, manuélin ou néoclassique. Le charme lisboète, les facilités modernes en plus !

LISBONAIRE APARTMENTS

VERY CHIC

Rua da Glória, 16
Liberdade
Ⓜ Restauradores
210 993 045
www.lisbonaire.com
2/4 pers 65-125 €
(75-145 € en haute saison)

Cet immeuble des années 1960 modernisé comprend 19 studios ainsi qu'un appartement d'une chambre. Tous flambant neufs, ils ont été décorés par 19 jeunes talents du design. Entièrement équipés, avec accès Wi-Fi et installations high-tech. En sous-sol, un salon confortable muni d'une table de billard vous fera partager quelques moments de convivialité avec les hôtes voisins.

ONLY APPARTMENTS

Tél en France : 09 75 18 02 81
www.only-apartments.fr/appartements-lisbonne.html ou www.only-apartments.com/pt/lisboa/VILABERTA_11367/
Vila Bertha, accès par la Travessa da Pereira ou par la Rua do Sol
Graça
Ⓑ 34, Ⓣ 28
à partir de 25 € par personne et par nuit.

Parmi les 347 studios et appartements disséminés dans la ville, vous pourrez choisir celui avec terrasse dans la Villa Bertha (p. 44), cité bourgeoise du XIXe siècle à Graça. Vous êtes au cœur d'un quartier authentique et animé, l'Alfama et le Château sont à portée de main, et le mythique tramway 28 vous permettra de rejoindre aisément le centre-ville.

CLARION SUITES

Rua Rodrigo Fonseca, 44-50
Liberdade
Ⓜ Marquês de Pombal ou Rato,
210 046 600
www.continentalhotels.eu/site/hotels/view/1.html
à partir de 76 € la nuit

Cet hôtel vous propose 57 appartements tout confort, dont 9 *penthouses*, à deux pas de la place Marquês de Pombal : l'ensemble, récemment rénové, est propre et spacieux. Wi-Fi et Internet accessibles dans le lobby. Le plus : la piscine extérieure pour la belle saison !

10% de réduction si vous réservez et payez à l'avance.

LISBON FLATS

962 664 183 (Raquel Cardoso)
www.lisbonflats.com
À partir de 20 € par nuit et par personne, 3 nuits minimum

Lisbon Flats gère une vingtaine d'appartements de 2 à 10 personnes, situés dans des quartiers touristiques, comme l'Alfama, Baixa et même Belém. Pour profiter à fond du charme de la capitale, louez l'un des trois logements avec terrasse : dans l'Alfama (2-4 pers), dans le Chiado (duplex 10 pers) ou à Príncipe Real (4 pers).

Réduction de 10% au-delà de 7 nuits, majoration de 20% en haute saison.

WAY TO STAY

www.waytostay.com
Liberdade
Dom Duarte Dois (ID : 2415) : 4 pers, à partir de 76 €
Dom Duarte Arts (ID 4399) : 4 pers avec terrasse, à partir de 135 €

Grand choix d'appartements, à partir de 12 € par personne et par nuit, selon la localisation et la capacité. Way to Stay loue notamment deux appartements gérés par Frantz, un Français. Dans un immeuble pombalien proche de la Praça da Figueira, vous aurez une vue imprenable sur le château S. Jorge. À l'intérieur, des meubles contemporains et une décoration très soignée.

Vous pouvez aussi réserver votre hébergement sur www.cheapandchic-lesguides.fr

HOSTELS

THE INDEPENDENTE

VERY CHEAP & VERY CHIC

Rua São Pedro de Alcântara, 81
Bairro Alto
Ⓑ 758, 790
213 461 381/913 069 345
www.theindependente.pt
suite 80 €
dortoir 12-18 €/pers
Petit-déj inclus
Internet gratuit

The Independente occupe l'ancienne résidence de l'ambassadeur de Suisse. Optez pour l'une des 4 suites au dernier étage, avec un petit balcon privatif et une vue hallucinante sur les collines de Lisbonne ! Les voyageurs au budget serré choisiront une place en dortoir, où les lits superposés, faits de cageots recyclés, sont triples ! Des fauteuils vintage complètent la déco. Le restaurant The Decadente et le bar sont accessibles au public au rez-de-chaussée.

→ *Location de vélos électriques "Rent-a-fun".*

LISB'ON HOSTEL

Rua do Ataíde, 7 A
Bairro Alto
Ⓜ Baixa-Chiado, Ⓣ 28
213 467 413
www.lisb-onhostel.com
chambre double avec WC 33-36 €
dortoir 18-21 €/pers
petit-déj inclus
Wi-Fi gratuit

Lisbonne comme vous la rêviez... Dans un ancien palais, vous dormirez dans un lit douillet et large, dans la chambre *Bacalhau* ou *Bica*. Vous pourrez profiter du soleil dans le jardin garni de poufs colorés. Immenses parties communes avec billard et baby-foot, cuisine de chef à disposition pour un maximum de convivialité ! Le tout dans un coin calme du Bairro Alto. Mieux vaut réserver bien à l'avance.

LISBON OLD TOWN HOSTEL

VERY CHEAP

Rua do Ataíde, 26 A
Bairro Alto
Ⓜ Baixa-Chiado
213 465 248
www.lisbonoldtownhostel.com
chambre double 50-60 €
dortoir 13-19 €/pers
petit-déj inclus
Wi-Fi gratuit

L'*hostel* a investi l'ancien siège du consulat britannique pendant la Seconde Guerre mondiale. Dans une ambiance "auberge espagnole", jeune et cosmopolite, l'accueil du dynamique João ne vous laissera pas indifférent : polyglotte, toujours prêt à donner de bons tuyaux, il met sa bonne humeur au service de ses clients ! Ordinateurs en libre-service. Demandez de loger au 1er niveau, plus calme.

→ *Fermé à Noël et 3 semaines en janvier.*

LIVING LOUNGE HOSTEL

VERY CHIC

Rua do Crucifixo, 116, 2e ét.
Chiado
Ⓜ Baixa-Chiado
213 461 087
www.lisbonloungehostel.com
chambre double sans sdb 60 €
dortoir 18 €/pers

Position centrale, luminosité, décoration épurée et sophistiquée à la fois. C'est rénové, spacieux et propre ! Les architectes ont profité des cheminées des anciennes cuisines pour y glisser l'évier de la cuisine ou le lavabo des salles de bains. Des petits salons de lecture sont disponibles à chacun des 3 étages, le Porto est à disposition toute la journée, comme la cuisine. Dîners sur réservation (9 €), visites guidées gratuites. Vous pourrez aussi louer un vélo pour la journée pour 10 €, profitez-en, vous êtes dans le quartier le plus plat de Lisbonne !

ROSSIO PATIO HOSTEL

Largo Duque do Cadaval, 17, Estação do Rossio, 2e ét.
Baixa
Ⓜ Rossio
213 466 457
www.rossiopatio.com
dortoirs 15-20 €/pers
chambre individuelle 35 €
chambre double avec sdb 22-35 €/pers
petit-déj inclus/Wi-Fi gratuit

Cet *hostel* s'est installé dans un endroit incongru, dans la gare du Rossio, tout près du départ des trains pour Sintra. Tout neuf, il s'articule autour d'un patio couvert lumineux, où poufs et plantes vertes donnent l'impression d'être dans un vrai jardin. Les dortoirs spacieux de 4 à 10 personnes s'ouvrent vers le château, alors que les chambres doubles donnent sur le jardin d'hiver. Et, rassurez-vous, l'insonorisation est excellente ! Billard à disposition.

→ ***En basse saison, profitez des transferts gratuits à l'aéroport, du lundi au jeudi entre 10h et 19h.***

LISBON POETS HOSTEL

Rua Nova da Trindade, 1, 5e ét.
Chiado
Ⓜ Baixa-Chiado, Ⓣ 28
213 461 241
www.lisbonpoetshostel.com
chambre double 45-60 €
dortoir avec sdb commune à partir de 18 €/pers
petit-déj inclus/Wi-Fi gratuit

L'"Auberge des poètes", au cœur du Chiado, est tenue par une équipe de jeunes baroudeurs qui vous accueillent chaleureusement. La grande salle commune, lumineuse, dans une ambiance orientale, donne sur le Tage. Location de serviettes 1 €, dîners typiques sur réservation pour 8 €. Chauffage.

→ ***10 % de réduction si vous réservez à partir de 5 nuits.***

Vous pouvez aussi réserver votre hébergement sur www.cheapandchic-lesguides.fr

LISBON CALLING HOSTEL

VERY CHEAP & VERY CHIC

Rua de São Paulo, 126, 3e D
Cais do Sodré
Ⓜ Cais do Sodré, Ⓣ 25
213 432 381
www.lisboncalling.net
dortoir 14-18 €/pers
chambre double sans sdb 45-55 €

Un groupe d'amis a retapé un appartement dans un immeuble plein de cachet en le meublant avec des pièces glanées dans les brocantes. Résultat : une auberge non conventionnelle dans un quartier en plein boom. La *gaiola* (voir p. 24) fait office d'étagères, les lits superposés des dortoirs ont été conçus sur mesure et les chambres doubles ont chacune leur style : années 1920 ou 1960, année 1812 pour la plus spacieuse. Toutes sont modifiées en permanence, en fonction des trouvailles de chacun ! Le pain frais est livré chaque matin, on fait le petit-déjeuner soi-même dans la cuisine.

EVIDÊNCIA LIGHT SANTA CATARINA HÔTEL

Rua Dr Luís de Almeida e Albuquerque, 6
Bairro Alto
Ⓣ 28, Elevador da Bica • 213 461 009
www.evidenciahoteis.com
chambre double 42-44 €
chambre triple 64-66 €
dortoir 18-20 €/pers
petit-déj 3,5 €/Wi-Fi gratuit

Dans le pittoresque quartier de Bica, les chambres de cet hôtel *low cost* sont fonctionnelles et décorées avec des couleurs tendance, vert anis et gris. Vous pourrez prendre le petit-déjeuner dans le bar lounge, ouvert à tous en soirée, ou dans le patio orné de plantes vertes et de lanternes blanches. Une seconde terrasse est accessible au 1er étage.

THIS IS LISBON HOSTEL

Rua Costa do Castelo, 63, R/C
Alfama
Ⓣ 28
218 014 549
www.thisislisbonhostel.com
Chambre double sans sdb/avec sdb 60/65 €,
chambre double avec vue 50 €
dortoir 15-20 €/pers
Wi-Fi gratuit

Cette auberge offre une belle terrasse donnant sur la colline de Graça. Toute petite (7 chambres), vous vous sentirez comme à la maison ! Vous prendrez le petit-déjeuner sur une grande table rustique en admirant Lisbonne. Chauffage central (un gros plus pendant les mois humides !) et salles de bains modernes et impeccables. Des balades à pied sont proposées dans l'après-midi (gratuit) ou "by night" (5 €). Un appartement tout neuf pour 4 personnes est disponible (à partir de 82,50 €).

En basse saison, 4 nuits pour le prix de 3 !

JARDIM DE SANTOS HOSTEL

Largo Vitorino Damásio, 4, 2e ét.
Lapa
Ⓑ 28, 706, 714, 732, Ⓣ 15 et 18
213 974 666
www.jardimdesantoshostel.com
chambre double 25-30 €/pers
dortoir de 4 ou 6 lits 20-23 €/pers, 8 lits 18-22 €/pers, 10 lits 17-20 €/pers
petit-déj inclus

Ouverte fin 2010, l'auberge se situe dans l'un des quartiers favoris des jeunes noctambules, Santos. Côté transports, vous êtes pile sur la ligne du tram n° 15 vers Belém et à 5 minutes du tram 28. Ambiance intime dans cette auberge à taille humaine où Patrice et Carla seront aux petits soins. Seulement 6 chambres, spacieuses et lumineuses. Les hauts plafonds sont décorés de stucs, la touche de modernité est apportée par les couleurs vert et turquoise qui mettent en valeur le parquet. Café, thé et cuisine à disposition.

HÔTELS

INSPIRA STA MARTA

VERY CHIC

Rua de Santa Marta, 48
Liberdade
Ⓜ Avenida ou Marquês de Pombal
210 440 900
www.inspirahotels.com
99-215 €
petit-déj inclus
Wi-Fi gratuit

Le palais en ruine a laissé place à un hôtel 4 étoiles d'un concept novateur : une véritable "oasis urbaine" jouant sur le concept de développement durable. Les matériaux employés sont écolo ou recyclés, les 89 chambres sont agencées selon l'art du feng-shui et déclinées sur plusieurs couleurs selon les cinq éléments : terre, eau, bois, métal et feu. Minibar et accès à l'espace *wellness* (gymnase, hammam, sauna et Jacuzzi) inclus.

ALBERGARIA SENHORA DO MONTE

Calçada do Monte, 39
Graça
Ⓑ 34, Ⓣ 28
218 866 002
www.albergariasenhoradomonte.com
chambre double à partir de 70 €
chambre individuelle à partir de 55 €
petit-déj inclus/Wi-Fi gratuit

Depuis les années 1960, le succès de cet hôtel ne se dément pas ! Si la décoration des chambres est un peu passe-partout, son atout majeur est la vue spectaculaire qu'offrent les chambres donnant sur l'arrière. Les *junior suites* disposent d'une terrasse privative. Le bar panoramique consolera les moins chanceux qui donneront sur la rue. Air conditionné et salles de bain privées.

LX BOUTIQUE HOTEL

VERY CHIC

Rua do Alecrim, 12
Chiado
Ⓜ Cais do Sodré
213 474 394
www.lxboutiquehotel.com
80-150 €

Cet hôtel récent surfe sur la tendance “urban chic”. 44 chambres et une suite se déclinent sur 5 thématiques lisboètes : Pessoa, Bairro Alto, 7 colinas, Fado et Tejo. Décoration design ou raffinée et équipement high-tech dans chaque chambre. Les espaces ne sont pas immenses (15 à 30 m²), mais demandez la vue sur le Tage !

HOTEL PRÍNCIPE REAL

Rua da Alegria, 53
Príncipe Real
Ⓑ 758, 773, 790
213 407 350
www.hotelprincipereal.com
chambre individuelle 90-105 €
chambre double 100-115 €
suite 110-125 €

Ce n’est pas le bâtiment des années 1960 qui vous attirera, mais son emplacement, en contrebas de la place Príncipe Real. Sur un parquet bien ciré, les chambres sont vastes et meublées un brin rétro. À partir du 3e étage, la vue sur l’arrière est impressionnante. La propreté irréprochable et la gentillesse du personnel font la différence. Pour le petit-déjeuner, menu à la carte.

SANA REX CASTILHO

Rua Castilho, 169
Marquês de Pombal
Ⓜ Marquês de Pombal
213 882 161
www.rex.sanahotels.com
chambre double 62-85 €
petit-déj inclus

Face au parc Eduardo VII, à 5 minutes de Marquês de Pombal, cet hôtel 3 étoiles offre un très bon rapport qualité/prix. Sur 10 niveaux, les chambres ne sont pas immenses et leur fonctionnalité prime sur la décoration. Pour profiter des jacarandas en fleurs au printemps, demandez la vue sur le parc. Des étages supérieurs, vous pourrez admirer la colline du Château et le Tage. Quatre chambres disposent d’un balcon, deux d’une terrasse panoramique. Si vous préférez la tranquillité, choisissez une chambre à l’arrière. Petit-déjeuner-buffet copieux. Accès à internet payant (10 €/24 h).

20% de réduction pour des séjours de plus de 2 nuits réservés sur le site web et payés au plus tard 30 jours avant la date d’arrivée.

HOTEL DOM AFONSO HENRIQUES

Rua Cristovão Falcão, 8
Arco de Cego
(M) Alameda
218 117 010
www.hoteldah.com
chambre double à partir de 76 €
petit-déj inclus
Wi-Fi et parking gratuits

L'hôtel Dom Afonso Henriques peut être une très bonne solution pour ceux qui n'ont pas trouvé de place ailleurs. Un peu excentré, mais à proximité de la ligne verte de métro qui vous mène en 10 minutes au centre-ville, cet hôtel 2 étoiles vient d'être rénové dans un style moderne et sobre. Petit-déjeuner buffet très copieux, servi au dernier étage avec un beau panorama sur la ville.

JERÓNIMOS 8

VERY CHIC

Rua dos Jerónimos, 8
Belém
(B) 28, 714, 727, 729, 751, (T) 15
213 600 900
www.jeronimos8.com
chambre double 120-180 €
petit-déj inclus
Wi-Fi gratuit

Cet hôtel de charme est géré par la famille de Almeida, pionnière du tourisme hôtelier au Portugal. À Belém, vous serez juste derrière le Mosteiro dos Jerónimos, à portée des joyaux architecturaux et des musées du quartier. Le design épuré des intérieurs contraste avec les lignes classiques du bâtiment. Ambiance zen pour des chambres dont certaines sont pourvues d'un balcon agrémenté de bambous. Des produits bio sont offerts au petit-déjeuner. Le Bussaco Wine Bar, ouvert à tous, assure la promotion des vins du Dão, dans la région de Coimbra.

PENSIONS & B&B

CASA DAS JANELAS COM VISTA

VERY CHIC

Rua Nova do Loureiro, 35
Bairro Alto
(M) Baixa-Chiado
917 104 307
www.casadasjanelascomvista.com
chambre double 90-130 €
chambre familiale (4 pers) 210 €
petit-déj inclus

Cette pension de charme se situe entre les ruelles du Bairro Alto et la place Príncipe Real. C'est pour son calme et sa position idéale que cette étape est appréciée. Les 12 chambres, décorées avec goût dans un mobilier à la fois moderne et vintage, sont lumineuses et disposent d'une grande salle d'eau. Demandez les chambres à l'arrière, avec vue sur le Tage. Chauffage et air conditionné.

Vous pouvez aussi réserver votre hébergement sur www.cheapandchic-lesguides.fr

CASA DO BAIRRO

Beco do Caldeira, 1
Bairro Alto
Ⓑ 760, 794, Ⓣ 25 et 28
914 176 969
www.casadobairro.pt
chambre double 69-84 €
Wi-Fi gratuit

Dans le cœur du quartier typique de Bica, Alex et Vasco proposent 7 chambres avec salle de bains, air conditionné, Wi-Fi, pour 2 à 4 personnes. Les petits-déjeuners sont servis dans le patio et la maison possède une terrasse avec une vue splendide sur la ville ! Si vous préférez l'indépendance, ils louent, dans la rue voisine, de jolis petits appartements de 4 à 6 personnes décorés avec soin. Les hôtes sont charmants et connaissent tous les bons plans de Lisbonne.

VERY CHIC

CASA DE SÃO MAMEDE

Rua da Escola Politécnica, 159
Rato
Ⓜ Rato
213 963 166
www.saomamede.web.pt
chambre 80-100 €
petit-déj inclus
Wi-Fi gratuit

Cette ancienne résidence du XVIIIe siècle, construite sur une *gaiola* pombaline antisismique (voir p. 24) et décorée d'azulejos, abrite 28 chambres : supérieures au rez-de-chaussée, avec des salles de bains modernes et plus standard au 1er niveau (en cours de rénovation). Double vitrage et air conditionné. Un ordinateur est à disposition des clients. Position idéale, entre Rato et Príncipe Real.

→ ***En basse saison, promotions pour le week-end : 2 nuits à 95 € pour 2 personnes.***

RESIDENCIAL FLORESCENTE

Rua das Portas de Santo Antão, 99
Restauradores
Ⓜ Restauradores ou Rossio
213 426 609/213 425 062
www.residencialflorescente.com
chambre double 59 €
chambre triple 95 €
petit-déj inclus
Wi-Fi gratuit

Vous êtes en plein quartier des Restauradores. Pas de doute, la localisation est un grand plus ! Les chambres sont très bien tenues. Évitez cependant celles sur l'avant, moins lumineuses et plus bruyantes, car la rue piétonne est animée en journée et à la sortie des salles de spectacles voisines.

LISBON DREAMS GUEST HOUSE

Rua Rodrigo da Fonseca, 19, 1e ét.
Liberdade
Ⓜ Rato
213 872 393
www.lisbondreamsguesthouse.com
chambre simple à partir de 32 €
chambre double sans sdb 40-60 €
petit-déj inclus
Wi-Fi gratuit

La façade surannée de l'immeuble contraste avec son intérieur moderne. La décoration, design, utilise aussi des éléments du patrimoine portugais, comme le fameux coq de Barcelos, et les couleurs vives rehaussent la beauté du parquet à l'ancienne. L'hiver, chauffages d'appoint et l'été, ventilateurs en action. Pas de double vitrage aux fenêtres, donc si vous êtes sensible au bruit, mieux vaut opter pour une chambre donnant sur le patio.

HOTEL ALEGRIA

Praça da Alegria, 12
Liberdade
Ⓜ Avenida
213 220 670
www.alegrianet.com
chambre double 48-118 €
chambre triple 58-138 €
petit-déj 5 €

Sur la Praça da Alegria (place du bonheur), un peu en retrait de l'Avenida da Liberdade, cette pension est tenue par un couple de Français, Karine et Olivier, qui ont retapé cet immeuble de caractère aux plafonds ornés de stucs et redécoré les chambres avec raffinement. Demandez à loger au 3e étage pour la vue. Le petit-déjeuner n'est pas inclus, mais c'est l'occasion d'adopter les habitudes lisboètes et de regagner la pâtisserie la plus proche. Internet à disposition à la réception.

LAVRA GUEST HOUSE

Calçada de Sant'Ana, 198 A
Sant'Ana
Ⓜ Restauradores ou Martim Moniz, Elevador do Lavra
218 820 000
www.lavra.pt
chambre double 50-65 €
petit-déj 5 €
Wi-Fi gratuit

À deux pas du funiculaire du Lavra, cet hôtel occupe un ancien immeuble du XVIIIe siècle dont on remarque encore l'escalier et le sol d'époque. Les chambres sont petites mais propres. Celles donnant sur l'arrière sont plus calmes et aux niveaux supérieurs, elles jouissent d'une belle vue sur les collines de Graça et du château.

→ ***Un appartement au dernier étage logeant 4 à 5 personnes offre une terrasse et une vue spectaculaire sur l'ouest de la ville ! (120 €).***